KB057727

탈성장들 : 하며 살고 있습니다

생태적지혜연구소협동조합
모시는사람들돌봄연구소 기획

효선 김영준 김우창 김은제 김이중 김정모
차랑 문윤형 박이윤정 배선우 배희정
솔빈 송지용 유다님 이도연 이연우
준용 이희연 장윤석 전형민 조명아
리태(이지은, 한인정)
승욱 황선영

도서출판 모시는사람들

서문

탈성장을 향해, 탈성장의 항해

탈성장의 시작

"시간은 중요하지 않아. 오직 생명만이 중요하다."[1] 이 말은 탈성장이 지향해야 할 궁극적인 가치를 상기시킨다. 탈성장을 향해 가는 여정이 단지 목표에 도달하는 것이 아니라, 그 과정 자체가 우리가 미래에 만들어 갈 탈성장의 진정한 모습인 것이다.

이 책의 여정은 과거의 한순간, 철학공방 별난에 옹기종기 모여 『탈성장 개념어 사전』[2] 책으로 세미나를 하던 때부터 시작되었다. 최초 기획자였던 신승철 소장이 던진 "우리도 언젠가 이런

1 신승철 외 11인, 『탈성장을 상상하라』, 모시는 사람들, 2023. (뤽 베송 감독, 영화 《제5원소》 중, 재인용).

2 자코모 달리사 외, 『탈성장 개념어 사전: 무소유가 죽음이 아니듯, 탈성장도 종말이 아니다』, 강이현 옮김, 그물코, 2018.

책을 같이 써야지요."라는 초대가 2023년 봄, 우연하면서도 익숙한 만남 속에서 『탈성장들: 하며 살고 있습니다』의 구체적 움직임으로 이어졌다.

그러나 2023년 7월 2일, 신승철 소장이 갑작스레 세상을 떠남과 동시에 모두가 슬픔에 잠기며 이 책도 항해를 멈추고 표류하기 시작했다. 2024년 해맞이에 맞춰 선보이려던 일정도 어그러지고, 따라서 2024년 트렌드 분석서로 제시하려던 원초의 계획도 부질없어졌다. 하염없이 시간을 흘려보내고 책이 나올지 여부도 불투명한 때에, 정적이 감돌던 저자들의 채팅방에서 변화가 시작되었다. 선장이었던 신승철 소장의 자리를 대신해 필진들이 나섰다. 처음의 기획과 다소 달라질 수밖에 없는 만큼, 추가로 필진을 섭외하고, 제목과 배치를 바꾸고, 편집을 나누어 맡았다. 필진 중 디자이너 한 분이 표지를 제작하기도 했다.

구성원들의 자발적인 자원과 협업을 통해 이루어진 주체성 생산 과정이 이 책을 나올 수 있게 했다. 원래 계획보다 반년 이상이 늦어졌지만, 풍랑 속에 난항을 겪어낸 배가 다시 돛을 달고 이곳저곳을 수선해서 나아가는 과정에는 감동이 있었다. 이 순탄치만은 않았던 항해의 과정이 우리가 미래에 만들어 갈 탈성장의 진짜 모습일지도 모른다.

고(故) 신승철의 유산과 함께

그 사이에서 고(故) 신승철 소장의 철학은 우리에게 계속해서 영감을 주었다. 그가 사랑했던 철학자 바뤼흐 스피노자가 그랬듯이, 그는 관성적인 사유에 도전하고 기성 학계와는 거리가 먼 '특이한 공동체'에 소속되거나 스스로 그런 공동체를 조직하며 다른 세상을 꿈꾸었다. 공동체와 삶의 지혜의 관점에서 그를 봤을 때 늘 분주했고 늘 유쾌했다. 그는 독선적이거나 논쟁에 전념하는 철학 연구자들의 모임보다는 함께 새로운 것을 사유하고 대안의 세계를 구성해 내는 실천가들의 협동적 모임을 지향했다. 그가 2010년 만든 '철학공방 별난'이 그 시작이다. 별난은 '욕망하다'의 라틴어 동사 데지데라레(desiderare)가 '별(sidus)에서+나온(de) 것'이라는 점에 바탕을 두고 있다. 이렇게 구성했던 별난은 작은 씨앗이 되어 싹을 틔우고 다시 주변과 어울리며 여러 사람들을 물들였다.

그 반복 과정을 통해 마침내 '생태적지혜연구소협동조합'이라는 작은 숲이 탄생하게 되었다. 이 숲에는 생태주의, 마르크스주의, 페미니즘, 퀴어 운동, 장애인 운동, 동물권 운동, 지식협동조합, 아나키즘, 기독교청년활동, 신유물론, 소농활동, 지역운동, 기본소득네트워크, 기후예술 등 다양한 식생이 공생하고 있다. 이들은 그 하나만으로 숲을 대표하지 않고, 때로는 서로 의견 차이를 드러내며 충돌하고 때로는 서로 결합한다. 무수한 나무, 풀, 곤충, 동물, 바위, 이끼의 공존으로 숲이 구성되는 것처럼, 이러한 다양성이 우리의 풍부한 생태를 만들어낸다. 이 책은 바로 이런 '공생공락'의 정신을 배경으로, 새로운 삶을 즐겁게 욕망하는 특이한 이들과 만들어 낸 하나의 사건이다.

다만, 우리는 시급하고 긴박한 해결책을 필요로 하는 기후 비상 상황에 살고 있다. 앞이 보이지 않는 미래와 빠르게 파멸의 길로 접어든 세계 속에서 우리는 사회와 우리 자신을 변모시키기 위한 다양한 해법과 실천을 모색해야 한다. 의·식·주의 재편, 물질문명을 벗어나는 최소한의 소비, 멸종 위기 동물과 비인간 존재와의 새로운 관계 맺기, 그간 소외되어 왔던 예술과 농사짓기까지 모두.

탈성장 트렌드로서의 도전

이와 같은 문제의식을 바탕으로 우리는 2024년을 열어낼 트렌드로서 '탈성장'을 제시하기로 마음먹었다. 매해 신년이 밝아올 즈음에는 '20×× 트렌드 분석서'가 서점의 가장 눈에 띄는 곳 앞자리에 배치되곤 한다. 하지만 대부분이 4차 산업혁명, 비트코인, 챗GPT, 연준금리 같이 주로 세계의 패권적 질서와 경제 전망, 그리고 성장주의를 강조하는 내용이다. 그렇게 베스트셀러로 판매되는 책들은 단지 미래를 분석하는 예측만을 내놓는 것이 아니라, 스스로 그러한 예측에 부합하는 현실을 만들어내고 있다. 경제성장과 양적 팽창을 지향하는 키워드들이 유행하면 할수록 사회가 추구하는 가치에 성장과 팽창이 강하게 자리매김하게 된다.

우리는 물었다. 기후위기가 현실의 파괴적인 재난으로 가시화되고 있는 지금 우리에게는 다른 가치, 다른 대안, 다른 트렌드가 필요한 것이 아닐까? 그러한 대안을 만들어내고자 선정한 키워드가 바로 '탈성장'이다. 우리는 희망한다. 성장의 전망이 성장주의의 현실을 반복하고 강화한다면, 우리는 그와는 대립하는 탈성장의 전망을 그려냄으로써 지금까지와는 다른 삶과 현실을 만들어갈 수 있지 않을까? 이와 같은 맥락에서 2023년 〈생태적지혜연구소협동조합〉과 〈모시는사람들〉은 12인의 조합원이자 연구원들이 함께 쓴 책 『탈성장을 상상하라』[3]를 공동 기획해 출판한 바 있다. 우리의 책 『탈성장들: 하며 살고 있습니다』는 이 책이 던진 문제의식에 호응하여, '상상'하고자 했던 탈성장을 새로운 '실천'의 흐름으로 만들어가고자 했다.

탈성장을 향해

이 책은 누구도 가지 않은 길, 누구도 선뜻 말하지 못하는 생

3 신승철 외 11인, 『탈성장을 상상하라』, 모시는 사람들, 2023.

각, 지배적인 질서에 반하는 과감한 도전들을 다루고 있다. 현실에 도전하며, 상식과 선입견에 맞서고, 익숙한 관성을 깨기 위한 모험을 시작하는 책이다. 단순한 파괴나 해체를 넘어 지금까지와는 다른 삶을 사는 주체성을 구축하고, 다른 관계를 맺으며, 새로운 질서를 형성하고자 한다. 이것은 다른 질서를 형성하는 존재자를 생산한다는 점에서 해체적 생산, 파괴적 구성의 과정이기도 하다. 그러한 모험을 떠나는 긴 여정의 출발점에서, 우리는 혼자가 아닌 여럿과 함께 서로에게 힘을 얻으며 나아갈 것이다.

신승철 소장은 "탈성장은 아직 현실태가 아닌 잠재태이고 우리가 상상력을 최대한 발휘해야 접속이 가능하다."[4]고 말했다. 우리는 아직 탈성장이 무엇인지, 어떻게 탈성장을 실천해야 하는 것인지 명확한 답을 갖고 있지 않지만, 이 잠재적 가능성이 우리를 이 길로 이끌었다. 그렇기에 우리는 기존의 이야기 구조를 바꾸어낼 상상력을 자극하고 새로운 이야기 구조를 만들어내는 데 초점을 맞추고자 한다. 우리가 선택한 것은 '떡갈나무 혁명'의 방법이다.

"생태계에서 한 톨의 도토리가 울창한 떡갈나무 숲으로 천이를 일으키는 생명 창안"의 방법이자 "생명의 발아와 탄생"을 이

4 신승철 외 11인, 같은 책, 4쪽.

루는 "'판짜는 자'와 '나서는 자' 모두의 혁명"을 만드는 방법이다.[5] 이러한 방법을 통해 "~은 ~이다"는 식의 단일한 정의가 아닌, "~은 ~이고, ~이며, ~일지도"로 이어지는 다양한 가능성을 포용하는 '그리고'(and)의 끝나지 않고 연속되는 이야기를 추구한다. 소소한 행동이지만 색다른 길을 만들어내는 여러 다양한 활동들이 모여 함께 씨앗을 움트게 할 수 있다고 믿는다.

탈성장들 : 하며 살고 있습니다

여기에 모인 글들은 탈성장의 잠재력이 지닌 방대함만큼이나 주제와 스타일 등 각자가 지닌 색채가 뚜렷하고 다양했다. 한 권의 책으로 묶어내기까지 결코 쉽지 않았다. 저자 모임과 편집회의에서 이러한 다양성이 독자들에게 큰 혼동을 줄 수 있다는 우려의 목소리도 있었다. 하지만 우리는 토론 과정에서 발견된 각기 다른 점들을 단순히 '모순'이나 '대립'이 아닌, 무수한 부분들의 차이 나는 연결의 형태로 이해하자는데 합의했다.

저자 중 한 사람은 이렇게 제안했다. "탈성장이라는 개념 자체가 성장주의에 반하는 수많은 시도의 모색이고 연대일 수밖에 없는 것 같아요. 그래서 '탈성장들'로, 단수형이 아닌 복수형으

5 신승철, 『떡갈나무 혁명을 꿈꾸다』, 한살림, 2022, 10쪽.

로 써서 다양성을 강조해 보면 어떨까요?" 이 관점은 평화학에서는 평화를 다룰 때 의도적으로 대문자 단수형 Peace가 아닌 소문자 복수형 peaces로 표현하는 방식과 유사하다. 한 가지 목소리로 환원되지 않는 평화를 만들어낼 수 있는 복수의 미래를 구사할 수 있게 하는 점에서 이 책의 기획과 공명한다. 이러한 통찰을 바탕으로 다양한 탈성장 실천들의 공존을 상징하는 '탈성장들'이라는 제목으로 책을 펴내게 되었다.

"(탈성장들)하며 살고 있습니다"라는 부제에도 저자들의 희망이 담겨 있다. 이는 탈성장이 멈춰 있는 명사가 아닌 살아 있는 동사로 기능해야 한다는 바람에서 비롯되었다. 탈성장 담론의 한 자락을 차지하는 사상가 이반 일리치에 따르면 근대의 시작은 동사가 명사화되며 이뤄졌다. 예를 들어 '배우다'가 '교육'과 '학원'으로, '치료하다'가 '병원'으로 쓰이며 본래의 자유로운 흐름이 구조화되고 제한된다.[6] 이러한 명사화는 동사의 역동성을 고정시키며, 실질적으로도 행위를 구획된 공간으로 한정하고, 행위자의 모습도 특정한 직위와 능력을 지닌 전문가에게 국한시킨다.

아이들이 다쳤을 때 할머니가 삶의 경험을 바탕으로 건네는

6 이반 일리치, 『절제의 사회』, 박홍규 옮김, 생각의 나무, 2010.

치료, 헤엄치는 강아지로부터 수영하는 법을 배우기, 죽음을 앞둔 실험용 돼지를 구출해서 도달한 마음의 치유, 흙-돌-꽃과 교감하면서 얻게 된 대지와 존재에 대한 지혜 등 우리가 배울 수 있는 무궁무진한 세상과 관계망이 그렇게 경화되고 물화되었다. 그렇다면 이러한 근대적 폭압에 맞서는 방법은 정반대로 명사를 동사로 바꾸는 것이 아닐까? '탈성장'에서 '탈성장하다'로의 전환은 경직된 이론을 삶의 풍부한 이야기로 더 미시적이고 맛깔나게 변모시킨다. 실제로 책에 실린 다양한 탈성장 이야기들을 읽어 나가다 보면 하나의 정리된 이론이라기보다 아직 모색 중이면서도 진화하고 있는 삶의 실천을 느낄 수 있다.

이 책에는 우리가 행할 작은 실천에서부터 새로운 관계망을 구성하기 위한 노력들, 사회를 전체적으로 변형시킬 실험들 모두를 담고자 했다. 우리는 이윤보다는 생명의 가치를, 속도보다는 느림을, 위생과 멸균보다는 공생과 전염을 우위에 두는 삶을 추구하며, 불안정한 미래를 기다리기보다 적극적으로 이야기를 발견하고 전달하려고 한다. "이야기는 이데올로기보다 힘이 세다"라는 도나 해러웨이의 말을 되새기며, 우리는 이 살아 있는 이야기들이 탈성장 담론을 구성하는 열린 결말의 형태로 전해지길 기대한다.

추신: 탈성장의 항해

책의 서문을 열며 이 항해에 함께해 주신 필진 모두에게 진심으로 감사의 말씀을 드립니다. 거친 풍랑에도 굴하지 않고 계속 격려를 건네주신 〈모시는사람들〉 박길수 대표님과 편집자들께도 깊은 감사의 인사를 건넵니다. 무엇보다 이번에도 어김없이 획기적인 아이디어를 가지고 함께 하는 이들에게 손길을 건네준 고(故) 신승철 소장님께, 그리고 아낌없이 우애와 낙관을 건네주신 이윤경 이사님과 〈생태적지혜연구소협동조합〉의 모든 구성원들이 보내주신 성원에 감사드립니다. 이제 항해를 시작할 시간입니다. 때로는 만만치 않고, 때로는 막연하며, 때로는 난감한 탈성장으로의 항해에 독자 여러분을 초대합니다. '탈성장들' 호에 올라타실 모든 이들을 환영합니다.

2024년 7월

지혜와 사랑, 그리고 정성을 담아

김은제, 이승준, 장윤석 드림

차례

— 살고 —

— 만들고 —

— 그리고 —

— 추천의 글 —

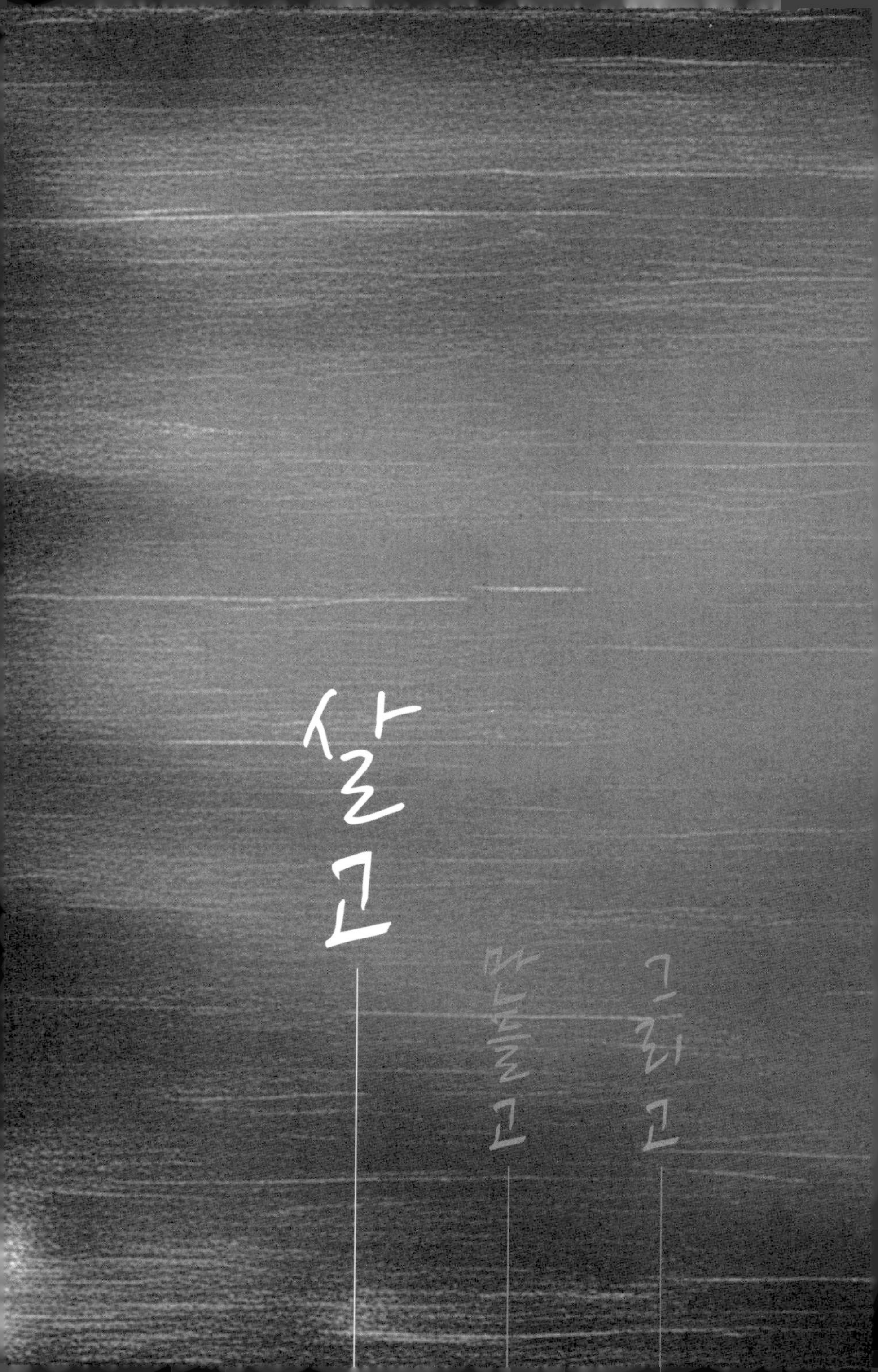
살고
만들고
그리고

이 고통이 성장의 값이라면 · 백솔빈

지렁이 인간이 되기 · 김이중

새미의 꽃에는 뿌리가 있다 · 배희정

마음에 씨앗심기 · 이연우

농사, 호미로 일구는 종합예술 · 유다님

자기 착취와 자기 가둠을 넘어 · 배선우

나는 내 맘대로 낳겠다 · 김은제

이 고통이 **성장의 값**이라면

백솔빈*

* 백진솔 동생, 경남도민일보 기자
지식이 깊다거나 실천의 지혜가 넘치는 사람이 아니다. 그저 가끔 몸통이 굵은 나무를 끌어안고는 귀를 대보는 사람이다. '약한 자의 힘'을 믿으며 지역에서 기자로 일하고 있기도 하다.

언니는 웃을 때 '히히' 하고 웃는다. 웃으면 뾰족한 덧니가 반짝인다. 동시에 눈 아래 작고 검게 차오른 눈물점이 꿈틀거린다. 피부는 볍씨 색과 비슷하다. 잡티 하나 없이 맑고 보드라워 만지면 녹아내릴 듯하다. 나팔꽃 줄기 같은 곱슬머리는 늘 윤기가 흐른다. 며칠간 머리를 안 감아도 치자나무 꽃냄새가 난다. 그는 머리 꼭뒤를 쓸어 만지는 버릇이 있다. 책을 읽을 때 유독 그렇다. 머리카락을 정갈히 정리하곤 책 속에 푹 빠져 찬찬히 글을 읽는다.

책을 좋아하는 언니는 평생 사서교사를 꿈꿨다. 그는 3년 전 임용 시험에 붙어, 드디어 부산 북구에 있는 백산초등학교에서 아이들을 만나기 시작했다. 그날로부터 2년 6개월을 갓 넘긴 2023년 6월 19일, 퇴근 시간으로부터 6분이 지난 오후 4시 36분에 그 일이 일어났다. 언니는 재직 중인 백산초 후문 스쿨존 횡단보도를 건넜다. 그때, 숨 가쁘게 좌회전하던 트럭이 순식간에 언니를 쳤다. 경사가 가파른 그곳에서 지구의 중심으로 흐르는 중력에 따라 언니는 그대로 고꾸라졌다. 언니가 쓰러지며 가장 먼저 닿은 곳은 머리. 그날 이후 언니는 영원히 길을 걷지 못하게 된다. 스스로는 한 발자국도 움직이지 못하는 한 그루 나무가 되어 온갖 의료기에 뿌리를 내렸다.

죽이는 도로

당시 횡단보도 신호등은 꺼져 있었다. 차량용 점멸 신호만 깜박였다. 2021년 9월에 생겼다는 신호등은 두 달간 시범적으로 운영됐다. 이후 단 한 번도 켜진 적 없다. 차 밀린다고 민원 넣는 사람이 많았다고 한다. 이 사실을 알게 된 우리 가족은 억울했다. 아무 말도 할 수 없게 된 언니를 대신하기로 결심했다. 원인을 따지고 책임을 묻고 싶었다. 우리 가족은 스쿨존 도로 안전 확보와, 경찰, 부산광역시, 부산교육청의 적극적인 대처를 촉구하는 서명을 받기 시작했다. 그렇게 해서 참여한 시민 1,870명(이름)과 함께, 7월 2일 백산초등학교 앞에서 기자회견을 열었다.

기자회견 당일 해가 동트기 전, 부산광역시는 증거를 인멸하듯 사고 지점에 있던 신호등을 떼어 갔다. 이후 부산 북구청은 8월 2일부터 31일까지 사고 지점 인근 주민 757명을 대상으로 설문 조사를 벌였다. 백산초등학교 후문 일방통행로 지정에 대한 찬반 설문이었다. 찬성 188표, 반대 564표, 무효 25표가 나왔다. 행정 당국은 주민 반대가 74%라는 조사 결과를 명목으로 끝내 신호등을 재설치하거나 신호등을 켜지 않았다. 그곳은 온갖 노란색으로 치장돼 안전을 위장하고 있지만, 사실 보행자가 차에 치이지 않을 '신호'조차 보내지 않고 있다.

애초 신호등을 정상 운영하지 않은 것부터 차가 원활히 다닐 수 있도록 한 결정이었다. 그렇게 언니는 기름 흘러 바퀴 굴리는 차가, 피 흘러 다리 굴리는 사람보다 중요한 세상에서 희생양이 됐다. 2019년 기준 주요 선진국(OECD)에서 보행하다 교통사고로 사망한 사람은 전체 교통사고 사망자의 19.3%(평균)이다. 그런데 한국은 38.9%로, 평균보다 19.6% 포인트 높은 비율이다. 2022년 한 해 동안 교통사고만 19만 6836건이 일어났다. 그중 사망한 사람이 2,735명이다. 이 중 보행자 교통사고 사망자 구성비는 전체 교통사고에서 34.1%에 달한다. 그나마 '34.1%'는 2013년 이후 가장 낮은 수치이다. 2013년부터 2018년까지 교통사고 보행자 사망 수치를 보면, 한해 교통사고에서 평균 39.4%로 나타난다.

사람뿐만 아니다. 사람과 같은 목숨인 동물도 도로에서 생명을 빼앗기고 있다. 2022년에 있었던 로드킬은 6만 3,989건이다. 2021년 3만 7,261건, 2020년 1만 5,107건과 비교하면 큰 폭으로 늘어났다. 집계가 쉽지 않은 작은 양서류들까지 감안하면 숫자는 더 커질 테다. 나는 그들을 보면 언니 모습이 겹친다.

무엇이 우리를 끊임없이 발전시키는가?

언니에게 일어난 일을 똑바로 직시하고 싶었다. 블랙박스 카메라에 담긴 그 순간을 이 악물고 확인했다. 이후, 웃고 있던 우리 언니가, 그러다 휘청거리는 그가 내 머릿속에서 재생됐다. 반복재생, 반복재생…. 영상을 본 건 단 한 번뿐이었지만, 내 몸에 수만 번은 더 각인됐다. 그러다 보니 언니가 아니라 주위가 보이기 시작했다. 차가운 아스팔트 위, 무심히 그어진 흰색 선, 내달리는 무기 같은 트럭이 고요한 언니를 둘러쌌다. 장면 속 배경을 바꿔 봤다. 아스팔트가 아니라 흙길이, 무심한 흰색 선이 길을 안내하는 게 아니라 앞선 사람이 걸어간 흔적이, 트럭이 아니라 자전거가 언니와 부딪혔다면 결과는 얼마나 달랐을까. 녹색 세상을 꿈꾸자 여러 생각이 덮쳐오기 시작했다.

우리는 몸을 기계로 확장하고 있었다. 뇌를 대신해 스마트폰을 이용한다. 걷지 않고 차를 몰며 바퀴를 굴린다. 이때, 기계는 물신화된다. 기계는 자연을 변형시킨 것이지, 본디 있는 '신의 뜻'이 아니다. 당연하지 않은 것이 당연한 것으로 여기게 됐다. 그래서 우리는 질문하지 않는다. 왜 몸 대신 기계를 사용하는가? 몸을 확장하는 행위가 왜 필요한가? 왜 기술을 발전하는가? 무엇을 위해 발전하는가? 누가 발전시키는가?

무엇이 끊임없이 발전시키는가? 어떤 힘이 우리 사회에서 가장 크게 작동하고 있는지 곰곰이 생각해 봤다. 아무래도 자본이다. 우리는 아주 뒤집혀진 세상을 살고 있다. 자본이란 정치적 장치는 돈이면 다 되는 세상을 만들었다. 그리곤 인간 삶의 필수 조건을 위협한다. 아주 기본적인 그 필수 조건은 바로 '생명'이다. 언니는 인간으로 태어났지만, 도로에서 인간답게 살아갈 권리를 빼앗겼다. 자본주의 경제체제는 교통사고란 위험을 용인하고 있는 중이다.

성장주의는 경쟁, 효율성, 속도가 특징이다. 성장주의가 추구하는 가치에 따르면 우리는 끊임없이 빨라지고, 편리해져야 한다. 그런데 그렇게 되는 것이 목적일 뿐, 그 바람에 무엇을 잃고 있는지 성찰조차 않는다. 과학기술이 인간 삶에 기여하지 않았느냐고 되물을 수 있겠다. 그렇지만 적어도 현재까지 과학기술은 경제성장의 작동 방식, 즉 자원 착취와 환경오염을 원활하게 만드는 역할에 주력했다. 나는 이제껏 자본과 기술이 망가뜨리는 자연에 인간이 포함돼 있다고 상상하지 못했다. 오만했다. 인조적인 냄새가 모두 빠지자 생콩 냄새가 휘감긴 언니 가슴팍에 코 박고 울며 오만을 반성했다. 자본이 양분 삼는 생명 파괴엔 분명 인간도 포함돼 있었다.

고통과 성장

언니 사고 이후, 사람들은 내게 다양한 반응을 보였다. 누구는 슬픔과 분노에 공감해 같이 울어 줬다. 누구는 동정하며 혀를 끌끌 찼다. 누구는 "너와 같은 고통은 세상에 이미 너무 많다"며 건조하게 말했다. 누구는 가해자를 나무라야지, 사회 탓 하지 말라며 피곤해 했다. 그중에서도 어느 누구는 뜻밖에도 나를 대견해

했다. 극한 고통을 겪고 나니 내가 참 많이 성장해 기특하다는 게 그의 설명이다. 이 말이 며칠을 맴돌았다. 실제 내가 마주하고 있는 상황과 그 사람이 해석한 내 상태가 너무나도 이질적이었기 때문이다. 언니에게 일어난 일에 대한 고통을 결코 나의 성장으로 정리할 순 없다. 오히려 어떤 단어도 이 고통을 정확하게 정의하진 못할 것이다.

성장엔 고통이 필수적이다. 성장하는 무언가는 고통스럽다. 이때, 타자는 고통을 성장이라는 대가로 쉽게 환산해 버린다. 고통을 관조하고 음미하여 성장으로 포장하는 꼴이다. 이 감각과 괴리는 우리 사회가 성장을 사유하는 방식과도 닮아 있다고 본다. 인간은 자연을 타자화한다. 그리곤 사람 시선을 통과시켜 성장(발전)시킨다. 예를 들어 4대강, 송전탑, 핵발전소를 보자. 강과 산, 바다 생태계는 고통에 시달리게 됐다. 그 주변에 살고 있는 주민, 심지어 아예 바다에 몸 담그는 해녀들 또한 마찬가지다. 자연은 스스로를 잃었고, 송전탑 주민들은 삶과 터전을 빼앗겼고, 해녀들은 몸을 위협 받는다.

자본은 이 모든 고통을 성장이란 허울 좋은 이름으로 묻어 버린다. 이때 고통과 성장의 크기를 똑같은 위치에 나열할 순 없다. 순서를 따지자면 고통을 우선시해야 한다. 그때의 고통은 성장을 위해 감내해야 할 무엇이 아니라 거부하고 배격해야 할 폭력임이 명백하기 때문이다. 자본주의 경제가 순환하는 과정에서 생기는 고통을 줄여야 한다. 고통을 줄이려면 성장의 수레바퀴에서 빠져 나와야 한다. 탈성장 해야 한다. 생명들이 고통 받지 않아야 하니 탈성장 하자는 구호는 어쩌면 탈성장의 근거를 정(情)과 도덕에서 찾는 비약일지도 모르겠다. 그러나 그러면 왜 안 되는가? 삶에서 마음과 사랑은 언제나 중요하다.

사랑하는 사람

언니는 내가 제일 사랑하는 사람이다. 언니 오른팔엔 강낭콩만 한 점이 있다. 신기하게도 내 오른 다리에 똑같이 생긴 점이 있다. 점 찍힌 우리는 서로를 분신이라 여겼다. 분신과도 같았지만 사실 언니와 나는 견줄 대상이 아니다. 그가 훨씬 더 훌륭한 영혼을 지녔기 때문이다. 언니는 내게 스승이자 성자이다. 표현할 수 없을 만큼 따뜻한 사람이었고, 그래서 강한 사람이었다. 그를 향한 믿음은 내게 종교 비슷한 것이었다. 언니도 나를 참 많이 사랑해 줬다. 힘든 일이 있을 때 언니는 나를 안으며 말했다. "누가 너를 괴롭히면, 언니는 그 사람을 해치고 감옥이라도 갈 수 있어. 난 언제나 네 편이야." 섬뜩할 만큼 나를 사랑해줬다.

영화 〈수라〉에서 새만금 갯벌을 지키는 그들은 '아름다움을 목격한 죄'를 말한다.

갯벌의 아름다움을 목격했고, 그래서 지킨다 했다. 마찬가지이다. 나는 언니란 생명의 아름다움을 목격해 버렸다. 너무 아름다운 그 사람을 지키고 싶었지만, 그렇게 되지 않았다. 언니가 아름다워하는 아이들도 지키고 싶었지만, 잘 안 됐다. 내가 겪은 현실은 탈성장이나 전환의 길로 가기엔 이미 너무 멀리 와 버리지 않았나 싶다. 그만큼 그 길을 향해 서둘러 발걸음을 돌려야 하는 걸 수도 있겠다.

고통스럽다. 아파하는 언니를 보고 있는 게 끔찍하다. 언니를 눕히고 짐승처럼 우는 엄마를 보는 것도, 비명을 질러야 하루를 시작할 수 있다는 아빠 마음을 헤아리는 것도 공포다. 우리 가족이 느끼는 이 고통이 찬란한 경제성장과 발전에 대한 값이라면, 나는 멈추고 싶다. 우리 이제 그만하자고. 이딴 거 집어치우자고 애원하고 싶다. 어쩌면 이건 우리 언니를 제발 되돌려달라는, 사회에 먹혀 버린 언니를 뱉어내라는 주문일 수도 있겠다. 예전의, 본디의 언니 모습을 하루만이라도 아니 오 분만이라도 볼 수 있으면 좋겠다. 죽어 가는 언니 말고, 살아가는 그를 만나고 싶다. 마주보고 이렇게 말하고 싶다. "언니야. 언니는 하나도 잘못한 게 없다. 억울해하지 마라. 고통받지 마라. 사랑해."

지렁이 인간이 되기

김이중*

* 예술가, 개잡부, 핸디맨, 선생님, 동물
존재 방식이 아름답기를 바라는 인간. 지렁이의 완벽함을 닮아서 지렁이 말을 구사하고 싶은 게으름꾼. 다방면의 간단한 일을 능숙하게 하는 재능이 있음. 일상을 매일 기록하는 귀찮은 활동을 합니다.

지렁이 스승

도시인은 먹고 입고 싸는 일, 즉 생존에 필수적인 일 전반을 스스로 하지 않고 분업과 외주로 처리하고 있다. 그로 인해 생산성은 높아졌지만, 자연과 인간의 유기적 관계가 끊어졌다. 우리는 생태계에서 고립되었고, 동물로서 지구라는 전체에 속하는 안정감과 통일성을 잃어버렸다. 현대 사회의 개인은 수많은 파편으로 분절되어, 혼의 고향을 잃은 채 떠돌며 신경증에 시달리고 있다. 대신 모든 타자를 착취하는 방식의 과잉생산은 아주 잠깐의 물질적 풍요를 가져다주었지만, 그 대가로 지속적으로 재난과 멸종을 걱정하며 살아가게 됐다. 풍요야말로 우리 시대의 원죄라고 할 만하다. 그렇다면 우리는 다시 자연과 연결될 수 있을까? 인간 종뿐만 아니라 비인간 존재들과 더불어 살아갈 생존 조건을 발견하고 이행할 수 있을까?

나는 그 방법을 지렁이에게서 배운다. 진화론의 창시자 찰스 다윈은 40년여 동안 지렁이를 연구했다. 세계를 돌아다니며 많은 생물을 연구했던 다윈의 마지막 저작도 지렁이를 탐구한 책이다. 이로써 감히 추측하자면 그는 지렁이를 특히 사랑하고 있었음에 틀림없다. 그는 왜 지렁이에 빠졌을까? 난 최근의 경험을 통해 그 이유를 체감하게 됐다. 지렁이를 스승으로 삼고 배우면서 경이로움과, 나라는 존재로서의 만족, 그에 따르는 아름다움을 느꼈다. 내 태도와 행동이 여기에 오기까지 2020년부터 2024년까지 5년이 걸렸다. 그 과정이 즐거웠기에 여러분과 공유하려 한다.

연결성을 회복하는 여정의 시작

나는 미술을 전공했다. 졸업 후엔 창작과 전시로 점철된 경력의 순환에서 벗어나서 삶을 예술로 만들고 싶었다. 이는 '사는 게 예술이지'라는 식의, 삶을 낙관하는 관용적 태도와는 다르며, 삶의 일부분을 떼어내어 독립된 작품의 형태로 미술 공간에 전시하는 것과도 다르다. 오직 살아가는 것 자체가 예술이고 그 모습이 주관적 판단과 자기만족을 넘어 보편성을 가질 수 있는 삶-예술을 실험하기로 했다.

그렇다면 어떻게 삶을 예술로 만들 수 있을까? 일단 기존의 창작 습관에 거리를 두고 새로운 방식의 작업 계획을 세우기 위해 '미술'에서 멀어져야 했다. 영상을 찍거나 그림을 그리는 등의 창작 활동을 중단하고, 미술로 돈 버는 일마저 모두 끊고, 인력사무소에 나가서 육체노동을 하는 것으로 생계를 이어 나갔다. 그러다 보니 가장 먼저 맞닥뜨린 일상은 '돈'과 '소비'였다. 돈과 소비를 어떻게 예술로 승화시킬 수 있을까? 특정한 태도에 기반한 행위는 설득력을 가지며 올바르다면 아름답다. 그래서 난 돈과 소비에 윤리적인 태도를 접목하여 규칙을 만들고 그 규칙에 따라서 살아가기로 했다. 규칙은 아래와 같다.

실험1 - 지속 가능한 소비를 위한 규칙

첫째, 돈의 가치를 차별한다 - 근로소득은 생활에 쓰고 자본소득은 기부, 공적 이전 소득은 승수효과를 최대화하기 위해 소상공인에게 쓰는 등 돈의 가치를 구분해서 각각의 용처를 제한하는 방식으로 사용한다. 미술 관련한 일로는 돈은 받지 않는다.

둘째, 소비 영수증을 만든다 - 소비할 때마다 거래 상대에게 영수증을 주고, 소비 영수증에는 내가 쓰는 돈이 어떤 경로를 통해 상대에게 전해졌는지에 관한 설명을 적는다.

셋째, 소비에 점수를 매긴다 - 환경, 쓰레기 배출, 탄소 절감, 승수효과, 유통경로, 생산자 윤리, 경제 유지, 가치 창출, 삶의 질, 현금 사용, 수준 소비까지 열한 가지의 항목에 대해 모든 소비에 점수를 매긴다. 매월 월간 결산을 한 뒤 목표 점수에 미달하면 봉사 형벌을 부과한다. 봉사 형벌은 나의 이익을 배제하고 오롯이 타자에 유익할 만한 일을 한다.

이렇게 규칙을 만들고 삶에 적용하고 나니 전에 하지 않았던 행동을 하거나 외부 요인들과 충돌하는 일이 생겼다. 가구 옮기는 일이라고 해서 갔는데 알고 보니 가구가 작가의 작품이라서 일을 하고도 돈을 받지 않거나, 재난지원금은 장사가 안 되는 소상공인에게만 쓰거나, 성장주의를 내재화하는 역할의 첨단에 있는 연예계에 거부감을 느껴 연예인의 헬스장에 짐 나르는 일에 나가지 않는다거나, 성희롱하는 사업주의 잘못을 따져서 일을 그만두게 되는 등 2020년 한 해 동안 규칙을 다듬고 지키려 고군분투했다. 아래는 그 당시의 일기다.

2020년 5월 24일 - 돈의 질을 차별

점심으로 시장에서 우동과 갈비만두를 먹었다. 시장에서 장사가 잘 안 돼 보이는 김밥 집에서 치즈김밥을 샀다. 친구는 돈 쓰는 데 이왕이면 좋은 서비스를 받아야 하지 않겠냐고 물었지만, 나는 재난지원금이 내 돈이 아니라서 이 돈이 사회 구성원들에게 골고루 분배되면 좋겠다고 했다. 그래서 가 보지 않은 곳, 장사가 안 되는 직영점, 소상공인들에게 써야 잘 쓰는 것 같다고 말했다. 뉴스에서는 소비 수준이 코로나 이전과 근접해졌고 편의점 매출도 전보다 많이 올랐으며, 비싼 동네에서 관광객들을 상대로 영업하는 가게들이 가장 힘들다고 했다. 이제 지원금은 편의점에서 쓰지 말아야지.

규칙의 내재화, 비건 시작

2020년을 살아가며 프로젝트를 구체화했고, 2021년에는 본격적으로 규칙에 따른 삶을 살기 시작했다. 돈의 질을 차별하는 것과 영수증 발급은 지속하기 어려웠다. 다만 모든 소비에 점수를 매기는 일, 조금 독특한 가계부 작성은 지금까지도 이어오고 있다. 소비는 편하고 쉬워야 한다는 것이 이 사회의 강령이다. 그 강령에서 벗어나서 소비를 어렵게 만들기 위해 소비 점수를 기입하는 가계부를 쓰며 소비에 은폐된 관계들을 드러내다 보니, 매번 하는 작은 소비 하나가 작은 것이 아니라는 걸 실감하게 됐다. 나는 이 과정을 단지 개인(가족)의 가계부가 아닌 '지구인으로서의 가계부'라고 말하고 싶다. 더 나아가, 미리 정해진 규범에 따르는 식의 도덕적인 삶을 넘어서 스스로 행동의 규범을 수립하는 방식으로 윤리적인 삶을 고민하다가 2020년 12월부터는 동물을 먹지 않기로 결심했다. 부끄럽게도 직접행동까진 이르지 못했지만, 나름 엄격하게 비건으로 살아가고 있다.

2021년 6월 16일 일기 - 비건과 봉사 형벌

소의 젖 성분이 들어 있는 탈모약을 먹지 않기로 결정했다. 빠진 머리카락은 내 신념의 상징이니까 자랑스럽게 생각해야 한다. 머리카락을 지킬 수단이 있는데 그렇게 하지 않기로 결정한 나의 숭고한 신념의 증거이다. 책을 읽고 글도 조금 쓰고 두부 크럼블과 김자반을 먹고 12시 40분에 은평문화예술회관에 도착했다. 봉사 형벌을 하기 위해 노란색 조끼를 받아서 입고 회관 현관에 자리를 잡고, 코로나 백신을 맞으러 오는 사람들의 손에 손 소독제를 짜줬다. 사람이 많지 않아서 의자에 앉아 있는 시간이 많았지만, 형벌을 받으러 왔기 때문에 핸드폰을 보거나 딴 짓 하는 등의 시간 때우는 일을 자제하며 정자세로 대기했다. 오후 4시가 되자 다른 봉사자들은 떠났지만, 나는 봉사 형벌을 받는 것이기 때문에 5시까지 남아 청소라도 하겠다고 버텼다. 나를 마주치는 사람마다 끝났는데 왜 안 가냐고 묻기에 설명하느라 힘들었다. 텅 빈 회관에서 의자를 정렬하고 바닥에 붙은 스티커를 제거했다. 조금 지나서 청소하시는 분들이 오셨고 난 무슨 일이라도 좋으니 도와드리겠다고 말씀드렸더니 기름걸레로 바닥을 쓸어달라고 부탁하셔서 5시까지 그 일을 했다. 한 분이 고맙다고 '비타500'을 주시려 했는데 비타500에는 낙지에서 추출한 물질인 타우린이 들어가기 때문에 고사했다.

보도블록 되기

비건으로 살아간다는 건 하루에도 몇 번씩 주체적인 선택을 한다는 것을 의미한다. 그만큼 비거니즘은 나 자신의 큰 부분을 차지하는 정체성으로 자리 잡았다. 타자를 고려한 선택과 실천이 일상이 되었고, 그러한 삶이 일상이 된 지금은 생각이 바뀌었다. 비거니즘은 거대한 정체성이나 엄격함뿐이 아닌 단지 생명 존중의 시작일 뿐이며, 나 혹은 인간 이외의 존재들을 알아가는 것의 출발점이라는 것을 깨달았다. 그래서 나는 공동체 모두에게 이롭게 존재하지만 누구도 신경 쓰지 않는 비인간 존재를 만나보기로 했다.

실험2 - 보도블록 닦기

첫째, 보도블록 한 개를 찾고 도구를 구해서 닦는다.

둘째, 신체의 가장 은밀한 부위를 맞댈 수 있을 정도로 깨끗하게 닦는다.

셋째, 일지를 쓴다.

넷째, 매일 닦는 것을 목표로 한다. 닦지 못한 날에는 그 사유를 일지에 기록한다.

2023.07.26

서울혁신파크 광장을 걸으며 보도블록을 관찰했다. 그중 상처가 많이 난 돌을 선택하고 '쿵덩야'라는 이름을 지었다. 쿵덩야의 위치는 위도 37.60854 경도 126.9341328이다.

2023.08.01

오늘은 늦은 저녁에 나와서 쿵덩야를 닦았다. 집에 돌아와 양치하는데 느낌이 쿵덩야를 칫솔질하는 느낌과 너무나 같아서 놀랐다. 쿵덩야와의 친밀한 관계가 생긴다. 너무도 명확해 밖의 것이라고 규정된 사물을 내 안으로 들이고 있다. 이렇게 경계를 무너뜨리는 연습을 반복하다 보면 우리 주변에 존재하는 모든 것에 연결성과 소중함을 느끼게 될까? 적어도 오늘 난 그 가능성을 발견한 것 같다. 이러한 일에 공명하는 사람들이 많아지면 좋겠다.

2023.08.09

따릉이를 타고 피부과에 가는 길에 건설 현장을 지나가게 됐다. 인부들이 한창 보도블록을 까는 중이었는데 쿵덩야와 같은 종의 보도블럭이었다. 난 보도블록이 가지런히 쌓여 있는 더미에 가까이 가서 맨 위의 보도블록을 살살 쓰다듬었다. 바로 옆에 있던 인부가 '뭐 하는 사람이지?'라는 표정으로 날 쳐다봤다. 해가 지고 쿵덩야를 만나서 여느 날과 다를 바 없이 녀석을 닦았다. 나를 지나쳐 가는 사람들은 여전히 많았다. 문득 내가 하는 이 행위가 미술 공간에서 퍼포먼스를 하는 것과 비슷하다는 느낌이 들었다. 지나가거나 구경하는 모든 사람이 관객이다. '뭘 하는 걸까? 왜 저런 짓을 하는 거지? 왜 저 하나만 닦지?' 등과 같은 의문이 들 테고, 그들은 집에 가서 가족이나 친구에게 나를 본 일을 이야기하며, 우스꽝스럽거나 가볍거나 진지하거나 실없는 경험이었다고 할 것이다.

2023.08.22

비가 한 번 쏟아진 뒤에 집을 나섰다. 피부과에 들렀다가 쿵덩야를 만났다. 주위에 다른 모든 보도블록과는 다르게 신기하게도 쿵덩야만 오묘한 얼룩무늬를 만들어 가며 습기가 말라 가고 있었다. 정말 쿵덩야만 그랬다. 일부러 의도한 것도 아닌데 왜 이런 현상이 생겼는지 신기했다. 이 존재가 나를 응원하기 위해 나에게 보내는 신호인가? 우리의 관계가 만든 작은 기적처럼 느껴졌다. 한편으론 특별함에 대해 생각해 보게 됐다. 무엇이 쿵덩야를 특별하게 만드는 것일까? 특별함 때문에 차별이 생기는 걸까. 표면의 습기를 얼룩무늬로 만들어 가며 증발시키는 능력이 쿵덩야의 특별함인가? 그렇다면 모든 보도블록엔 각자의 특별함이 담겨 있을까? 모든 보도블록을 균등하게 고려해야 한다면 쿵덩야만 닦는 나는 차별주의자일지도 모른다. 삶에 일관됨을 유지하려면 난 모든 보도블록을 쿵덩야와 동일하게 대해야 할 것이다. 그것이 가능할까? 완벽에 이르는 것은 불가능하겠지만 완벽에 가까워지고자 하는 열망이 있다면 그것만으로도 의미 있는 일이다.

2023.09.05

책을 반납하고 혁신파크로 가서 쿵덩야를 닦았다. 닦는 도중 인기척이 느껴져서 고개를 들었는데 머리가 반쯤 벗겨진 선글

라스를 쓴 중년 남성이 나를 쳐다보고 있었다. 순간 눈이 마주쳤다. 난 다시 닦기 시작했고 그 사람도 한참 그 자리에서 나를 관찰했다. 나는 '왜 이 아저씨는 나를 쳐다보고 있을까?'라는 물음과 함께 혹여나 나에게 말을 걸었을 경우 어떤 대답을 할지 준비하고 있었다. 우리 사이에는 '왜?'에서 오는 묘한 긴장감이 있었다. 이런 긴장감이 예술에서 참 중요한 것 같다는 느낌을 가지게 되었다. 일방적이지 않은 방식으로 서로의 공기를 침범하는 긴장감. 공공의 영역에서 일상적으로 접하는 사물과 관련된 행위라서 그런 긴장감이 형성되는 것 같다. 그리고 또 한 가지 떠오르는 의문. 그 아저씨의 발길을 잠시 멈추게 한 것은 잃어버렸다고 생각했던, 아이일 적에 품었던 순수한 호기심의 불씨가 아직 남아 있어서 그랬던 것은 아닐까? 아저씨는 가 버렸고 나도 자전거를 타고 집에 갔다.

2023.09.18

나는 왜 집 청소는 잘 안 하면서 쿵덩야는 거의 매일 닦을까? 집안 살림을 어떻게 예술로 제안할 수 있을까? 답을 찾기 위해 쿵덩야에게 갔다. 닦는 도중 옆 보도블록에 풍뎅이 한 마리가 지나갔다. 보도블록은 풍뎅이의 터전도 될 수 있다. 인간뿐만 아니라 지구 모든 존재가 쿵덩야와 커먼즈로서 관계할 수 있다. 다 닦고 나서 무릎을 꿇고 쿵덩야에게 살짝 입을 맞췄다. 물기가 마르지 않아 축축했다. 입술에 닿은 돌 표면의 자잘한 돌기가 낯설었지만 거부감은 없었다. 맨손으로 만질 때와는 차원이 다른 촉감이었다. 쿵덩야를 닦기 전 가장 은밀한 부위가 닿아도 될 정도로 닦자는 기준을 세웠었는데 이제야 실제로 하게 됐다. 해 보니 잘했다 싶었다. 자전거를 타고 돌아오는 도중 입술이 화끈거렸다. 기분 탓인가? 뭔가 세균이 있는 건가? 이런 생각이 들었다.

지금도 쿵덩야를 닦고 있기에 당장 결과를 장담할 순 없지만, 쿵덩야를 만나기 이전에는 몰랐던 것을 깨달았다. 무언가와 정들고 아끼고 사랑을 주는 일은 비단 인간끼리만의 일이 아니며, 이 세상에 더불어 존재하는 모든 것에게 사랑을 줄 때 그 사랑이 돌고 돌아 더욱 충만해진다는 것이다.

지금까지 예술, 윤리, 돈, 소비, 비거니즘, 타자되기 등의 거대한 듯한 이야기를 짧게 다뤄 봤다. 이런 거창한 말들로 둘러싸인 듯한 프로젝트의 진행 도중 나는 우리가 가장 하찮다고 생각하는 존재를 우연히 만나 다시 보게 되었고 이 모든 경험이 본질적이며 궁극적인 것의 시작임을 깨단게 된다.

실험3 - 하나 되기

"똥을 모아요." 요즘 무슨 작업 하느냐고 사람들이 물어보면 나는 이렇게 대답한다. 누군가는 깜짝 놀라 자신이 제대로 들은 것이 맞는지 의심하고, 누군가는 표정을 찡그린다. 귀농해서 텃밭에 뿌릴 비료를 위해 모으는 것이 아닌, 도심 한복판에서 작은 원룸에 사는 사람이 집에서 똥을 모은다는 것은 대부분의 사람들이 상상도 하지 못했거나 혹은 상상만 해보고 실천은 하지 않을 일이다. 그런데 난 그 일을 시작했다. 도대체 왜?

2023.09.07

내일 쌀 똥을 대비해 하루 전에 먹은 것을 기록한다. 결국 이렇게 되었군.

점심 - 간장비빔밥

비건김치 - 일품김치

양배추 - 홍성노원호/홍성유기영농조합/은평두레생협

유기재래김 - 어촌사람들/초록마을

쌀농부현미 - 쌀농부/네이버페이

부침두부 - 우리콩식품/은평두레생협

이금기버섯소스 - 이금기식품/오뚜기/투게더할인마트

들깨, 들기름 - 김성자

쌀농부간장 - 쌀농부/네이버페이

물 - 우리집 수돗물 브리타 정수, 사계절독서실 정수기

저녁 - 콩국수

비건김치 - 일품김치

비건런천미트 - 남부식품/풀무원식품/롯데마트

애호박 - 홍천박문규/친환경농업연구원/은평두레생협

마늘 - 아우름농산/한국청과9호/투게더할인마트

부침두부 - 우리콩식품/은평두레생협

느타리버섯 - 홍천김민수/은평두레생협

이금기비건소스 - 이금기식품/오뚜기/투게더할인마트

천일염 - 신의도천일염/씨제이제일제당/투게더할인마트

콩가루 - 휴밀

통밀국수 - 들찬밀드림/초록마을

이런 식으로 내가 먹은 모든 것들을 기록한 뒤 나온 똥을 통에 모은다.

2023.09.08

결전의 날이다. 본능적인 거부감이 들었다. 하지만 해야 한다. 왕겨를 통에 붓고 휴지통을 준비하고, 사진을 몇 장 찍었다. 의자에 구멍을 뚫은 뒤 시트를 부착해 만든 간이 변기에 앉으니 헛웃음이 나왔다. 실내에서 변기가 아닌 다른 곳에 똥을 싸는 건 기저귀를 졸업하고 처음 있는 일이다. 일을 봤다. 비건이라도 똥은 똥인지라 냄새가 났다. 통을 흔들어서 똥이 왕겨에 잠겨 보이지 않게 하고 통을 닫았다. 생각한 것을 실행하는 내가 대단하게 여겨졌다. 내가 그간 먹어 왔던 식물들을 위해 그들의 몸을 먹어서 나온 똥을 발효시켜 다시 그들에게 돌려준다는 생각으로 이 일을 하니 거부감과 불편함도 뿌듯함으로 변했다.

2023.09.14

똥은 생산이며 연결이다. 일상에서 회복을 학습하는 것, 의미 안에 존재하는 것, 내 존재를 인지하는 것, 죄에서 벗어나서 전체를 아우르는 것, 자기 배설물을 거름으로 사용하는 것은 하늘을 우러러 한 점 부끄럼이 없다는 것. 혁신파크에서 나뭇가지 세 개를 주워서 집으로 가져왔다. 잘 씻어서 똥막대기로 써야지.

2023.09.12

일어나서 변을 보고, 어제 만든 똥막대기로 왕겨와 똥을 잘 섞었다. 그 정도만 했는데도 냄새가 많이 줄었다. 이 일련의 과정 속에는 바로 설명할 수 없는 뿌듯함이 있었다. 나의 똥이 거름이 되고, 거름을 통해 무언가가 자라며, 자란 것을 다시 먹는 순환의 과정. 대부분의 사람들에겐 끊겨 버린 그 순환의 연결고리 안에 내가 속한다는 사실에 뿌듯함과 소속감, 통일성 등을 느끼고 있다. 그래서 이 행위가 추하지 않으며 더러움-가난-죄가 아니고 어떤 아름다움까지 느끼게 하는 것 같다.

2023.09.20

아침부터 페인트칠 알바를 하러 가느라 똥을 집에서 못 싸고 나왔다. 상월곡역에 있는 어린이미술관의 전시장을 페인트칠했는데, 중간에 살짝 변의가 왔지만, 타이밍을 놓쳤다. 왠지 여기서 똥을 싸면 어제 먹은 좋은 것들이 아까울 것 같은 느낌이 들었다. 수세식 변기가 있기 전의 시절에는 똥을 거름으로 썼기 때문에 누군가 집에 놀러 오면 그 사람으로 하여금 일부러 똥을 싸고 가게 했다고 한다. 중국에서는 자기 집 화장실을 크고 멋지게 만들어 지나가는 사람이 변을 누게끔 유혹했다고 한다. 하여튼 일부러 참은 건 아니지만, 결국 오후 10시 반에 집에 도착해서야 통에서 변을 눴다. 약간 뿌듯했다. 오늘은 출처가 불분명한 음식들을 내내 먹었으니, 내일은 똥을 수세식 변기에 싸야겠다.

지렁이 인간

삶 자체를 예술로 만드는 시도는 세상과 나의 관계를 어떻게 만들어가야 하는지에 관한 고민에서 시작했다. 이 과정 속에서 윤리적 삶을 고민하다 비인간 동물을 바라보게 되었고, 이로 인해 나 이외의 다른 존재들로 의식을 확장시키는 계기가 되었다.

비인간 존재인 보도블록의 돌이 되어 보기 위해 매일 만나서 접촉하고 친밀해지기도 했다. 동물을 먹지 않기에 어쩔 수 없이 식물의 생명을 취해서 살아가는 나는 식물의 이익을 고려할 필요로 내 몸에서 나온 것들을 그들에게 돌려줘야겠다고 결심하기도 했다. 그 결과로 예전엔 그냥 스쳐 지나가던 흔한 지렁이를 새롭게 만나게 됐다.

지렁이는 먹고 싸고 존재함으로써 모든 존재의 필수적 조건인 이 땅을 활력의 공간으로 만든다. 그렇게 지렁이는 완벽하고 아름답게 지구와 연결된다. 어찌 보면 내가 처음에 추구했던 '삶 자체를 예술로 만드는 일'에 가장 궁극적이고 군더더기 없는 본보기가 지렁이라는 것이 경이롭다. 지렁이가 세상과 관계하는 법을 본받는다면 우리는 소비사회에 포섭되어 끝없이 자극을 추구하기 위해 주변을 파괴하며 존속하는 삶에서 유쾌하게 벗어날 수 있다. 그리고 활력과 기쁨, 관계의 풍요를 통한 행복한 삶으로 가는 지름길을 발견할 것이다. 지렁이는 안정과 통일성, 나눔과 사랑을 전파하려는 목적으로 우리에게 온 지구의 대사가 아닐까? 나는 우리가 가장 하찮다고 생각하는 존재를 우연히 만나 다시 보게 되었고 이 모든 경험이 본질적이며 궁극적인 것의 시작임을 깨닫게 된다. 나는 지렁이처럼 존재하는 인간이고 싶다.

새미의 꽃에는 뿌리가 있다

- 탈성장 시대의 배움

배희정*

* 히히 아난 희한 아무
아름다움 수집가, 듣고 노래합니다.

코로나 19가 지나가고 이례적인 폭우와 한파, 수해가 더 뚜렷이 가시화되고, 바다에는 핵 오염수가 방류되기 시작하는 이 시절, 나는 잼버리 대회로 화려하게 알려진 부안에 산다. 집으로 가는 길 변산바다로를 타면 옆으로는 한때는 바다였던 광활한 땅이 묵묵히 놓여 있다.

요즘 유튜브에선 탕후루와 관련된 챌린지, 갖가지 유행어들이 기세 좋게 떠돌고 있다. '오호, 그것 참 궁금한데 어디 먹어볼 곳 없나' 궁금해 했는데, 지난 주 읍내에 탕후루 가게가 새로 생겼다. 또 잠시 뒤면 새로운 업종으로 대체될 테지만, 인터넷 세상에서 유행하는 것이 거의 실시간으로 이 '지방 소도시'에까지 도달한다는 것은 놀랄 만한 일이다. 아마 이 글을 읽는 지금은 벌써 그 유행이 시시해진 후일지도 모른다.

오래간만에 미영 씨를 따라 코스트코에 다녀왔다. 온갖 상품이 산더미처럼 쌓여 있고, 뭐든 간에 크고 많다. 신선 식품 칸에는 겉옷을 입어도 추위를 느낄 만큼의 냉기가 뿜어져 나오고, 200원짜리 생수와 그 밖에도 너무도 싼 음식이 테이블마다 가득 찬 광경. 너무 신기해 이리저리 돌아다니며 구경하다 무언지 지끈거리고 메스꺼워 급히 나온다. 그 산더미 같은 물건들 앞에서,

분주히 엉키는 널찍한 쇼핑카트 사이에서 나만 덩그러니 떨어져 나온 기분이 든다. 이 수많은 것들은 어디로 가나. 또 어디서 왔는가. 저 두툼한 연어의 살과 핏기어린 소의 살덩어리들, 경쟁적으로 빛을 내는 2리터 짜리 위스키 병들…. 이 화려한 세계 속에 생명의 진실은 어디쯤 있을까.

이리 크고 많고 휙휙 바뀌는 세상 속에서, 나는 어리벙벙하게 눈을 굴리고 있다. 오후 세 시를 지나며, 비가 막 그치고 바람이 들이치는 방안의 책상에 앉아 밖을 본다. 창틀에는 거미가 기어다니고 책상 위엔 개미가 두 마리, 방심하면 지네가 숨어드는 이불 속, 뜨겁게 끓인 우엉차와 높이 쌓인 책들…. 읍내로 나가려면 삼십 분 이상 걸어 한 시간 간격으로 오는 좌석버스를 기다려 타고 나가야 하는 이 작고 구석진 곳에도, 이렇게 쉴 새 없이 무엇이 쏟아지니 마치 세상이 계속 자라고 있는 것 같다. 끝없이 커지고 한없이 덩치를 부풀릴 수 있을 것처럼.

그런데 존재하는 것은 어디까지 커 질 수 있을까? 이러다 세상이 터지는 건 아니야? 혹은 슈뢰딩거의 고양이처럼 우리가 모두 그렇다 믿고 관측하고 있어서 세상이 그리 존재하고 있는 걸까? 과연 모두가 믿는 그 환상은 무엇일까?

MBTI 유행이 지나가는 시점에서 아직도 즐거운 'infp'로서 상상과 질문은 끊이지 않는다. 도대체 지금 제시된 선택지와 지금

껏 쌓아 온 배움이 나에게 주는 것이 무엇인가. 그래야 한다고 하여 착실한 척 인문계 고등학교를 졸업하고 어떤 바람을 가지고 대학까지 간신히 나왔으나, 손에 잡히는 앎은 없었다. 언제나 남들보다 더 빨리 더 많이 나아가야 한다고 부추기던 이 지독한 성장의 시대에서 나는 단 한 번도, 자란다는 것이 무엇인지 답을 들은 적이 없다. 무엇을 이루고 어디로 나아갈 것인가? 어릴 때는 애니메이션 속의 신의 괴도 잔느가 되고 싶었고 좀 더 큰 다음에는 포크 뮤지션 데미안 라이스처럼 노래하고 싶었다. 언젠가는 리바이스 청바지 광고 속 사막에 서 있는 꿈을 꿨고, 무엇인가가 되어 보려 부러워하고 모방하는 과정 속에서 얼렁뚱땅 지금의 내가 되었다.

부끄러워하고 와장창 깨지고, 다시 가다듬고 채워 넣는 그 과정을 수없이 반복하면서 우리는 점점 더 우리 자신이 된다. 가득 차면 기울고 모두 기울면 다시 차오르는 세상의 변화처럼, 자란다는 것은 그 끝없는 운동 속에서 무수한 변화를 맞이하는 일이 아닐까. 작은 내가 더 큰 내가 되고 그렇게 점점 더 나의 세상이 확장되는 것이다. 그렇게 점점 부풀어 마침내 터질 즈음엔 내가 사라지고, 사실 모든 것이 나라는 것을 알게 되는 순간이 찾아올지도 모른다. 우리가 아주 긴밀하게 연결되어, 지금 타자를 치는 이 컴퓨터와 돌아가는 선풍기의 바람과 밤바다와 지나가는 비둘기, 방금 내 피를 빨아먹은 모기와 아까 먹다 남은 쌀밥과 그리고 내가, 우리가 결코 떨어져 있지 않다는 것을 알게 되는 그런 순간이 말이다.

살아 있는 것은 움직이기 마련이다. 그 움직인 만큼 우리는 자라난다. 그러니, 살아 있는 한 자라지 않을 도리가 없다. 생은 그 자체로 변화이므로. 그러니 우리는 이 분주한 세계 속에서 자란다는 것이 무엇인가, 정말로 자라고 있는가 단단히 물어야 한다. 우리가 어디로 나아가고자 하는지, 그 방향성을 스스로 알고 있어야, 부추김에 도착한 공허에서 길을 잃고 울지 않을 수 있다. 그러기 위해서 배움이 필요하다. 세상에 잘 보이려 겉으로 드러나는 배움이 아니라, 정말로 한 치 앞을 귀하게 비출 작은 빛처럼, 삶에 요긴하게 쓰일 수 있는 나를 위한 배움이 말이다.

사서 중 『대학』 첫 구절에는 왜 배워야 하는가를 먼저 이른다. 하늘이 사람을 세상에 낼 적에 성(性)을 모두 주었지만 그 기질이 조금씩 다르므로 그것—그 자신의 본성—을 밝게 하기 위해 『대학』을 공부한다. 명명덕, 타고난 밝음의 덕을 다시 밝히기 위해 배우는 것이다. 그런데 믿어지는가? 우리가 본래 맑고 밝다니…. 그저 살다 보니 본래 밝디 밝은 성이 점점 흐려져 어둡고 무지하게 되었을 뿐이란다. 부단히 배워 나를 닦으면 본래의 나를 알게 된다. 삶에 찌들어 내가 밉고 싫고 못나다고 구박하여도, 실상을 알게 되면 그럴 수 없다. 알면 자연히 사랑하게 되기 때문이다. 쉽게 미워할 수 없다. 그 빛은 점점 더 크게 퍼져나가

나뿐만 아니라 내가 살면서 관계 맺는 모든 존재의 본성을 비추게 될 것이다. 관계를 맺기 위해서는 그 사물의 본성을, 당신의 성격을 이해하려 노력해야 하니까. 세상도 결국 각 존재, 각 사물의 합이니 우리 자신이 알차게 나아간다면 세상도 도리가 없지 않을까. 특히나 배움은 그러하다 믿는다. 우리 앞을 비출 그 작은 빛도 사실 각각의 존재가 스스로 내고 있을 따름이다.

우리 마을에는 춤 잘 추는 아이 새미가 산다. 볼 때마다 쑥쑥 자라나 매번 다른 사람들과 함께 어울려 웃고 있다. 내가 자주 우니 자기는 아무리 아파도 절대 울지 않는다며 나를 다독이는 아이. 이번엔 왼쪽 발에 반 깁스를 하고 나타나서도 펄쩍펄쩍 뛰어다닌다. 이번 여름 캠프에서도 만났다. 모두 자신이 불리고 싶은 이름을 써 가슴에 다는 시간. 새미가 이름표를 쓸 적에 늘 그리는 마스코트 꽃이 있다. 보라색 펜으로 그려진 꽃은 웃는 표정으로 흐느적흐느적 춤추는 듯한데, 움직이는 듯하나 들여다보니 새미의 꽃에는 뿌리가 있다. 이 아이는 보고 자라서 당연히 아는 것이다. 잘려서 예쁘게 포장된 꽃이 아니라 땅에 뿌리 내리고 살아가는 꽃을. 새미의 세상에 사는 꽃은 꺾인 꽃이 아니라 살아 있는 꽃이다. 그렇게 모두 살아 있음을 나는 늘 잊는다. 잠시 지나가는 한 줄기 바람과 트럭에서 떨어진 양파 한 알에도, 밤길 다급히 뛰어가는 고라니와 먹먹히 사라진 바다에도, 자꾸만 잊히고 자리를 빼앗기는 모든 존재들에게도 사실은 저마다의 생이 있고, 그의 자리가 있다. 그 사실을 매번 깨우치고 모든 생을 사랑하는 것. 그것이 배움으로 나아갈 수 있는 자유의 길이 아닐까 생각한다.

어느 날, 괜히 지치고 내가 보잘 것 없는 듯 작은 마음이 캄캄히 내 안에만 갇혀 있을 때. 문득 바람이 불어오고 작은 틈으로 오늘의 햇빛이 비친다. 그러면 집 안에서 자라나는 유칼립투스 칼리오페도 보이고, 문틈 구석에 자리를 잡은 거미도, 내 앞에 웃고 있는 사람 아이도 보인다. 밖으로 나가면 무거운 몸으로 버둥버둥 날아가는 호박벌이 처마에서 고개를 내밀고, 뒤늦게 다시 열매를 맺은 가지와 개미의 공격에도 부단히 살아남은 대파들이 나를 보고 있다. 이 모든 자라나는 것들이 나를 자라게 한다. 그렇게 우리는 서로의 시선 속에서 쑥쑥 자라난다.

우리 곁에 있는 모든 존재를 알아차리며 감사히 살아가는 일. 얼마나 긴밀하게 연결되어 있는지 부단히 느끼는 일. 그 전부가 아름다움을 위한 기도라 느껴진다. 끊임없이 모름을 깨닫고 앎으로 나아가며, 모두가 사랑을 배우려 노력하는 것. 그것이 이 아름답고 황망한 시절을 살아가는 나의 길이다. 그러니 부단히 걸어갈 따름이다. 아름다운 것은 너무 쉽게 지나고, 지금 이 순간도 지나면 잊히겠지만. 그럼에도 우리는 언제까지나.

마음에 **씨앗심기**

- 문화예술교육으로 그리는 미래

이연우*

* 해방해방 대표, 피스오브피스의 조각(멤버)
동물권, 환경, 지역, 언어에 관심을 갖고 활동한다. 주로 시각예술, 출판, 문화기획 등으로 표현하고 있지만 그 방법이나 매체에 제한을 두지 않고 다양한 통로로 이야기한다. 적정예술그룹 피스오브피스의 조각(멤버)이자 인쇄매체그룹 해방해방의 대표이다.

나는 어릴 때 학급에서 키우던 올챙이를 죽인 적이 있다. 모두가 운동장에 나가 있는 시간이었는데, 잠시 무언가를 가지러 교실에 들어갔다가 바글대는 어항 속 올챙이가 물 밖으로 나오면 정말 숨을 쉬지 못하는지 너무 궁금해졌다. 결국 그중 한 명[1]을 손으로 떠서 바닥에 내려두고 관찰했다. 올챙이는 예상대로 온몸을 배배 꼬며 팔딱거리다가 점점 그 움직임의 세기가 줄더니 결국 멈추고 말았다. 궁금증이 해결되긴 했지만 이후 예상치 못한 죄책감에 시달려야 했다. 누군가 내가 한 짓을 보았을까 두려웠고, 내가 죽게 한 그 올챙이를 지금까지도 잊지 못한다. 그날 내 마음엔 씨앗이 하나 심어졌다. 나 때문에 죽는 동물이 더 이상 생기지 않았으면 좋겠다는 생각의 씨앗. 아마 내가 비건이 된 건 그날 심어진 씨앗에서 비롯된 것이 아닐까.

지금 내가 속한 적정예술 콜렉티브 '피스오브피스'(Piece of Peace)와 활동하는 것도, '탈성장'을 이야기하는 이 책의 한 꼭지를 쓰고 있는 것도 내 안에 심어진 그 씨앗 덕분이 아닐까 생

1 비인간 동물은 '마리'로, 인간 동물은 '명'으로 부르는 종차별적 사고를 하지 않기 위해 '명'으로 호명했다.

각한다.

피스오브피스는 예술가, 창작자, 기획자들이 모인 집단이다. 우리는 '예술'을 통해 '제작 문화', '자투리 순환', '사물 돌봄'이란 씨앗을 심는다. 예술은 씨앗 심기에 아주 좋은 도구다. 상상과 창의력을 바탕으로 기존에 있던 사실을 비틀기도 하고 간접적으로 경험할 수 있게 도와주기 때문이다. 우리는 '환경'을 직접적으로 다루진 않지만, 좁은 의미에서 "수리·수선을 통해 본래의 쓰임대로 최대한 오래 사용하자"는 메시지를 전하고 있다. 그러다 보니 우리의 활동은 몇 년째 뜨거운 감자로 다뤄지고 있는 '지속가능성'이란 화두와 연결되어 비춰지곤 한다. 최근 몇 년간 문화예술교육 프로그램을 진행해 달라는 요청이 많아졌다. 특히 청소년들을 대상으로 해 달라는 의뢰가 많았는데, 그만큼 환경 교육에도 새로운 접근이 필요하고, 정보 전달이 아닌 씨앗 심기가 필요하다는 의식이 확산된 결과라고 해석하고 있다.

리페어 컬처

앞서 말한 대로 피스오브피스가 심고 싶은 씨앗은 수리·수선하는 문화다. 일부분이 망가졌다고 하여 버리고 새로 사는 것이 아니라 고쳐서 그 수명을 연장하여 쓰는 것이다. 물건과의 관계를 가볍게 여기지 않고 작은 것들을 소중하게 여기는 마음이다. '리페어 컬처'(repair culture) 운동은 지구상의 유한한 자원과 이를 낭비하는 우리의 태도에 대한 새로운 생각을 널리 알리는 것을 목표로 한다. 이 운동은 네덜란드에서 시작되어 유럽 전역 그리고 지금은 전 세계적으로 조금씩 퍼져 나가고 있으며, 많은 나라에서 시민들이 자발적으로 '리페어 카페'를 운영하며 이 개념과 문화를 전파하고 있다.[2]

피스오브피스가 리페어 컬처에 관심을 두게 된 건 업사이클링[3] 때문이다. 쓰레기 문제가 심각해지니 업사이클링이란 단어가 유행처럼 여기저기서 들려오곤 했는데, 실제 업사이클링 제품을 보거나 사용해 보면 정말 가치가 높아진 것이 맞는지, 오히려 재활용이 더 어려워진 것은 아닌지 의심스러운 경우가 많았다. 올바르게 환경을 위하는 게 무엇인지 생각해 보았을 때, 애초에 물건 생산을 최대한 줄이고 한번 생산된 것은 오래 사용하는 것이 최선이라는 생각에 다다랐다. 넓게 보면, 수요와 공급이 활발해야 한다는 자본주의 성장론을 넘어 탈성장해야 한다는 이야기다.

이 생각은 '서울아까워센타'[4] 활동으로 길거리에 버려진 '유기

2 볼프강 M. 헤클, 『리페어 컬처—쓰고 버리는 시대, 잃어버린 것들을 회복하는 삶』, 조연주 옮김, 양철북, 2021.

3 영어 단어 'upgrade'와 'recycling'을 합친 말인 업사이클링(upcycling)은 쓸모없다고 여겨지는 버려진 물건들에 완전히 새로운 의미를 부여하고 물건의 가치를 높이는 작업을 말하며, 한글로 순화해 '새활용'으로 불리기도 한다.

4 '서울아까워센타'는 버려진 물건들이 너무 아까워서 시작된 것으로, 길거리에 유기된 사물을 수리·청소·리디자인하는 피스오브피스의 예술프로젝트이다.

서울아까워센터 유기사물구조대

사물'[5]들을 관찰하며 더욱 확고해졌다. 물건이 쓰레기로 취급되어 길거리로 나온 것은 가치가 떨어진 것이 아니라 한 사람의 판단 때문이며, 조금만 고치거나 쓸고 닦고 보듬기만 해도 충분히 쓸모가 있다. 리페어 컬처의 중요성을 직접 목격한 것이다. 사람들에게 고칠 수 있는 능력이 생기면, 물건을 대하는 태도와 소비 방식도 달라질 것이 분명했다. '원숭이 꽃신'[6] 이야기처럼 본디 도구를 사용할 줄 아는 동물이던 우리는 현대에 오면서 컴퓨터나 핸드폰, 자동차 정도만 작동할 줄 알게 되었다. 하지만 앞으로는 자원이 부족해 더 이상 새 물건을 살 수 없는 시대가 도래할지도 모른다. 그러므로 미래를 살아갈 아이들에게는 더욱 리페어 컬처라는 씨앗이 필요하다.

문화예술교육으로 풀어내기

아이들이 적극적으로 무언가를 만들거나 고쳐 쓰게 하려면, 우선 연장(도구)을 드는 것부터 익숙해져야 한다. 마치 옷을 입고 신발을 신는 것처럼 자연스럽게 일상에 스며들기 위해서이

5 '유기사물'은 길거리에 버려진 물건들을 지칭하는 말로, 피스오브피스가 처음 사용하기 시작했다.

6 '원숭이 꽃신' 이야기는 맨발로도 잘 다니던 원숭이가 꽃신을 선물받아 신게 되고, 시간이 지나 꽃신에 익숙해진 원숭이가 더 이상 맨발로 다닐 수 없게 되는 상황을 보여주는 정휘창 작가의 단편 동화이다.

다. 현재 아이들이 자극적이고 강렬한 콘텐츠 소비에 익숙해진 상황에서, 흥미를 느끼고 스스로 도구를 들게 하기 위한 고민이 필요하다. 그뿐만 아니라 아이들에게 기후위기에 대한 죄책감이나 스트레스를 주지 않는 방향으로 수업을 기획하는 것도 중요하다. 아이들과 대화해 보면 이미 환경 문제에 대해 술술 말할 정도로 잘 알고 있다. 계속 이야기되어야 하고 변화가 시급한 건 사실이지만, 그건 어른들이 노력해야 할 문제다. 부정적인 이야기가 자주 오가는 요즘, 아이들에게는 긍정적인 환기가 필요할지도 모른다. 그렇다면 우린 어떤 방식으로 아이들에게 '지속가능성'과 '탈성장', '리페어 컬처'에 대해 말해야 할까?

피스오브피스가 생각 끝에 내놓은 방법은 '세계관'이다. '부캐' 열풍이나 마블 시네마틱 유니버스(Marvel Cinematic Universe, MCU), 엔터테인먼트사 SM의 SM 컬처 유니버스(SM Culture Universe, SMCU)와 같은 공유 세계관이 인기를 끄는 데에서 착안했다. 평소 개인적으로 아포칼립스 영화를 즐겨 보는 것도 영향을 끼쳤다. 우리는 창작된 스토리와 재료를 제공하고, 아이들은 캐릭터가 되어 몸소 경험하는 프로그램을 만들었다. 같은 경험이라도 아이들이 주체적으로 참여하면, 더욱 기억에 남는 상호작용이 일어날 것 같았다. 그렇게 우리는 '피스오브피스 세계관'(Piece of Peace Universe, PU)을 만들었다.

브리콜라주 정신!

피스오브피스는 지금까지 총 4편의 PU 스토리를 완성했다. 이 스토리들을 관통하는 키워드는 '브리콜라주'다. 브리콜라주는 '다양한 일을 능숙하게 수행하지만 한정된 자료와 용구를 가지고 작업하는 것'을 뜻하는 것으로 프랑스 인류학자 클로드 레비스트로스가 자신의 책 『야생의 사고』에서 원시 부족사회의 지적 활동을 설명하기 위해 사용했다. 브리콜라주를 행하는 사람을 브리콜뢰르라 부른다. 우리말로 하면 '손재주꾼'이라는 뜻으로, 엔지니어의 반대말이라 볼 수 있다. 엔지니어는 설계를 먼저 하고 그에 필요한 재료를 구해 무언가를 만드는 반면, 브리콜뢰르는 눈앞에 주어진 상황과 재료로 내게 필요한 것들을 만드는 사람이다.

이 개념을 처음 마주했을 때, 브리콜라주야 말로 더 이상 자원을 활용한 생산이 어렵고 이미 가지고 있는 것들로 살아가야 할 확률이 높은 미래에 꼭 필요한 정신이라 느꼈다. 그뿐만 아니라 리페어 컬처가 진정 의미를 갖기 위해선, 고치기 위해 또 새로운 것을 필요로 하는 것이 아닌 이미 주어진 것으로 고칠 수 있도록 사고의 전환을 끌어내는 것이 중요하다고 생각했다. 브리콜라주 정신! 픽션에 하나씩은 꼭 등장하는 '정신적 지주' 역할을 찾은 셈이었다. 그렇게 만들어진 4편의 스토리를 간략하게 소개한다.

<백두산을 향해 : 기후위기 시대에 브리콜리르 되기>

첫 스토리는 2100년을 배경으로 한다. 심각한 기후위기로 해수면이 상승해 대부분의 나라가 잠겼고, 몇 시간 후면 서울도 잠겨 버릴 위기에 처해 있다. 어느 백화점의 장난감 코너에 모이게 된 난민들. 브리콜라주 정신으로 눈앞에 보이는 물건들을 활용해 캠핑카를 만들어 해발고도가 높은 백두산으로 향해야 한다. 이 수업은 중·고등학생 약 20명과 2시간 동안 함께했다. 학생들

은 5~6명씩 팀을 이뤄 1시간 30분 동안 자신들이 타고 떠날 캠핑카를 만들었다. 조명과 사운드로 폭우가 쏟아지고 물이 차오르는 상황을 연출해 주고 간단하게 상황 브리핑 및 주의 사항을 알려주었다. 재료로는 폐장난감, 자투리 목재 그리고 타카와 망치, 못, 드릴 같은 도구를 주었다. 도구 사용법은 따로 알려주지 않았다. 다만, 도움을 요청하면 가서 도와주는 형식으로 진행했다.

<플라스틱 트라이브 : 새로운 종족의 탄생>

이 스토리는 2222년을 배경으로 한다. 남북극의 얼음이 모두 녹아 물속에 잠겨 버린 지구를 떠나 화성에 정착한 인류. 하지만 어느새 화성도 포화 상태가 되어 다른 대안이 필요한 지경에 이르렀다. 다시 지구에서 살아갈 수 있는지 확인하기 위해 최정예 요원으로 꾸려진 '퓨처 스카우트'가 지구로 향한다. 여전히 육지

는 보이지 않지만, 플라스틱으로 만들어진 섬을 발견한 스카우트 대원들은 그곳에서 8주 동안 생존하며 방법을 모색한다는 이야기다. 이 수업은 중·고등학생 12명과 8주간 진행했다. 긴 호흡의 수업인 만큼, 다양하고 세밀한 시도가 가능했다. 컨셉에 맞춘 복장을 착용하기도 하고, 각 장면에 적합한 사운드 연출을 위해 전문가도 고용했다. 또한 서바이벌 컨셉인 만큼 의·식·주를 모두 다뤄 보았다. 옷을 리폼해 지구 날씨에 맞는 복장을 만들어 입는다든가, 비바람을 피하며 생활할 집을 지어본다든가, 지구에서 기른 작물로 음식을 해 먹어 본다든가…. 물론 이 모든 활동의 주재료는 플라스틱 쓰레기와 자투리 목재, 손 도구들이었다.

<LET'S GO! 깐따삐야 : 지구별 대모험>

세 번째 스토리는 22××년, 안드로메다은하를 연구하던 바람개비 은하의 깐따삐야 별 박사들이 지구에 불시착하면서 시작된다. 우주선이 망가져 지구 생명체에게 도움을 청하려 했으나, 이미 인류는 멸종하고 플라스틱 쓰레기와 바닷물만 가득한 지구. 하는 수 없이 지구 쓰레기를 활용해 우주선을 만들어 자신들의 별로 돌아가는 여정을 그렸다. 이 수업은 초등학생을 대상으로 기획되어 다른 스토리들에 비해 조금 더 만화적이다. 깐따삐야 복장과 언어, 인사법 등을 만들어 세계관에 몰입할 수 있는 요소들을 제공하기도 했다. 수업은 총 3주간 진행되었고, 12명의 초

위: LET'S GO! 깐따삐야 : 지구별 대모험
아래: 플라스틱 탐험대

등학생과 함께했다. 수업 결과물은 세계관을 담은 설치 작품과 함께 전시되었고 책으로도 발간되었다.

<플라스틱 탐험대>

마지막 스토리는 2523년을 배경으로 한다. 해수면에 잠긴 지 어느덧 몇 백 년이 흘러 지구가 생태계를 회복해 가고 있을 때쯤, 한반도 어딘가에서 이전엔 본 적 없었던 돌연변이 생명체가 발견된다. 이들은 플라스틱과 기계들로 이뤄진 생물체다. 플라스틱만 가득한 세상에서 차선을 택하며 진화하고 새로운 환경에 적응해 나가는 지구를 그렸다. 이번 스토리는 폐장난감을 주재료로 하여 어린이 전시로 연출되었다. 전시 연계 프로그램으로는 초등학생을 대상으로, 장난감을 분해해 재조립하여 나만의 돌연변이를 만들어 보는 수업을 진행했다.

예술과 탈성장

예술은 시대를 반영한다. 기후위기가 가시적으로 드러나니 포스트 아포칼립스(post-apocalypse), 즉 멸망 이후의 세상을 그리는 영화도 많아진다. 생존 배낭을 싸놓듯, 우리는 창작을 통해 다가올 미래를 예견하고 비판하고 준비한다. PU 시리즈는 아이들에게 함께 예술가가 되어 보길 제안한다. 결말을 정하지 않은 채 초기 설정 부분의 시놉시스만을 들려주고 그다음을 함께 써 보자고 했다. 주어진 재료로 결과물을 만드는 과정도 브리콜라주이지만, 이 모든 스토리와 활동 역시 브리콜라주 되어 완성된 것이다.

우리 바람대로 아이들에게 브리콜라주, 리페어컬처 그리고 나아가 탈성장이란 씨앗이 심어졌을까. 지금은 알 수 없지만, 백두산으로 향했던 아이들에게 소감을 물었더니 살아서 기쁘다고 했다. 깐따삐야 박사들은 무사히 깐따삐야 별로 돌아갔고, 퓨처 스카우트 대원들은 멸망을 겪은 지구에서 작은 가능성을 새롭게 보았다. 아이들과 함께 쓴 결말은 다행히도 희망적이다.

탈성장은 오랜 기간 쌓여 온 견고한 틀을 깨 나가야 하는 결코 쉽지 않은 일이다. 탈성장에 동의하면서도, '성장'은 인간의 본능적 욕구라는 얘기도 빠지지 않는 사안이다. 누군가는 거리로 나가 직접적으로, 누군가는 일상에서 간접적으로 탈성장을 함께 외쳐야 한다. 예술가로, 문화예술교육가로 우리가 할 수 있는 일은 '리페어 컬처', '브리콜라주', '유기 사물'과 '자투리 순환'처럼 사람들에게 탈성장과 연결되는 다양한 관점의 씨앗을 퍼트리는 것이라 믿는다. 유연한 사고로 전환을 도모하는 것, 그것이 우리가 지속 가능한 미래를 꿈꾸는 방법이다.

농사, **호미로 일구는** 종합예술

유다님*

* 곡성 작은농부, (사)토종씨드림 활동가
다양한 생명들이 역동하는 조화로운 세상을 꿈꾼다. 생태·비거니즘 주제의 책을 만드는 1인 출판사 '베지쑥쑥'의 대표이자 (사)토종씨드림의 활동가. 현재 생태적 자립을 위해 귀농해 전남 곡성에서 거주 중이다.

나는 농사를 짓는다

어디를 가나 '20대 막내' 소리를 듣는 나는 전형적인 귀농·귀촌 청년이다. 올해로 시골에 내려와 산 지 4년에 접어들고 있다. 귀농이라 하기엔 '농사'라고 할 만큼의 규모는 아니다. 내가 짓는 농사는 자급자족용이기 때문이다. 그렇다고 귀촌이라고 할 수는 없다. 내 삶에서 농사에 대한 애정과 비중은 꽤 크기 때문이다. 그럼에도 식재료 자급자족만으로 먹고 살 수 없기에, 다양한 시민 활동을 통해 수입을 얻고 있다. 농촌에서 농사를 기본으로 다양한 경제 활동을 하면서 나만의 삶의 모양을 만들어 가고 있는 셈이다.

나는 농촌에서의 삶을 사랑한다. 장점이라면 이루 말할 수 없이 많다. 가장 큰 것은 자연과 늘 함께 있다는 것이다. 아침에는 수탉의 꼬끼오 울음소리를 들으며 일어나고, 대문을 열면 다양한 꽃과 허브, 채소들이 어우러진 정원 겸 텃밭 풍경이 펼쳐진다. 그 너머에는 푸른 하늘 아래 익어 가는 논이 보인다. 발이 닿는 주변의 어느 길을 둘러보아도 대지와 생명력이 넘치는 세계가 펼쳐진다. 걷든, 달리든, 운전하든 모든 곳이 흥미롭고 신나는 여행 코스가 된다. 다양한 토종작물을 열심히 가꿔 놓은 텃밭에는 사계절 내내 먹을 것이 있다. 한여름에는 고추와 오이, 가지, 깻잎 등, 가을 무렵에는 상추와 배추, 무, 부추, 땅콩 등, 봄에는 이곳저곳에서 새싹을 틔우며 올라오는 나물들만으로 밥상은 풍족하다. 몸은 또 기가 막히게 그러한 변화를 알아차려서 그때그때 나는 제철 작물들을 찾는다. 여름에는 귤이나 무처럼 따뜻한 음식이 당기지 않으며, 겨울에는 토마토나 오이처럼 차가운 음식이 당기지 않는다.

그래서 나는 농사를 짓는다

물론 농촌의 실상은 장밋빛이 아니다. 요즘 웬만한 도시에서는, 겨울이 되면 거리마다 딸기 축제가 열린다. 딸기 음료, 생딸기 케이크, 딸기 뷔페…. 온통 하얀 눈꽃을 뿌린 딸기의 이미지가 가득하다. 언제부터 딸기가 겨울 제철 과일이 되었나? 실상 노지에서 딸기는 5월에 열린다. 한 번 심으면 순식간에 주변 땅을 덮어버리는 다년생 작물이다. 그런데 겨울에 쏟아져 나오는 딸기들은 온실에서 온풍기, 온열기, 보일러 등의 난방으로 키워진다. 성인이 될 때까지 인큐베이터 안에서만 배양된 아기를 튼튼하고 건강하다고 말할 수 있을까? 나아가 그렇게 배양되는 과정에서 엄청난 에너지가 소모된다는 것도 고려해야 한다. 제철 딸기보다 비싼 딸기의 가격에는 농민의 노동뿐만 아니라 전기세, 가스비가 포함되는 것이다.

8월에 상추가 금값인 이유, 식당에서 같은 메뉴가 1년 내내 유지될 수 있는 이유, 올해 유독 병에 약해서 많이 떨어진 감이 깨끗한 상태로 다량으로 시장에 나와 있는 이유, 아무리 물가가 올랐다 해도 노동 대비 저렴한 가격에 채소를 구입할 수 있는 이유, 한국 청년들은 농사를 기피하는데 그래도 농촌의 노동력이 감당되는 이유…. 현실을 알고 나면, 도심지로 나갔을 때나 대형마트에 나갔을 때 불편하면서도 문제적으로 느껴지는 것이 한둘이 아니다.

그래서 나는 자급자족을 주 목적으로 하는 농사를 짓는다. 이런 시스템에 가담하지 않고 대안적인 먹거리 시스템을 만들고 싶어서이다. 먹거리를 직접 생산하는 자급 농사는 그 어떠한 일보다 신성한 일이라 생각한다. 제때 씨앗을 뿌리고 열매가 될 때까지 들이는 것은 나의 시간과 육체노동이다. 작물을 돌보는 나의 시간은 자연에 맞추어 흘러간다. 쓰레기와 자본을 투입하지 않아도 나만의 창조 공간이 만들어진다. 이런 일은 점점 사라져가는 농지를 지키는 일이자, 기후위기 시대 땅을 살려서 탄소 흡수 능력을 확장하는 일이기도 하다.

텃세? 농사? 그냥 일단 살아 보기

주변에서 귀농·귀촌을 염두에 두고 있는 젊은 활동가들을 가끔 만난다. 도시생활 그 자체로 인해 발생한 여러 가지 환경 문제를 고민한 결과일 것이다. 도시에 익숙해진 삶을 사는 사람들이더라도 '언젠가는', '은퇴 후'에 귀농·귀촌을 하겠다는 사람도 계속해서 늘고 있다. 숲, 흙, 바다, 그리고 풀과 나무 등의 자연과 함께하는 삶을 갈망하는 것은 인간의 원초적 본능이 아닐까. 그런데 귀농·귀촌을 하겠다는 큰 결심을 하더라도, 첫 번째로 부딪히는 난관이 있다. 바로 집 구하기이다. 젊은 청년들이 귀농·귀촌을 많이 하기 바라지만, 첫 번째 문턱이라고 할 빈집 구하기부터가 정말 쉽지 않다.

집 구하기가 어려운 까닭은 크게 두 가지이다. 첫 번째는 '거주자는 줄어들고 이주자들은 드물며 출생보다 사망의 소식이 더 빈번한데 왜 빈집이 없지?' 하는 의문과 관련된다. 내가 생각하기에, 이 문제는 시골의 빈 집을 대하는 관점에서 땅과 실거주자의 현실적 욕망보다는 자본과 비거주자의 가상적 욕망이 앞세워지는 상황 때문이다. 가령 홀로 농사짓던 고령의 거주자가 사망한 뒤의 빈집은 땅과 관계를 맺으려는 사람이 아니라 돈과 관계 맺으려는 사람들의 차지가 되거나, 기약 없는 미래의 희망을 투영하는 사람들의 욕망에 종속된다. 즉 빈집의 소유권은 여러 형제들에게 분할되고, 그 소유자 전원의 동의를 얻을 때에만, 그리고 소유자들의 땅값 상승의 기대가 반영되거나 포기될 때에만 실거주 희망자에게 차례가 돌아간다. 그게 아니면 은퇴 후 귀농을 하겠다고 먼 미래를 기약하는 소유자의 낭만적 희망에 담보 잡히게 되어서 결국 누구도 살지 않거나 살 수 없는, 따라서 농사지을 땅과 실거주자와의 관계가 끊어지는 상황 속에서 방치된다.[1]

두 번째는 소위 '텃세' 문제다. 텃세도 결국은 이질적인 문화 속에서 살아온 사람과 사람의 진심과 관계에 대한 이해를 넓히고 오해와 선입견 등을 풀어나가는 과정이다.

나는 시골살이에 대한 큰 걱정 없이 내려왔다. 귀농하겠다고 마음먹은 밀양의 한 마을에 먼저 정착한 귀농인이 도와주신 덕분이다. 그 후 곡성으로 이주를 결심하면서, 작년부터 곡성의 온 마을을 돌아다니며 맘에 드는 마을을 찾고 빈집을 물색했지만 집을 찾는 데에는 실패했다. 그러다 알음알음 알게 된 지역 활동가의 도움을 받아 운 좋게 나온 빈집을 보게 되었다. 결국 중요한 건 적절한 때와 장소를 만나기 위해 필요한 관계 맺기의 노력이었을지 모른다. 내가 원한 구들방과 창고 딸린 집은 아니었지만, 남향에 집 앞에 100평 정도의 문전옥답이 있는 집. 물 잘 나오고 보일러 잘 돌아가는 집. 이만하면 남부럽지 않은 집이 아니던가.

1 여러 지자체에서 귀농·귀촌 희망자가 6개월~1년 동안 살아 보면서, 본격적으로 살 집을 찾을 수 있도록 임시 거처를 제공한다. 곡성군은 각 면마다 '귀농인의 집'이 있어 신청하여 6개월간 살 수 있다. 익산시는 빈집을 고쳐서 귀농·귀촌인이나 주거 취약 계층에게 일정 기간 무상 임대한다. 2023년 귀농·귀촌 청년 임대주택 지원 정부예산은 48억 원이었고, 2024년엔 152억 원으로 늘린다고 한다. 이 외에 민간에서 임대, 매매가 가능한 시골 빈집의 거래를 도와주는 플랫폼 사업도 있다.

어떻게 살아갈 것인가?

두 번째 난관은 '뭐 해먹고 사는가?'이다. 나는 농사를 짓기 위해 농촌에 왔다. 흙이 있는 곳에서 살아야 비로소 '순환'이 가능하다는 걸 깨닫고 나서 농촌의 '농' 자도 모르던 내가 귀농을 결심했다. 4년이 지난 지금도 다시 도시로 돌아가고 싶지 않다. 모든 식재료를 화폐교환의 형태로만 구입하고, 냄새나는 음식물쓰레기를 전용 봉투에 넣어서 버리고, 똥오줌을 생명 순환의 물질로 보기보다 폐기할 처리물로만 접근하는 방식, 그래서 전체 생명계에 이롭지 않은 삶의 방식을 지속하고 싶지 않다. 서툴고 작황이 좋지 않더라도 계속 농사지으며 살고 싶다.

그런데 귀촌은 원하지만 '농사는 싫다'는 사람이 있다. 아마도 농사에 대한 막연한 두려움과 거부감, 그리고 그것을 조장하고 확대하는 언론이나 행정기관이 농사를 보는 관점이 반영된 결과일 것이다. 가령 2023년 원주시가 청년들을 유입하기 위해 내건 체험프로그램 '시골 언니 프로젝트'의 모토는 "농사짓지 않아도 괜찮아!"였다. 농사는 농촌 지역으로의 청년 유입을 어렵게 만드는 장애 요소라고 보는 관점을 반영한 것이리라. 물론 농촌에서는 응당 농사로만 생계를 유지해야 한다고 말하려는 것은 아니다. 사실 도시에서 가능한 모든 업무, 직업 활동은 말할 것도 없고, 동료와의 산책, 커피 한 잔의 여유, 여러 가지 유흥 및 놀이 문화가 그 형태는 좀 다를지라도 농촌에서도 충분히 향유될 수 있으며, 그 또한 농촌 지역의 풍경을 이루기 때문이다.

농촌은 분명 편리하고 화려한 삶과는 거리가 멀다. 하지만 바로 그렇기에 지구 생명을 살리는 삶, 느리지만 새로운 감각을 형성하고 좋은 관계를 만들어내는 삶을 살 수 있다. 농촌은 생활에 필요한 필수 소비품을 구매하는 비용이 저렴하다. 주거비, 식비, 옷 입고 꾸미는 데 들어가는 돈이 크게 절약되며, 도시에서 생활하면서 얻게 되는 여러 정신적, 육체적 질병으로부터 상대적으로 자유롭기 때문이다. 이러한 농촌 생활의 장점을 가장 극대화하는 것은 내 생각에 바로 농사이다.

토종 씨앗과 퍼머컬처

대부분의 사람이 생각하는 농사는 어떤 모습일까? 몇천 평에 한 가지 작물을 일률적으로 재배하고, 농약과 화학비료에 의존하며, 기계로 수확한 후, 농협 또는 도매상에 납품하는 형태가 아닐까. 최근에는 인터넷을 이용한 직거래도 점점 늘어나기는 하지만, 아직은 대세가 관행농→도매상(시장)의 경로로 이루어지는 유통 구조이다.

최근에는 더 나아가 스마트팜도 떠올리게 되었다. 웅장한 온실 안에서 액상 비료를 먹으며 자라나는 채소들. 병 걱정도 벌레 걱정도 없다. 흙이 없어서 세척이 간편하다. 마치 아파트에서 스위치만 켜면 전기가 공급되고 난방이 공급되고, 스마트폰 터치

하나로 필요한 식재료와 생필품들이 문 앞으로 배달되듯이, 이제는 채소들도 자연과 동떨어진 채 버튼 하나만으로 필요한 모든 것들이 제공된다. 스마트팜 업자(과연 농부라 칭할 수 있을까?)는 어떻게 하면 좀 더 땅을 살리고 건강한 먹거리를 소비자의 식탁에 올릴 수 있을지가 아니라, 어떻게 하면 시스템을 좀 더 편리하게 바꿀 수 있을지를 고민한다.

마트 매대에 오르고 식당에서 쓰이는 대부분의 식재료가 이렇게 대규모 단일작물 재배 방식으로 재배된 것들이다. 채소 자체만 보면, 어느 지역 어느 농지에서 어떻게 재배되었는지 확인하기 어렵다. 그렇기에 내가 직접 재배하고, 얼굴 아는 농부가 재배한 토마토를 먹는 것이 더욱더 중요해졌다.

이러한 대규모화, 상업화, 스마트화한 '농작물 재배 산업'에 반기를 들어 등장한 것이 토종 씨앗 보전 운동과 자연농이며, 퍼머컬처(permaculture, 영속농업)이다. 자본의 울타리에서 벗어나 우리 종자에 대한 주권을 지키기 위해 전국 곳곳을 돌며 수집한 씨앗을 소농들이 주고받아 심기 시작했으며, 이들은 대개 호미와 낫으로 일구는 자연농법을 고집한다. 퍼머컬처는 영어 permanent(영구적인)와 agriculture(농업)가 합쳐진 용어로, '지속가능한 농업'이라 직역할 수 있다. 내포하고 있는 의미는 무궁무진하다. 퍼머컬처는 '다양성'이 핵심이며, 인간과 비인간 동물, 식물들의 조화로운 공존을 중시한다. 좁은 공간에서도 생태계를 살려 최대한의 효율과 순환을 끌어낸다. 내가 농사짓고자 하는 농지의 토양과 온습도, 풍향, 생태계를 고려하여 공간을 설계한다. 장기적인 목표를 가지고 작은 먹거리 숲을 가꾸는 작업이다.

이 퍼머컬처를 테마로 만들어진 소규모 농장을 비롯해 청년 마을, 다양한 퍼머컬처 교육 프로그램이 전국 곳곳으로 확산되고 있다. 강원도 영월에는 청년 여성 대표가 운영하는 '밭멍'이라는 퍼머컬처 공동체와, 전환마을 은평의 소란 대표가 운영하는 퍼머컬처 학교가 있다. 최근 '맛있는정원코리아'에서 퍼머컬처 디자인코스 민간 자격증을 개설하기도 했다.

퍼머컬처가 젊은 청년들의 관심을 끈 이유는 무엇일까? 관행농과 차별화되는 다양성과 아름다움, 재미 때문일 것이고, 또한 퍼머컬처에서 강조하는, '처음이 힘들고 나중엔 가만히 있어도 먹을 것이 나온다'는 구호에 대한 기대감 때문인 것 같다. 매년 씨를 뿌리는 농사가 아니다. 물론 주식은 일년생 작물로 해결하지만, 그 외에 반찬거리와 과일, 허브 등은 다년생 작물로 해결할 수 있다. 돈이 되는 작물을 심는 게 아니라, 땅에 맞는 밭 설계를 통해 작물의 자생을 돕고 가꾼다.

농사는 정말 고되다. 하지만 생태적으로 농사지으려면 육체노동은 당연하다는 생각은 옛말로 돌려야 한다. 첨단기술이 인간의 문명을 바꿔 놓을 동안, 왜 적정기술은 그만큼 발전하지 않았을까? 소농들을 위한 벼 탈곡기, 햇빛 건조기, 바이오가스 생산,

빗물 저장 등 다양한 적정기술들을 적극적으로 활용한다면, 신념을 방해하지 않으면서 좀 더 즐겁게 농사지을 수 있다. 비인간 동물과 함께 농사를 이뤄내는 것도 장점이다. 과도한 농약을 사용하거나 동물들에게 GMO 사료를 먹이지 않고도, 곤충과 동물과 함께 땅을 일궈낸다는 관점에서 여러 기술을 활용하는 것이기 때문이다. 탈원전, 탈성장, 탈자본은 조선시대로 돌아가는 것이 아니다. 퍼머컬처와 같이 효율적인 생태농법과 적정기술이 얼마든지 있고, 또 앞으로 더욱 확장될 여지도 무궁하기 때문이다. 이런 방식은 더 많은 청년을 소농의 길로 이끌고, 기후위기 시대를 극복하며 먹거리 자급률과 생물다양성을 회복할 수 있을 것이라는 기대감을 갖게 한다.

'농부 시장'의 성장, 기대와 전망

관행 농산물과 달리 토종 씨앗, 퍼머컬처 농장에서 재배된 농산물은 대부분 도매상 등에 납품하기가 어렵다. 도매상 등이 관행적으로 수매하는 농산물들은 큼직하며 상처 없이 깨끗해야 하고, 유통성 좋은 개량종 씨앗으로 재배한 것이어야 하며, 소품종 대량생산으로 가격과 유통-관리 등에서의 경쟁력을 갖춘 것이어야 한다. 토종 씨앗과 퍼머컬처로 농사지은 작물들은 긴 유통 여정을 감당하기 힘들뿐더러, 다품종 소량생산물이라 효율적으로 관리, 유통하기 어려운 것이다.

그나마 이런 소농들의 잉여생산물을 판매할 수 있는 '농부 시장'(농산물 직판장, farmers' market)이 지역마다 속속히 생겨나는 것은 반가운 일이다. 대표적인 것이 '마르쉐@'이다. 10년이 넘는 역사가 있는 마르쉐는 주로 생태 농사를 짓는 소농들을 위해 만들어졌으며, 그 영향력은 크게 확대되어 최근 행사에는 8만 명이 방문했다. 전국 곳곳에서 농산물을 출점한 농부와, 그 농부들의 작물을 재료로 한 요리사들의 음식은 금세 동이 난다.

마르쉐@로부터 영감을 얻어 많은 지역의 귀농·귀촌인들이 독자적으로 농부 시장을 꾸리고 자리를 잡아가고 있다. 광주광역시의 지구농장터와 보자기장, 해남의 해방장, 구례의 두루다살림장, 벌교의 풀풀장, 밀양의 와랑마켓 등을 들 수 있다. 나도 옆동네 광주에서 매월 둘째 주 토요일에 열리는 지구농장터에 장꾼으로 출점한다. 나는 잉여생산물이 많지도 않고, 아직 작은 규모의 시장이라 손님이 많지도 않기에 수입을 기대하기엔 역부족이지만, 생태적인 가치를 지향하는 사람들을 만나 농사 이야기나 요리 이야기 나누는 것이 좋아 매달 장터가 기다려진다.

도시민들이 이미 만들어진 음식을 배달시켜 먹거나 식재료를 쿠팡에서 배송받는 빠르고 편리한 식생활에 익숙해지고 있다는 것은, 그 반대편에서 작동하는 이러한 유익하고 즐거운 관계들, 생명이 순환됨으로써 발생하는 다양한 가치들을 접할 기회가 점점 줄어든다는 것이며, 그만큼 먹거리를 둘러싼 의심스럽고 계산적인 관계, 효율성과 속도를 중시한 '식'의 문화가 우리의 식탁과 삶을 지배한다는 것이리라. 이런 이유로 도심 속 농부 시장은 농부와 소비자가 관계 맺고, 마트에서 보던 것보다 다양하고 건강한 농산물을 마주하며, 식탁에 오르는 음식에 대해, 재배되는 환경에 대해 생각해 보는 공간으로서 자리매김하고 있다.

맘 편히 농사짓고 싶다

'지방 소멸에 대응한다', '귀농·귀촌 청년을 지원한다'는 말들은 무성하지만, 탈성장을 꿈꾸는 귀농·귀촌 청년들이 맘 편히 농사짓지 못하는 이유는 따로 있다. 바로 난개발이다. 농사를 중심으로 한 농촌의 삶에 집중할 겨를도 없이 이곳저곳에서 풍력단지를 세우고 골프장을 만들고 양수 댐을 건설한다. 함께 싸우지 않으면 나 때문에 질까 봐 죄책감에 시달리며 함께 싸우려 하면, 또 얼마나 긴 시간을 매달려야 할지, 과연 이걸로 막을 수 있을지 회의감에 시달린다.

그뿐이 아니다. 점점 심각해지는 기상이변은 대농과 소농을 가리지 않고 직접적이고 전면적이며 현재진행형의 위협이 되고 있다. '예전에는 내가 노력하면 그만큼의 성과가 나왔지만, 지금은 내가 아무리 노력해도 변수가 너무 많다.' 는 하소연이 그래서 나온다. 과연 내년에도 탈 없이 농사지을 수 있을까? 사람들은 미래를 두려워 말고 현재를 살라고 말한다. 하지만 그러다 미래를 대비하지 못하고 모든 걸 잃게 되면 어쩌나?

기존의 지식만으로 혼자 농사짓는 시대는 지났다. 한 해의 기후와 풍흉까지를 예측했던 조상의 지혜, 피해 정도에 따른 지역 간의 단합, 기후 적응성이 뛰어난 토종 씨앗의 공유, 함께하는 적정기술 연구, 공유지의 확산 등 작당하고, 공부하고, 노동하며, 집단지성을 통해 함께 탈성장을 도모하는 일이 이제는 더욱 더 중요해졌다.

농사는 대지와의 입맞춤, 즉 땅과 호흡하며 다양한 종류의 꽃과 풀, 나무를 조화롭게 심고, 생태계를 일구는 벌레들과 동물들을 불러 모으고 사랑하는 그러한 행위의 종합예술이다. 바람에 잔물결처럼 일렁이는 풀과 꽃을 지켜보고, 알록달록 열매가 씨앗이 되어 다시 새로운 생명을 피워내는 일. 이 예술을 함께 소비하고, 함께 만들어 내는 과정에서 탈성장의 싹은 자라나는 것이 아닐까?

자기 착취와 자기 가둠을 넘어

- 우리를 해방시키는 일상의 리추얼 만들기

배선우*

* 생활철학자, 반려여행자, 게임창작자
강단에서 학문하기에는 정신이 산만하여, 거리에서 사유하며 노는 현자가 되고 싶다. 별명의 유통기한마저 짧은, 이 급변하는 세상에서 서퍼처럼 흐름을 타며 살고 싶다. 의미있는 글을 기록하고, 감성적인 이미지를 생산하며, 지속 가능한 현실을 제작하며 산다.

낫 마이 비즈니스

다른 사람의 일상이 궁금한가? 나는 아니지만 많은 사람들은 그런 것 같다. 나는 텔레비전에 나오는 예능 방송의 '관찰 예능'이나 유튜브에 올라오는 영상 장르 중 하나인 '브이로그'는 거의 본 적이 없다. 내게 그런 것들은 어디까지나 요즈음 인기 있는 프로그램이나 '트렌드'일 뿐이다. 혹은 최근에 유행한다는 음식 정보—예를 들어 지금으로서는 마라탕과 탕후루—를 알아두면, 언젠가 새로운 것을 먹고 싶을 때 혹은 잠시나마 시류에 편승하는 느낌을 내고 싶을 때, 가볍게 소비할 수 있는 정도의 효용은 있을 것이라고 생각하는 정도이다.

바이럴(화제)에 뛰어들거나 챌린지(SNS에 공유되는 짧은 안무-숏폼 따라 하기 등)에 동참하는 그런 적극성이 나에게는 없다. '디지털 네이티브' 세대지만 커뮤니티 사이트나 최근의 대세 플랫폼인 유튜브를 돌아다닐 때조차 댓글을 달아본 적이 거의 없다. 인터넷은 양방향 소통이 가능한 대중매체라고 학교에서 배웠는데, 나는 네트워크에 접속하기만 할 뿐 그것의 일부가 되거나 깊게 관여하지 않는다. 이런 나를 스스로는 '문화예술계의 기회주의자'라고 불렀다. 선호는 있지만 '최애'(最愛)는 없는, '덕질'을 함이 없이 늘 가볍고 소소하게 즐기는 외부자의 태도를 지녀 온 것이다. 어쩌면 그렇기에 세상이 흘러가는 패턴을 잘 포착할 수 있는 것은 아닐까 하고 스스로를 위로해 본다.

'갓생'의 두 얼굴

어느 날, 내 눈에 들어온 영상이 두 개 있다. 하나는 헬스클럽의 러닝머신에 누군가 틀어 놓고 간 인기 예능 프로그램 〈나 혼자 산다〉이며, 다른 하나는 내가 이미 구독하고 있는 코미디언 강유미의 유튜브 채널 영상이다. 〈나 혼자 산다〉는 2023년 기준 평균 시청률이 8.5%로, 동시간대 1위를 기록하였으며, 강유미 채널은 177만 구독자를 보유하고, 해당 영상은 18만 회의 조회수를 기록했다.(2023년 9월 30일 기준) 이 두 영상은 개인의 취향을 넘어 현재 한국 사회의 다양한 측면을 반영하는 흥미로운 표본이라 할 수 있다.

두 영상 모두 '1인 가구'의 주인공이 사는 일상을 보여주고 있다. 차이가 있다면, 전자는 대중의 주목을 받는 한 사람의 일상을 담아내는 형식이고, 후자는 현대인의 일반적인 삶의 모습을 희극적으로 재현했다는 점이다. 〈나 혼자 산다〉에서 본 에피소드는 '갓생'(God生) 루틴(routine)을 모범적으로 수행하는 어느 연예인의 일상을 담고 있었다. '어떻게 집에서까지 저렇게 철저하게 자기관리를 하지?'라는 감탄과 함께 나와는 전혀 다른 삶을 사는 것 같은 거리감을 불러일으켰다.

반면, 강유미의 〈하루를 48시간처럼… 갓생러 회사원 인간극장〉은 갓생 루틴을 실천하는 주인공을 비현실적으로 과장하며 웃음을 유발한다. 영상 속 주인공은 새벽 4시 반에 일어나, 하루 종일 바쁘게 산다. 잠에서 깨어 눈을 뜨자마자 '자기 확언'을 외치며 운동을 한다. 회사에서 본업을 수행하고 학원에서 외국어를 공부한 다음에는 집에 와서 자기계발과 힐링 시간을 갖는다. 날이 저물어 갈수록 그의 모습은 점차 초췌해지는데, 밤에 침대에 누워 꾸벅꾸벅 졸면서도, '투두 리스트(to-do list)와 감사일기를 쓰지 않으면 잠을 잘 수 없다'고 호소하는 장면은 정말 가관이다. 내 입장에서는 '왜 저렇게까지 하는 걸까' 싶은 모습인데, 본인은 자신을 학대하면서도 '자신을 위해서' 하는 행동이라고 굳게 믿고 있는 모습이 우스꽝스럽다 못해 슬프다. 스스로를 돌보기 위한 활동이 과도하여 자신을 축내고 마는 역설적인 상황을 가리킨 '셀프 케어 번아웃'[1]을 이 경우에 적용할 수 있을 것이다.

이런 장면에서 새어 나오는 웃음은 씁쓸하다. 바로 우리의 모습을 비추고 있기 때문이다. '갓생'은 2022년 한국 사회에서 널

---

1 〈IPKU〉, 「셀프 케어 번아웃」, 2023/05/01. https://www.ipku.co.kr/news/articleView.html?idxno=445

리 유행한 신조어이다.[2] 코로나19 펜데믹 시기에 강력하게 시행되었던 거리두기 조치가 해제되면서, 그동안 억눌린 야외 활동과 사회 활동 욕구가 활기찬 라이프 스타일과 자기계발을 향한 욕구로 발전되었다. 매끈하게 성공한 경우이든, 현실에 부딪혀 실패를 경험하는 경우이든 모두가 얼마 전까지만 해도 상상하기조차 어려운 삶의 방식, 갓생을 지향하는 일상이라는 점에서 동일하다.

신세대의 두 가지 독신법(獨身法)

갓생러들의 목표는 신(神)이 되는 것이다. 하지만 필멸의 존재인 인간이 불멸의 존재, 만능의 신이 되기를 추구한다는 것은 다소 극단적인 면이 있다. 부족한 시간을 확보하기 위해 '미라클 모닝'을 실천하며 잠을 줄이고, '워라밸'(워크 라이프 밸런스: 일과 삶의 균형)을 맞추기 위해 일을 줄이는 대신 부업과 취미활동을 늘린다. 또한 SNS로 사람들과 활발하게 교류하며, 부지런히 자신의 일상을 콘텐츠로 전환하여 업로드한다. 이들은 요가, 명상 등 셀프케어에도 관심을 갖고 참여한다. 그러나 이러한 활동은 실제로 삶의 속도를 늦추고 깨어 있음을 유지하는 요가나 명상 본

2 네이버 데이터랩에 따르면, 2023년 7월 기준으로 갓생은 월간 80만 회 검색되었고 그전 해에는 100만 건이 검색되었다.

래의 모습과는 거리가 멀다. 자기를 신체적, 정신적, 관계적으로 돌보는 일상의 활동이 오히려 더 많은 업무를 효율적으로 수행하기 위한 재생산 노동으로 전락한 것이 아닌가 의심마저 받는다. 많은 글로벌 기업이 낮잠을 잘 수 있는 수면실을 설치하고[3] 명상 워크숍을 제공하는 사례[4]를 통해, 자기 돌봄 활동을 자기계발의 수단으로 환원하여 가치를 뽑아내는 정동자본주의적 기획력을 엿볼 수 있다. 특히 신자유주의는 집이라는 사적 영역에서 개개인이 발휘할 수 있는 잠재능력을 끌어올려 '나 혼자서 완벽하게 살 수 있다'고 선언하는 초인들을 육성한다.

반면 초인은 고사하고 '인간'이기를 포기하는 새로운 인간상이 서서히 미디어에 포착되고 있다. 여기서 '인간'이란 사회가 구성원으로서의 지위를 부여하기 위해 요구하는 역할을 충실히 수행하는 존재를 뜻한다.

프란츠 카프카의 소설 「변신」에는, 가족들을 먹여 살리는 가장(家長)인 아들이 어느 날 갑자기 벌레가 되어 버린 이야기가 나온다. 일을 하고 돈을 벌지 못하는 자는 자본주의 사회에서 잉여존재가 된다는 현실을 풍자한다. 언제부터인가 한국에서 청년은 인간으로서 누려야 할 당연한 것들을 잃어버린 상황을 마주

3 아리아나 허핑턴, 『수면 혁명』, 정준희 옮김, 민음사, 2016.
4 요한 하리, 『도둑맞은 집중력』, 김하현 옮김, 어크로스, 2024.

하게 되었다. 연애, 결혼, 출산을 포기한 '3포 세대'는 겉보기에는 개인의 자발적인 포기처럼 보이지만, 실은 인간으로서 기본적인 권리를 박탈당한 처지를 반영한 말이다. 그런데 이러한 인생의 필수요소에 노동과 활동마저 추가될 것이라고 누가 예상할 수 있었겠는가.

'n포 세대'와 비슷한 의미의 세대론으로서, 일본은 득도와 깨달음을 뜻하는 '사토리(悟, 달관) 세대'가, 중국에는 '편하게 드러눕다'라는 의미의 '탕핑(躺平)족'이 있다. 이들은 취업을 하지 않거나 최소한의 노동만을 하며 살아간다. 한층 더 심각한 경우로, 집 혹은 방 밖으로 출입을 하지 않는 경우가 있는데, 일본에서 1980년대부터 부각된 '히키코모리' 현상이 그것이다. 이 사회 현상이 오래 지속된 탓에 최근에는 '8050 문제'가 대두되었다. 이는 50대 자식을 부양하던 80대 부모가 사망하여 자식이 생활난에 처하는 경우가 생긴다는 것이다. 한국에서도 비슷한 현상이 '은둔 청년'이라는 이름으로 빠르게 확산되고 있다. 2023년 7월 한국보건사회연구원의 보고서에 따르면, 은둔 청년은 전국적으로 약 61만 명, 전체 청년(만 19~39세) 인구의 약 2.4%를 차지한다.

이들의 은둔은 사회적으로 '강요된 포기' 목록에 '외출'까지 더해진 것이다. 서울시가 2022년에 실행한 어느 조사에 따르면, 은둔 생활의 원인 1순위는 '실직 또는 취업의 어려움'이다. '심리적·정신적 어려움'과 '소통 등 사회관계의 어려움'이 뒤를 이었다.

일하지 않는 청년의 경우 실업급여, 일부 지역에서 시행되는 청년 수당을 제외하면 보편적 복지가 최소한의 생계수단조차 보장해 주지 못한다. 치열한 경쟁을 거쳐 취업을 하더라도 불안정한 고용 환경에서 내 집을 갖고 건강한 (핵)가족을 꾸리는 안정적인 미래를 상상하기 어렵다. 거기에 무직, 비정규직, 비사무직에 대한 사람들의 부정적인 시선이 더해지면, 사람들과의 관계로 형성되고 유지되는 사회적인 자아는 축소될 수밖에 없다.

은둔의 기간이 길어질수록 회복은 어려워진다. 한국보건사회연구소의 같은 보고서에 따르면, 3년 이상 5년 미만으로 은둔 생활을 한 청년의 회복 가능성은 1년 이상 3년 미만인 경우보다 절반 이하로 낮았다. 10년 이상 은둔을 하며 살았다면, 회복 가능성은 10분의 1 이하로 떨어진다. 조기 발견과 지원이 필수적인 이유다. 은둔은 사회적인 현상이지만, 사회로부터 당사자를 격리시키므로 혼자서는 특히 해결하기 어렵다. 방의 벽과 문을 기준으로 당사자는 외부로부터 도움을 받거나 긍정적인 자극을 받을 수 없게 되고, 두려운 감정과 자기 자신에 대한 부정적인 이미지가 강화된다. 결과적으로, 시간이 지날수록 개인의 의지만으로는 악순환에서 벗어날 수 없고 계속 침잠하게 된다. 한정된 공간에 고립된 고독한 육신, '나 혼자 산다'의 다크 버전이다.

자기생산의 가속, 성장주의의 내면화

한 인문학자는 청년들의 은둔이 고뇌와 결단으로부터 비롯되는 것이 아니라고 주장했다. 은둔의 원인은 다름 아닌 (부모로부터 주어진) 양문형 냉장고와 와이파이 공유기. 그것들이 음식과 데이터를 무한하게 공급하기 때문이라는 것이다. 부모와 함께 거주하는 경우에 한정된 설명이지만, 이 단순명쾌한 분석은 설득력이 있었다. 좁은 방 안에서도 영양분과 도파민이 충분히 공급된다면, 그것은 매력적인 은신처로 여겨질 수 있다. 편하고 안락한 환경이니까. 실제로 나도 큰일을 치르거나 과도한 스트레스를 받은 다음 날은 배달음식을 먹으면서 종일 드러누워 핸드폰만 볼 때가 있다. 좋게 말하면 재충전의 시간이지만, 그 시간이 길어지면 영화 〈매트릭스〉에 나오는 기계 고치 속 인간이 된 것 같은 느낌과 함께, 이대로 시간이 멈추었으면 좋겠다는 생각도 든다. 하지만 그것은 영화 밖의 이 현실에서는 불가능한 망상이며, 좋게 느껴지는 은둔의 순간도 차분하게 바라보자면 일시적 쾌락 추구, 고난의 회피일 뿐 진정한 행복과는 거리가 멀다.

다시 말하지만, 이 문제를 개인의 문제로 볼 수는 없다. 본질적으로 한 사회 구성원의 생활방식은 다양해 보일지라도 결국은 거시경제 위에서 작동하며, 라이프 스타일은 시대의 흐름에 맞춰 선택되는 형식이기 때문이다. 『도둑맞은 집중력』[5]의 저자 요한 하리가 설명하듯, 비만은 식품업계와 정부가 건강하지 않은 식품을 광범위하게 배치한 결과이며, 범세계적인 집중력 결여 현상은 다른 요인과 더불어 IT 테크 기업이 사용자들의 주의력을 체계적으로 강탈하기 때문이다.

이러한 맥락에서 은둔 생활은 집단적으로 유행하고 있는 '자아 중독' 현상이라고 규정지을 수 있다. 위에서 언급한 인문학자의 강연의 요점도 사실은 바로 이 점이었다. 사람들이 다른 존재와 연결-접속하여 관계 맺는 능력을 잃어버린 결과는, 닫힌 공간에서 자기 자신하고만 관계 맺는, 혹은 가상공간의 허상들과 관계하는 삶의 방식이다. 이것이 해결하기 어려운 난제인 이유는, 앞서 말했듯 은둔하는 개인의 생활방식이 상황을 악화시키는 원인으로 작용하여 고질적인 악순환 고리를 만들기 때문이다.

자아 중독은 '자기 가둠'으로 표현될 수 있는 은둔 청년 현상의 반대 스펙트럼에서도 관찰된다. 이는 앞서 언급한 '갓생' 담론의 라이프 스타일에서 볼 수 있다. 갓생은 일상생활에서 전개되기 때문에 개인의 주체적인 선택으로 간주되는 경향이 있다. 정치나 공동체가 아닌 개인의 사적인 영역에서 추구하는 '좋은 삶'으

5 요한 하리, 『도둑맞은 집중력』, 김하현 옮김, 어크로스, 2023.

로서. 하지만 갓생주의는 오직 독립적인 개인의 의지와 행위에 초점을 맞추기 때문에, 결국 끊임없이 자아('나')에 대한 이야기로 귀결되는 일종의 중독적인 상황을 만든다. 예를 들어, 갓생러에게 '하루 24시간 어떻게 살 것인가'는 1908년 아놀드 베넷이 지은 책 제목처럼 가장 중요한 고민거리이다.

이런 갓생의 일상은 '루틴'(반복적인 수행을 통해 습관화된 행위들의 묶음)을 기본 단위로 구성된다. 이는 공장 노동자의 신체 동작을 효율적으로 최적화한 20세기 포드주의의 21세기 버전이다. 공장 밖의 일상에서 포드주의가 구현되고 있는 것이다. 철학자 한병철은 이를 '내면화된 억압'이자 '자기 착취'라고 분석한다. 당사자가 자발적으로 선택한 것처럼 보이지만, 사실은 자본가나 관리자의 '노동하라'는 명령을 스스로에게 강제한 것이다.[6]

결과적으로 '긍정' 모드로 고정된 채 리모컨을 빼앗겨 버린 마인드와 고갈된 신체 사이에서 우울증과 번아웃이 발생한다. 신자유주의에서는 독립적인 개인의 의지와 역량으로 살아갈 것이 강력하게 요구되는데, 그렇게 만들어진 개인 주체들은 스스로를 억압하고 착취함으로써 정신질환과 만성피로에 시달리게 된다.

자기 착취(갓생주의)와 자기 가둠(은둔생활)은 모두 자기 과잉

6 한병철, 『피로 사회』, 김태환 옮김, 문학과지성사, 2012.

이라는 사회현상을 반영하는 양상이다. 경쟁적인 사회에서 살아남기 위해 벌이는 자기에 대한 투쟁이 갓생주의이다.

반면, 이러한 사회에서 견디지 못하고 후퇴하여 자기만의 참호를 마련하고 스스로 엄폐한 것이 은둔생활이다. 각각 포유류가 적을 만났을 때 즉각 대처하는 방식인 '공격 혹은 도주' 반응을 양분한 모양새다.

그런데 우리는 대체 무엇을 상대하고 있단 말인가? 각자 취한 관점과 입장에 따라 지목하는 대상은 다르겠지만, 여기서는 성장주의라는 거대한 사회적 흐름—이는 몇십 년간 지속되는 '메가 트렌드'를 넘어 수 세기 동안 지속된 '기가 트렌드'라고 할 수 있을 것이다—을 짚어낼 수 있다. 성장주의는 물질적 풍요와 경제적 가치의 총량을 증가시키는 것을 중요시하는 사회 체제와 가치관을 뜻한다. 이에 따라 사람들의 마음속에도 행복과 안녕을 위해서는 현재의 재산과 미래자산인 역량을 끊임없이 늘려야 한다는 태도(성장주의)가 자리 잡게 된다. 갓생러는 자신의 일상을 인증하고 능력을 인정받기 위해 개인적인 활동량을 최대로 늘린다. 반면 은둔생활자는 사회적인 작업을 거부하고 가상공간(인터넷)에 익명으로 연결된 채, 섭취하는 디지털 콘텐츠의 정보량을 최대화한다.

해방은 리추얼한 루틴에서

과잉된 자아의 양극화 현상은 당분간 지속될 것으로 보인다. 그 이유는 우리 시대의 '일상' 영역이 여전히 정복과 저항이 일어나고 있는 싸움터 한복판이기 때문이다.

자본주의는 역사적으로 몇 번의 진화 과정을 거쳐 왔다. 규모의 측면에서 전 지구적으로 확장되었다가 자원고갈과, 기후위기 같은 성장의 한계에 직면하여, 가상공간으로 확장되면서 플랫폼과 관계망 안으로 침투하였다. 이제 거시적인 글로벌 자본주의는 미시적인 플랫폼 자본주의, 정동자본주의로 거듭나는 중이다.[7] 미디어에서 사람들과 교류하며 나눈 생각과 감정, 그 과정에서 흐른 관계성과 활력은 플랫폼을 독식한 자본의 이윤으로 거듭난다. 앞으로도 자기계발 담론과 전반적인 사회 분위기는 전 국민의 '갓생 살기'를 주문할 것이다. 일상은 휴식과 놀이가 아닌 교육과 생산의 시간으로 변질되고, 집이라는 사적인 장소는 직업훈련소와 작업장과 같이 변모할 것이다.

그러나 자본에 의해 점령당한 미래에 대항하는 흐름 또한 존재한다. 우선 '자기 과잉 트렌드'는 정신건강, 정신질환의 형태

7 이에 대해서는 이항우, 『정동 자본주의와 자유노동의 보상』, 한울아카데미, 2017과 신승철·이승준·장윤석·전병옥, 『포스트 코로나 시대—플랫폼 자본주의와 배달노동자』, 북코리아, 2021을 보라.

로 문제 제기를 받을 것이다. '외로움과 우울증'은 선진국에서도 관련 부처[8]가 생겨날 정도로 중요한 정치 의제가 되어 가고 있다. '은둔 청년' 문제도, 2023년 기준 0.72명인 한국의 '저출생' 현황만큼이나 통계적 수치가 지속적으로 주시되며 진지하게 다루어질 것이다.

한병철의 『리추얼의 종말』[9]은 이와 같은 현상에 주목하여 해당 트렌드를 심도 있게 비판하는 대항 담론을 제시한다는 점에서 주목할 만하다. 그는 인간이 시간 속에서 질서 있게 거주하는 방식인 '리추얼'(ritual)이 자기계발 담론의 '루틴'으로 단순화되었다고 지적한다. 계절 축제, 공동체의 통과의례 등 리추얼은 시간에 리듬을 부여하고 '우리'라는 집단적인 감각을 경험하게 해준다. 연말에 송년회를 하며 한 해를 보내고 새해를 맞는 모임을 떠올리면, 리추얼이 일상의 시간에 연속성과 맥락을 부여한다는 것을 이해할 수 있을 것이다. 하지만 루틴은 혼자 반복하는 강박적 행위로, 리추얼의 깊이 있는 의미와의 관계망을 잃어버린다.

비판 못지않게 중요한 것은 실험과 실행이다. 이 대목에서 참고할 텍스트는 『리추얼의 힘』[10]이다. 저자 캐스퍼 터 카일은 리

---

8 〈중앙일보〉, 「日선 '고독 장관' 등장…외로움 덮친 한국, 그마저도 혼자 푼다」, 2022/07/02. https://www.joongang.co.kr/article/25083848

9 한병철, 『리추얼의 종말』, 전대호 옮김, 김영사, 2021.

10 캐스퍼 터 카일, 『리추얼의 힘』, 박선령 옮김, 마인드빌딩, 2021.

추얼의 핵심이 연결에 있다고 본다. 그는 자기 자신과의 연결, 타인과의 연결, 자연과 초월자와의 연결을 가능하게 하는 일상을 제시한다. 독서라는 행위조차 스스로의 깊은 내면과 접속하게 하며, '크로스핏' 스포츠는 팀원들의 동반 성장을 경험하는 기회를 제공한다. 즉 '리추얼의 종말'과는 반대로 세속적인 루틴의 힘을 믿는 것이다. 개개인이 루틴을 성스러운 리추얼로 격상시키고, 각자의 일상을 고양시킴으로써 궁극적으로는 세상을 변화시킬 수 있는 가능성을 보는 것이다. 이처럼 자기계발 담론은 충분히 자기과잉이 아닌 방향으로 거듭날 수 있다. 관건은 일상적 반복(루틴)을 스스로를 옭아매는 구속이 아니라 자신의 다양한 모습을 창출하고 질적인 차이를 만들어내는 반복으로 설계하는 것이다. 예전에 어느 차담회(茶談會)에 참석했을 때, 가장 인상 깊었던 말은 '여유 있는 사람이 차를 마시는 게 아니라, 차를 마심으로써 여유가 생긴다'는 말이었다. 차에 집중하는 시간은 매번 다르게 느껴지는 차 맛을 음미하며 자신의 상태를 차분히 살피고 합석한 사람들과 대화를 나누는 신비로운 시간이다.

우리에게는 자기 과잉으로부터 해방되는 자기 담론과 라이프스타일이 필요한 것이 아닐까? '1인 가구'가 2022년 기준 전체의 34.5%으로 늘어나 전체 가구의 3분의 1을 차지하면서 자기도 모르게 트렌드에 휩쓸려 각자도생의 삶으로 내몰리거나 고립되기 쉬운 것이 현실이다. 이런 상황일수록, 개인이라는 주체성을 다시 바라보고, 공통적인 삶의 형식, 즉 라이프 스타일을 리추얼로 재구성하는 것이 중요하다. 생태주의는 최근 다양한 방향의 흐름을 만들어내면서 자연생태, 사회생태, 마음생태로 분류되고, 이 가운데 마음생태는 상호 의존적인 세계관을 내면화하고 성장주의에서 벗어나는 마인드 리셋을 요구한다. 이러한 생태주의의 지혜를 우리의 깨어 있는 마음으로 일상을 재구성하는 데 적극 활용한다면 개인들은 '나의 좋은 삶'이 결국 '모두가 잘 사는 삶'과 분리될 수 없다는 것을 인식하는 데 도움을 받을 것이다. 그리하여 일상은 자기 능력을 인정받고 성과를 인증하는 닫힌 24시간이 아니라, 우리를 이 자리에 있게 한 선조와 나를 둘러싼 생명들, 사물을 포함한 우주의 역사와 연결되어 미래의 시간을 보듬고 보살피는 시간 감각을 선사할 것이다. 이러한 '탈성장 트렌드'가 주류가 되어 기후위기의 흐름을 느려지게 하고, 나아가 우리가 살아보지 못한 새로운 세계로 나아가게 하기를 진심으로 기원한다.

나는 **내 맘대로** 낳겠다

- 저출생 시대의 자율적 출산과 양육

김은제*

* 생태시민, 생태적지혜연구소
혼자 보내는 시간을 좋아하지만 같이 어울릴 때 더 큰 행복을 느낀다. 인간과 비인간 존재가 함께 살아가는 세상을 꿈꾸며 본인의 능력을 최대한 사용하기 위해 노력 중이다. 고양이 같은 딸과 함께 살아가며 좋아하는 일, 하기 싫은 일, 해야 하는 일, 하고 싶은 일의 균형을 찾아가고 있다.

2019년에 아이가 초등학교에 들어간 결혼 9년 차의 나는 처음으로 엄마가 아닌 기혼 여성의 삶을 생각하게 되었다. 우연히 『엄마가 아니어도 괜찮아』라는 책을 읽고 나서다.[1] 책은 여러 형태의 무자녀 여성들의 사례를 보여주는데, 난임 혹은 불임 때문에, 경제적 어려움이나 불확실한 미래 때문에, 그리고 의도적으로 아이를 낳지 않기로 한 딩크족에 이르기까지 그 이유는 다양했다. 신기하게도 이는 요즘 청년들이 결혼하지 않는 이유와 비슷했다. 나는 미혼 여성으로 살다가 결혼했지만, 책을 읽기 전까지 엄마가 아닌 삶은 상상해 본 적이 없다는 걸 깨달았는데, 결혼 후 출산을 늘 당연하게 여기며 살아왔기 때문이다.

둘째를 낳지 못하는 엄마

아이는 자기도 동생이 있었으면 좋겠다고 했다. 만나는 사람마다 외동은 외로우니 아이를 위해서라도 젊을 때 둘째를 낳아야 한다고 했다. 사실 둘째 출산은 출산 경험이 있는 나에게조차

1 최다희, 『엄마가 아니어도 괜찮아』, 뜻밖, 2023.

늘 고민이었다. 첫째 아이를 낳기 전 이미 임신에 실패한 경험이 있었다. 애초에 아이를 많이 낳는 것은 내게 큰 꿈이기도 했다.

아이가 네 살이 되었을 무렵 원하던 임신을 하였다. 그러나 이번에도 첫 임신 때와 마찬가지로 정상적인 출산으로 이어지지 않았다. 병원에서는 다시 임신하지 말 것을 권했다. 이미 세 번의 임신, 한 번의 출산으로 몸과 마음이 엉망인 상태였다. 당시에는 차라리 잘 됐다고 생각했다. 이제는 둘째 아이에 대한 미련을 말끔히 접을 수 있을 것 같았다. 외동인 딸아이를 향한 수많은 사람의 염려와 오지랖 넓은 참견을 받을 때도 당당히 불임이라고 말할 수 있게 되었다.

하지만 여전히 내가 가임 여성으로 보인다는 이유로 둘째 아이를 낳지 않는 것에 대한 비난과 강요는 계속되었다. 늘 그런 발언은 외동인 아이에 대한 걱정으로 이어졌다. 아이가 이기적으로 행동할 때, 혼자서 놀고 있을 때, 반려동물을 키우고 싶다고 말할 때, 친구 관계에 어려움이 있을 때 등등 그 모든 문제 상황의 원인이 '외동'이기 때문이라는 거였다. 외동에 대한 편견에서부터 부모가 죽고 나면 아이가 외로울 거라는 예견, 아이를 많이 낳은 사람은 애국자라는 표현은 끊임없이 나를 움츠러들게 하고, 죄책감을 갖게 하였다. 현실적으로는 다자녀가 아닌, 외동자녀 가정은 정부의 다양한 혜택도 받을 수 없다.

지난 시간을 돌이켜보면 이미 내 출산에는 여러 사람의 의견이 중요하게 작용해 왔다. 심지어 당사자인 나만큼이나. 그러나 나는 지금도 여전히 출산을 강요받고 있다. 저출생이 문제인 상황에서, 한 명을 낳는 것은 역시 너무 적은 걸까. 그저 나는 지금 상태로 충분해지고 싶을 뿐이다.

한 명도 안 낳는데

2023년 한국의 합계출산율은 사상 최저인 0.72명으로 떨어졌다.[2] 이에 따라 2024년에도 정부에서는 출산을 장려하기 위한 다양한 정책을 추진하고 있다. 돌봄수당 5% 인상, 지원가구 확대, 부모급여와 육아휴직급여 상향, 2세 미만 아동 의료비 지원, 출산 가구에 주택특별공급과 저금리 특례대출 시행 등. 그럼에도 이러한 정책이 저출산을 해결하는 데 아직까지 큰 효과를 거두지 못하는 실정이다.

통계를 살펴보면 2023년 출생아 수 하락은 둘째 아이와 셋째 아이 이상 출생 감소가 결정적인 영향을 미쳤다는 것을 알 수 있다. 전년 대비 첫째 아이는 4.6%, 둘째 아이는 11.4%, 셋째 아이 이상은 14.5% 감소했다. 이는 첫째 아이를 낳은 가정 중 둘째 아

2 가임기 여성(15-49세) 한 명이 가임기간(15-49세) 동안 낳을 것으로 예상하는 평균 출생아 수가 0.72명이라는 의미다. 합계출산율은 2000년 1.48명, 2010년 1.23명, 2023년 0.72명으로 계속 낮아지고 있다. 통계청, 〈2023년 출생, 사망통계 잠정 결과 보도자료〉, 2024.02.27 참조.

이를 낳지 않거나, 둘째 아이를 낳은 가정 중 셋째 아이를 낳지 않는 가정이 2022년에 비해 많아졌다는 걸 의미한다.

실제로 2019년 만 18세 미만 아동이 있는 가구를 보면 1명이 50.8%로 가장 많고, 다음은 2명(41.7%), 3명(6.9%), 4명 이상(0.6%) 순으로 외동이 많다.[3] 그런데도 정부와 지자체에서는 2023년 8월부터 다자녀의 기준을 3자녀 이상에서 2자녀 이상으로 완화했다. 아이가 2명 이상이면 박물관 입장료나 공영주차장 이용 할인, 패스트푸드 음식점, 미용실에서도 할인을 받을 수 있는 '다둥이행복카드'가 제공된다.

한 자녀 가족인 우리는 어디에도 속하지 못한다. 둘째가 없는 건, 더 정확히 표현해 둘째를 낳지 못하는 건 내가 선택한 게 아니다. 우리는 서울시교육청에서 운영하는 농촌유학 프로그램에서도 소외되었다. 농촌유학 기간 동안 아이와 함께 지내려고 가족체류형 프로그램을 알아보니 1순위는 자녀수가 많은 가정이고, 다른 프로그램에서도 우리는 3순위에 해당했다. 이 부당함을 담당자에게 따져 물으니 개별 학교에서 운영상 이유로 기준을 정했다며, 가고 싶은 학교는 아니어도 다른 곳을 지원할 수 있다고 했다.

3 통계청, 「2015-2019년 아동가구 통계등록부」 참조.

전통적으로 한국 사회에서는 자녀를 많이 낳는 것을 미덕으로 여겼다. 한 자녀 가족에게 아무런 혜택이 없는 걸 보면 한국 사회에서 한 자녀를 키우는 건 너무 쉬운 일로 여겨지는 것 같다. 전문가들은 경제적인 부담, 출산과 육아로 인해 여성의 사회 참여가 제한되고, 개인의 삶을 중시하는 가치관이 확산되면서 아이를 한 명만 낳거나 아예 낳지 않겠다는 가정이 늘어나고 있다고 분석한다. 나와는 이유가 다르지만, 분명 저출산은 아이를 낳겠다는 사람의 처지에서 생각해 볼 필요가 있는 문제다.

결혼도, 출산도 당연하지 않다

나는 주변과 비교할 때 상대적으로 일찍 결혼한 편이다. 취업하고 제일 바쁠 시기였지만, 결혼 생활도 사회생활도 잘해 낼 자신이 있었다. 하지만 첫 번째 임신의 실패로 출산 휴가를 다녀온 뒤, 회사 대표는 나를 불러 진행 중인 프로젝트가 끝날 때까지 임신하지 않겠다는 각서를 써줄 수 있느냐고 물었다. 그 뒤 옮긴 회사에서는 나를 본보기로 아이를 잘 키울 수 있는 회사를 만들어 보겠다고 했지만, 몇 달간 바쁜 일정으로 야근은 일상이었고, 임신은커녕 월경마저 하지 않게 되어 그만두게 되었다. 아이가 네 살이 될 때까지 결혼 생활과 직장 생활을 균형 있게 하고 싶었던 탓에 나는 하루 평균 8시간 노동을 준수하는 직장을 다닐 수 없었다.

연구에 따르면 여성의 평균 교육 기간이 길고 1인당 GDP가 높을수록, 피임 보급률이 높고 가족계획 사업이 잘 되어 있을수록 아이를 덜 낳는 경향이 있다.[4] 교육 기간이 길어지면 결혼 연령이 늦어지고, 경제활동 참여가 증가하며, 개인의 선택 폭이 넓어져 출산 외에도 다양한 삶의 방식을 선택할 수 있기 때문이다. 그러나 2022년 우리나라 25~54세 여성의 경제활동참가율은 75.9%로, OECD 회원국 중 18위에 해당한다. 이는 OECD 평균(65.9%)보다 높지만, OECD 회원국 중 하위권에 해당한다. 영국 이코노미스트가 발표하는 유리천장지수도 11년째 꼴찌를 기록하고, 세계경제포럼의 젠더격차지수도 하위권에 있다. 앞에서 언급한 대로 소득 수준으로만 단순히 생각해 본다면 한국의 출산율은 높아야겠지만, 여성이 출산과 양육을 위해 직장을 떠나는 경우, 대다수 경력 단절로 이어진다. 한국 사회에서 여성의 경제활동에 대한 사회적 인식과 정책적 지원은 여전히 부족하다. 높은 주거비용, 교육비용, 양육비용은 회사를 그만둘 수 없게 만들지만, 동시에 아이도 낳을 수 없게 만든다. 결혼과 출산, 양육에 대한 기회비용이 높아졌다. 물론 여성의 개인적 가치관

4 Götmark, F., Andersson, M., 'Human fertility in relation to education, economy, religion, contraception, and family planning programs', *BMC Public Health* 20, 265(2020), https://doi.org/10.1186/s12889-020-8331-7

과 사회문화적 요인의 변화도 출산율에 영향을 미친다. 한편으로는 결혼이 과거와 같이 여성들에게 더는 훌륭한 '도피처'가 아니기 때문이다.

사이토 고헤이 도쿄대 교수는 한국과 일본의 저출산 문제가 개인의 노력에 따라 빈부가 결정되고 자신의 행동 결과에 대한 책임을 강조하는 '자기책임 사회'의 경쟁을 부추기는 문화 때문이라고 분석했다.[5] 중국의 상황도 다르지 않다. 이러한 무리한 경쟁과 과도한 소비를 피하고 개인의 행복과 삶의 질을 중시하는 가치관의 변화가 저출산 현상에 영향을 미쳤다고 해석할 수 있다. 여기에 청년층의 극심한 경제적 어려움, 주거 문제, 일과 가정 양립의 어려움, 돌봄 인프라 부족, 미래에 대한 비관 등 복합적 요인들이 결혼과 출산에 대한 부담을 매우 증가시켰다.

저출산과 저출생

개인의 결정과 경험은 복잡한 사회적·경제적 맥락 속에서 형성되며, 이러한 개인적 경험은 궁극적으로 사회 전체의 패턴과 통계에 영향을 미친다. 개인의 삶에서 겪는 결혼과 출산에 대한 고민과 사회적 압박은 결국 저출산이라는 더 큰 사회적 현상으

5 〈연합뉴스〉, 「日학자 "한일 저출산은 눈앞 이익 추구해 경쟁 부추긴 사회 탓"」, 2024/03/02. https://www.yna.co.kr/view/AKR20240302031300073

로 이어진다. 이제는 저출산 현상을 단순히 개인의 선택으로 보는 시각을 넘어서, 사회적 책임과 함께 고민해야 할 복합적 문제로 인식되기 시작했다.

이러한 변화의 필요성은 최근 '저출산'에서 '저출생'으로 용어를 바꾸자는 움직임으로 이어진다. 두 용어는 모두 출생아 수가 감소하는 현상을 나타내는 개념이지만, 그 의미와 초점에는 분명한 차이가 있다. '저출산'은 아이를 적게 낳는 현상을 뜻해, 아이를 낳는 주체인 여성에게 책임을 묻는 경향이 있다. 반면 '저출생'은 출생하는 사람의 수가 적은 현상으로, 저출산과는 다르게 객관적인 관점에서 인구 구조 변화를 표현한다. '저출산'은 출산을 결정하는 개인, 특히 여성에 초점을 맞추지만 '저출생'은 사회적·경제적·환경적 요인을 포함하여 출생률 감소에 영향을 미치는 더 넓은 요소들을 고려한다. 한국의 정책과 법률에서는 '저출산'이라는 용어를 사용하며, 출산의 책임을 여성에게만 미루는 인식이 아직 우세하다. '저출산'에서 '저출생'으로 용어를 바꾸는 움직임은 출산 문제를 개인의 책임으로만 돌리는 것이 아니라, 사회 전체의 과제로 바라보고 이에 대응하기 위한 정책과 해결책을 모색하려는 의도가 담긴다.

하지만 '저출생'이 출생아 수 감소에만 초점을 맞추고 있어서 출산율 하락으로 인한 문제와 인구 구조 변화로 인한 문제를 구분하지 못할 수도 있다. 오히려 '저출산'이 자녀를 적게 낳기로 한 개인의 선택이나 사회적, 경제적 조건을 중요한 기준으로 삼게 할 수 있다. 따라서 '저출산'과 '저출생' 중 어느 것을 선택할지는 논의의 맥락과 초점에 따라 달라져야 한다. 마치 '기후변화'나 '기후위기' 등 용어 사용에서 보이는 논의와 비슷하다. 그렇다면 두 용어 사용에 대한 논의에서 더 나아가 '탈성장'의 흐름 속에서 발견되는 '인구 변화'로 대화의 초점을 이동해 보면 어떨까?

탈성장 사회의 기회

기후변화는 인류의 가장 중요한 과제 중 하나다. 지구 온난화는 식량 안보, 담수 공급, 인류 건강을 위협한다. 여러 요인이 기후변화에 영향을 미치지만, 산업혁명 이후 화석연료 사용 증가가 주요 원인이라는 것은 과학적으로 이미 입증되었다. 인구 증가도 영향을 미치겠지만, 인구 증가만으로는 온실가스 배출량의 증가와 기후변화를 설명하기에는 충분하지 않다. 그래도 인구 증가는 에너지 사용, 소비, 산업화 및 농업 활동과 상호작용하여 온실가스 배출의 증가로 이어질 수 있다.

실제로 인구 감소와 온실가스 배출량 감소와의 연관성을 이야기하는 연구에서는 개인이 탄소 배출량을 가장 크게 줄이는 방법 중 하나로 '한 자녀 덜 낳기'를 제시했다. 선진국 기준으로 연간 평균 58.6tCO2e(이산화탄소환산톤)의 배출량 감축 효과가 있다

는 것이다.[6]

지속적 성장을 필수 요건으로 하는 자본주의 체제에서 인구증가는 경제성장과 기업의 이익을 증대시키는 원동력이 되어 왔다. 한국은 1960년대부터 1980년대까지 인구 증가가 경제성장의 중요한 동력원 중 하나였다. 그러나 1990년대 이후부터 인구 증가율이 감소하고 있으며 이러한 추세가 이어진다면, 한국 경제는 성장 동력을 상실할 수 있다. '저출산고령사회위원회'에서도 노동 인력 부족, GDP의 감소, 생산연령인구 감소로 0%의 경제성장률 예상, 국가신용등급 강등 우려 등을 대한민국의 미래로 예측했다. 그렇다면 저출생 현상이 국민총생산(GDP)의 증가로 측정되는 자본주의적 성장의 원동력 상실에 영향을 미칠 수 있을까?

통계청 〈장래인구추계〉에 따르면 합계출산율이 0.7명 수준에

---

6 '한 자녀 덜 낳기'는 차 없는 생활, 비행기를 이용한 여행 자제, 채식 위주의 식사와 함께 연간 개인 탄소 배출량 감축에 매우 효과적인 방법으로 제안되었다. Seth Wynes and Kimberly A Nicholas, 'The climate mitigation gap: education and government recommendations miss the most effective individual actions', Environmental Research Letters, Vol. 12, Issue 7, IOPscience, 2017 참조. 이에 대해 필립 반 바슈이센과 에릭 브란트 슈테트는 반론을 제기했는데, 와인스와 니콜라스가 개인의 재생산 선택과 온실가스 배출을 직접 연결된다고 본 것은 근거가 부족하며, 그보다는 한 세대가 자신들의 후손에게 책임을 넘기는 것이 아니라, 각자의 행동과 결정에 대해 책임을 지는 방법을 모색해야 한다는 것이다. 이에 대해서는 Philippe van Basshuysen and Eric Brandstedt, 'Comment on 'The climate mitigation gap: education and government recommendations miss the most effective individual actions'', Environmental Research Letters, Vol. 13, IOPscience, 2018을 보라.

머물렀을 경우, 생산가능인구(15~64세)는 2020년 3천738만 명에서 2040년 2천852만 명, 2060년 2천66만 명으로 줄어들어 장기적으로 GDP 성장세가 크게 둔화될 것이다. 탈성장은 경제성장을 무조건적인 목표로 삼지 않고, 지속 가능한 사회를 만들기 위해 경제성장의 속도를 늦추거나 경제성장의 한계를 설정함으로써, 자연 자원의 소비와 환경오염을 줄이고, 불평등을 해소하며, 삶의 질을 향상시키는 것을 목표로 한다. 이런 맥락에서 본다면 저출생으로 인한 인구 감소(증가 억제)는 자연 자원의 소비를 줄이고, 환경 부담 완화에 기여할 수 있을 것이다. 또한 노동 인력 감소로 인해 노동시간은 단축되고 기업들은 노동집약적인 산업에서 벗어나, 청정에너지와 같은 기술집약적인 산업으로 전환할 기회가 될 수도 있다.

그럼에도 탈성장 사회로의 전환 속에서 출산은 여전히 지속 가능한 사회를 만드는 데 필수적이다. 출산을 통해 새로운 인구가 유입되고, 사회가 유지되고 발전할 수 있기 때문이다. 물론 저출생 현상을 탈성장 전환의 기회로 삼아 단순히 출산율 하락으로만 바라보는 것이 아니라, 지속 가능한 사회를 만드는 기회로 활용하기 위한 인식의 전환이 동반되어야 한다. 인구 증가를 위한 출산만을 장려하는 게 아니라 새로운 인구가 유입될 수 있는 대책과 노력이 필요하다.

기후변화로 인해 집을 잃고 새로운 터전에서 삶을 시작해야 하는 기후난민을 탈성장 사회의 새로운 구성원으로 포용하고, 핵가족 중심의 사회 구조에서 벗어나 다양한 가족형태(1인 가구, 맞벌이 가구, 다문화 가정, LGBTQ+ 가족 등)를 존중하는 사회가 되기를 바란다. 모든 가족이 동등한 존중과 지원을 받을 수 있도록 사회적 인식 개선과 함께 촘촘한 지원 체계가 마련되어야 한다.

또한 앞서 언급한 저출산과 저출생의 논의에서 볼 수 있듯이, 이러한 흐름 속에서도 여전히 출산은 개인의 선택이어야 한다. 과거에는 출산과 양육이 여성의 의무로 여겨졌지만, 현재는 여성만이 아닌 개인의 기본권으로 인식하는 움직임이 뚜렷하다. 이러한 변화는 출산과 양육을 인간의 존엄과 가치를 실현하기 위한 기본적인 권리이자 자기결정권으로 존중해야 한다는 걸 의미한다. 출산과 양육의 권리를 보장하기 위한 노력은 분명 지속가능한 사회를 만드는 데 중요한 역할을 할 것이다.

성장과 탈성장 사이

첫째 아이를 낳았다고 해서 둘째 아이를 낳아야 할 의무는 없다. 결혼이 개인의 선택이듯 출산도 개인의 선택 안에서 이루어져야 한다. 임신·출산은 여성의 신체와 삶에 직접적인 영향을 미치는 문제이므로, 여성이 스스로 결정할 수 있는 권리가 보장되어야 한다. 동시에 상식이라 여겨진 고정관념과 선입견, 편견으로부터 자유로워지길 희망한다.

동시에 자녀를 양육하는 것은 사회 전체의 책임이어야 한다. 결혼, 출산뿐 아니라 우리의 노후와 미래 역시 불안하다. 지구가 대멸종 시대를 맞이할지 모를 현재 상황에서 자녀가 있다는 사실 자체가 부모를 더 불안하게 만든다. 기후변화와 사회 양극화가 심해지면 심해질수록 엄마로서는 성장도 탈성장도 안타까울 뿐이다.

아이를 키우는 과정에서 양육자는 다양한 고민에 직면한다. 한 인간을 성장시키는 조력자로서, 자녀의 물리적·정신적 발달뿐만 아니라 그들이 살아갈 사회와 환경에 대한 책임을 느낀다. 저출생과 저성장이 가져오는 경제적 불안정, 기후변화의 환경적 위협은 더욱 불안감을 증폭시킨다.

물론 탈성장 사회로의 전환의 필요성을 인식하고 지속 가능한 생활 방식, 검소하고 절제된 삶, 물질보다는 정신적 가치를 더 중요하게 여기도록 아이를 가르치는 것은 중요하다. 하지만 실제로 이러한 변화를 실현하도록 돕는 사회적 지원 체계는 턱없이 부족하다. 이러한 상황에서는 성장이 가져오는 환경적·사회적 문제들과 탈성장이 직면할 수 있는 경제적 어려움 사이에서 균형을 찾는 것은 쉽지 않다.

결혼하지 않고 출산도 안 하는 아이의 미래를 상상해 보면, 외동은 성장하는 과정뿐만 아니라 부양에도 엄청난 부담을 지게 된다. 혼자서 부모 두 사람을 돌봐야 할지 모른다. 부모가 세상을 떠나고 가족 없이 혼자 남겨진 모습을 생각하면 안타깝고 걱정스럽다. 아니, 끔찍할 정도다. 결국 향후 많은 사람이 아이를 낳지 않거나 한 명만 낳는다면, 사회적·경제적 구조에 근본적인 변화가 필요할 것이다. 저출생 현상은 아주 가까운 미래에 노동시장, 사회 보장 시스템 그리고 세대 간 상호작용 방식에도 큰 영향을 미칠 것이다.

탈성장 시대는 예측하기 어렵고 새로운 문제들이 발생할 가능성이 크다. 단기적으로는 경제적 침체와 사회적 불안정을 초래할 수 있다. 이러한 어려움을 극복하고 풍요로운 삶을 살도록 교육을 통해 각각의 세대에게 필요한 역량을 제공해야 한다. 무엇보다 사회적 연대와 협력을 바탕으로 새로운 경제 및 사회 정책의 개발이 시급하다. 사회 안전망 강화, 공동체 기반의 생활, 자원 공유, 지역 경제 활성화, 지속적인 교육, 건강관리 시스템의 질적 개선 등이 이루어져야 한다.

연결망 속에서 소수자 되기

프랑스의 철학자 조르쥬 바타유(Georges Bataille)에 따르면 자연계에는 태양 에너지의 과잉으로 인해 항상 '잉여'가 존재한다. 이 잉여는 반드시 의식적으로 '소비'되어야 하는데, 이 과정을 '데팡스'(dépense, 공생적 소진)라고 한다. 그는 자본주의 사회가 생산과 축적에만 집착하면서 데팡스를 억압하고 있다고 보았

다. 축적된 잉여는 다시 생산에 투자되고, 이는 성장 지상주의로 이어진다.[7]

"진지한 주체는 관계 속에서 의미를 찾으며, 자기 자신 안에서 의미를 찾지 않는다. 개인적으로 삶의 의미를 찾는 프로젝트에서 자유로워진 이는 돌봄과 재생산을 중심으로 한 일상생활에 헌신할 수 있고, 민주적으로 결정한 사회적 데팡스에 참여할 수 있다."[8]

저출생이라는 인구 변화는 사회 구조뿐만 아니라 개인의 삶과 가치관에도 깊이 관련된다. 문제 해결의 실마리를 단순히 인구 증가를 위한 정책적 접근이 아닌, 개인과 사회의 관계적 연결망에서 찾아야 한다. 이 과정에서 사회적 연대, 지역사회와의 결속, 돌봄과 같은 가치를 중심으로 새로운 삶의 방식을 모색하며, 모든 인간이 소중하고 다양한 존재로서 존중받는 사회를 만드는 것이 중요하다. 사회적 데팡스는 풍요로운 관계, 유연한 출산 및 양육 방식, 지속 가능한 미래, 다양성 존중, 개인과 사회의 연결망 강화 등을 기반으로 만들어진다. 이를 통해 우리는 탈성장 시대의 어려움을 극복하고 더 나은 미래를 만들 수 있다.

7 조르주 바타유, 『저주받은 몫』, 최정우 옮김, 문학동네, 2022.
8 자코모 달리사, 페데리코 데마리아, 요르고스 칼리스 편, 『탈성장 개념어 사전』, 강이현 옮김, 그물코, 2018.

철학자 신승철(1972~2023)은 후대의 사람들, 즉 미래 세대가 선택할 수 있는 경우의 수는 현 세대의 특이성 생산에 달려 있다고 했다.[9] 우리는 붕괴와 종말의 미래로 시시각각 다가서는 것이 아니라, 탐색하고 실험하고 재창조하여 미래라는 시간의 특이점을 설립하며 다른 미래를 살 수 있다는 것이다. 사회적 데팡스를 만들어 가는 과정에서 모든 인간은 '소수자 되기'를 통해 자신만의 독특한 가치와 역할을 지닌 소수자로서 존재한다. 이를 통해 다양성과 차이를 존중하고, 획일화된 가족 구조나 생활 방식에 얽매이지 않는 유연한 출산과 양육 방식을 선택하면 된다. 자연스러운 성장도 함께.

9 신승철, 정유진, 최소연, 『근본파와 현실파 넘어서기』, 알렙, 2024.

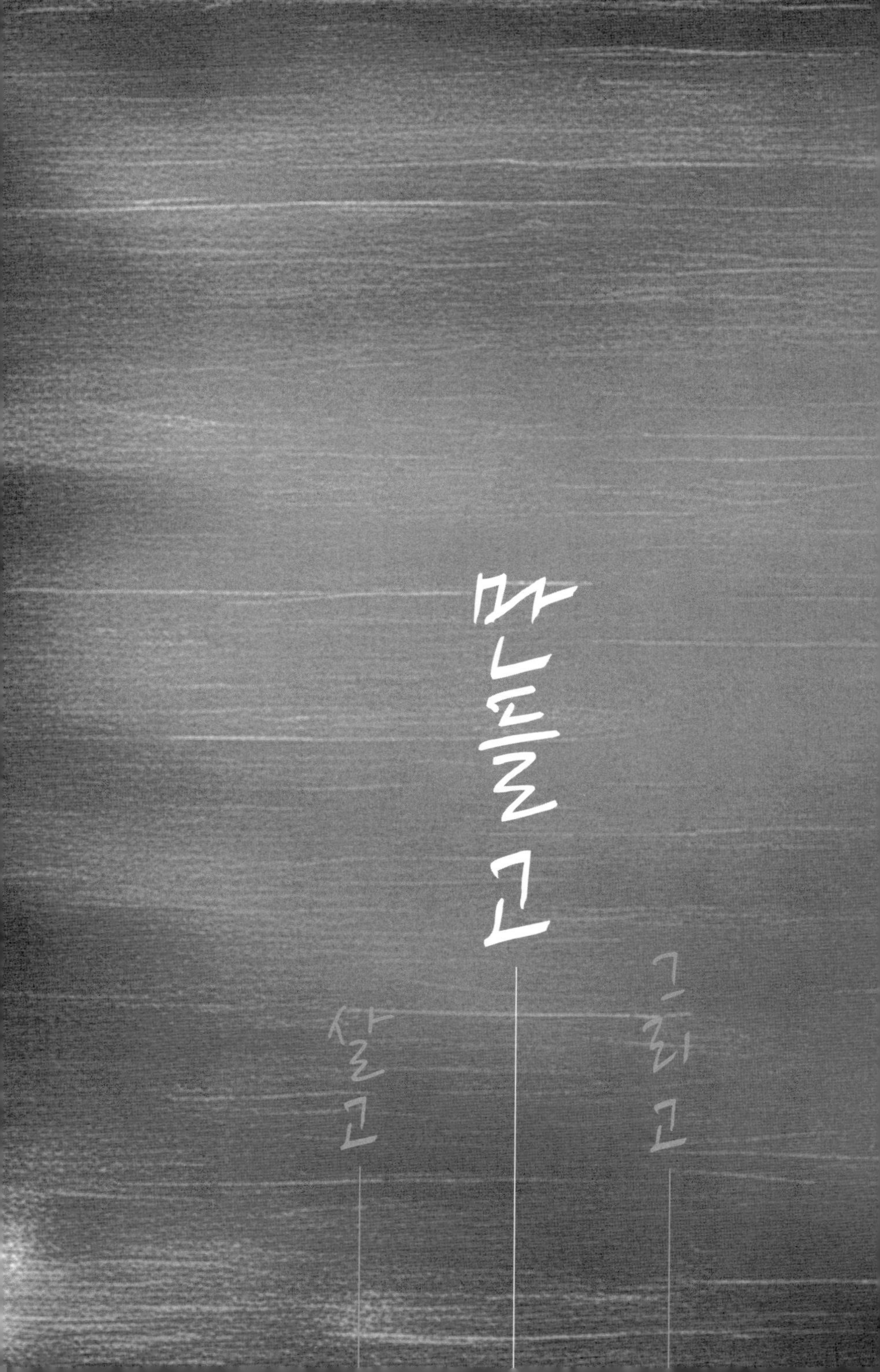
그리고
만들고
살고

반려와 함께 탈성장을 꿈꾸기

황선영*

* 글 쓰는 문화기획자, 공동체 활동가 주호
세기말 천리안pc통신에서 동호회 활동을 하다가 우연히 얻게 된 주호(走狐)라는 별명이 필명이 되었다. 문화예술기획자이자 공동체적 삶의 복원을 꿈꾸는 마을자치활동가이다. 성북동에서 토끼 같은 강아지와 곰 같은 서방님과 함께 살고 있다. 커피와 봄꽃, 강아지와 고양이, 공상하고 글 쓰고 연극하는 것을 좋아한다.

결혼하던 해 봄, 남편은 봉사 활동을 나갔다가 작은 갈색 푸들 강아지를 만났고 내게 데려다 주었다. 털 빛깔이 꼭 닮아 이름 붙여준 '달고나'와의 만남은 그 후의 시간을 크게 바꾸어놓은 사건이 되었다. 결혼 후 만나게 된 '달님이'와 '귀동이'까지 세 반려견이 내 곁에 머물다 떠나갔고, 작년부터는 '우리 막내아들'로 불리는 '망고'와 함께 살고 있다. 이제까지 살아온 삶의 약 절반에 해당하는 시간 동안 나는 반려인이었고, 그 아이들이 내 삶에 안겨준 기쁨과 슬픔과 온갖 이야깃거리로 인해 내 삶의 지평은 전에 비해 훨씬 넓어졌다.

그 반려종이 식물이든 동물이든, 또 다른 무엇이든, 나와 같은 공간과 시간을 살아가지만 확연히 다른 생명을 지켜본다는 것은 나와 다른 삶, 다른 목숨에 관심을 갖게 하는 일이자 그 전과는 다른 관점으로 내 삶을 돌아보게 하는 일이다. 집안에 화분 하나만 들여도 식물에게 적절한 환경을 고민하게 되는 것처럼, 반려 동물과 함께 살게 되면서 주거와 살림살이를 고민하다가 동물, 나아가 생명과 환경 전반에 대한 문제의식과 경각심을 갖게 되는 반려 가족들을 많이 만날 수 있었다. 우리 집에서 함께 살고 있는 귀여운 강아지나 고양이에 대한 관심이 길에서 마주치는 길고양이나 보호소의 유기견들, 도시의 비둘기와 철새에 대한 생각으로 옮겨지면서 공장식 축산이나 지구에 사는 다른 동물들, 인간에 의해 고통받는 환경 그 자체에 대한 생각에 다다르는 것이다. 모든 생명을 감각하고 함께 사는 방법을 모색하는 것은 탈성장으로 가는 길과 참으로 닮아 있다.

도시의 폭력성을 전복하기

반려동물 못지않게 요즘 널리 퍼지는 것이 '반려식물'이다. 거주하는 환경에 제약이 있어 생명과의 동거가 조심스러울 때, 반려로 식물을 택하는 젊은 세대가 늘고 있기 때문이라고 한다. 원예는 예전부터 드물지 않은 취미생활이었지만, '반려식물'이라고 새롭게 바라보게 된 것은 최근 일이다. 하지만 반려식물 집사가 늘어나는 만큼 '화분을 선물 받았다/들였다가 죽여 보냈다는' 하소연도 늘어 간다. '선인장도 못 키우는 나'를 가리켜 자조적으로 '연쇄식물마'니, '빈화분 콜렉터'니 같은 자조적 농담을 하면서, 집 밖에서는 아스팔트 틈에서도 그렇게 잘 자라는 풀이며 꽃이며 나무들이 왜 우리 집 안에만 들어오면 죽어 나가는지 고민하고 해결책을 호소하는 초보 식물 집사에게 위안을 주자면, 사실 식물은 '우리 집'이라서 죽어 나가는 것이 아니라고 한다. 인간만이 살던 환경과 식물이 살기 좋은 환경이 다르다는 것을 이해하지 못해서 생기는 일이다. 인간이 쾌적하다고 느끼는 환경보다 식물에게는 더 많은 빛과 열과 공기의 순환이 필요하다는 것은 식물을 키우는 과정에서 비로소 깨닫게 된다. 반대로 말해 인간에게 맞는 환경이 당연히 모든 생물에게 맞지 않는다는 사실을 우리는 아주 쉽게 잊고 사는 것이다.

도시에서 동물과 함께 산다는 것도 비슷한 경험과 고민을 안겨준다. 충분한 공간과 옆 세대와의 적당한 거리가 확보되는지, 집 가까운 곳에서 반려견과 함께 안전하고 쾌적하게 산책을 즐길 수 있는지, 걸어갈 수 있는 거리에 동물병원이나 편의시설이 있는지, 나아가 반려동물을 동반해 함께 즐길 수 있는 문화적 환경이 충분한지도 모색하고 고민하게 된다. 그 과정에서 이제까지와는 다른 눈으로 인간 중심으로 설계된 도시의 불합리성을 느끼게 된다. 노령견 혹은 몸이 불편한 반려동물과 함께 이동하기 위해 구입한 반려용 이동차를 끌다 보면 왜 이렇게 계단과 높은 턱이 많은지, 보도는 얼마나 울퉁불퉁한지 체감하고 반려동물과 함께 대중교통을 이용하기가 얼마나 난감한지 실감하게 된다. 반려견과 함께 산책할 때는 버려진 쓰레기와 담배꽁초, 비좁은 골목까지 점령한 자동차로 위협당하는 보행 환경에 대해 고민한다. 집 근처에서 모처럼 발견한 넓고 쾌적한 공원에서는 음수대의 높이가 하나 같이 인간의 키에 맞추어져 있음을 깨닫게 된다. 사실상 비장애 성인을 제외한 다른 존재와 생명을 품지 못하는 공간의 불합리성을 알게 되는 것이다. 이 폭력적인 도시 공간을 전복할 필요성도.

다른 생명과 소통하기

오늘도 끌려나왔다. 오후의 산책 시간이 다가오는데, 반려인의 태만을 눈치 챈 어린 강아지가 이불 속으로 파고들어 깨워대는 탓에 주말이라고 편히 낮잠도 못 자고 리드 줄을 잡고 집을 나서야 했다. 인간이 강아지의 눈치를 본다고 하면 키워 보지 않은 사람들은 '사서 고생'이라고 혀를 끌끌 차겠지. 하지만 아직 인간과 산 지 7개월 밖에 안 되는 어린 강아지일망정 배고플 때, 산책하고 싶을 때, 함께 장난감 놀이를 해 줄 인간이 필요할 때, 온몸을 동원하는 의사 표현은 도저히 반려인이 못 본 체 할 수 없도록 강력하고 명확하다. 그렇게 밖으로 산책을 나서면 자주 이웃 반려인들을 마주하게 된다. 강아지들끼리도 서로 의사표현을 한다. '네가 누군지 궁금해. 인사하고 싶어. 너랑 놀고 싶어.' 혹은 '난 네가 무서워. 가까이 오지 마.' 반려인들은 그 신호를 읽고 상황에 맞게 접촉 방법을 조절한다. 집사들은, 강아지에 비해 표정이 적다고 알려진 고양일지언정 오랜 세월 함께 해 온 반려인으로서 눈을 뜨는 모양만으로도 기분이 좋고 나쁜 것을 구분한다. 물론 이는 오랜 기간 인류와 친구로 지내 온 이 동물들이 인간의 행동 양식을 학습한 까닭이기도 하지만, 인간 역시 학습과 경험을 통해 이들의 표정과 몸짓, 비언어적 소통이 무엇인지 알게 되었기 때문이다. 우리의 관심이 소통 경로를 만드는 것이다.

내게 식물 잘 키우는 방법을 가르쳐 준 이는, 관심을 갖고 지켜보면 식물의 말도 알아들을 수 있다고 했다. 매일매일 식물의 모습을 지켜보면 목이 마를 때, 물이 과할 때, 병이 들었을 때 어떻게 달라지는지 신호를 읽어낼 수 있다는 것이다. 관심은 소통으로 이어지고, 소통을 통해 교감을 이루어내면 우리는 생명을 다른 모습으로 감각하게 된다. 나와 다른 생명, 그것도 나의 돌봄을 필요로 하는 생명에 대한 감각은 약자를 돌보는 인식으로 이어지게 되고 함께 살아가는 방법을 찾아가는 인식의 기초를 닦는다.

약자 돌보기

동물과 함께 살다 보니 고기를 먹지 못하게 되었다는 반려인들을 종종 만나게 된다. 거위털로 만드는 구스 다운이나 야생 동물의 털과 가죽을 소비하지 않는 사람들도 많다. 동물을 먹고 동물의 부산물을 사용하는 것이 착취적인 방법으로 이루어지기 때문에 반대하는 것이다. 우리 집에서 키우는 귀여운 존재에서, 함께 살아가는 소중한 생명으로 감각될 때, 그 감각은 밖으로도 번져나가 길에서 떠도는 유기견과 죽어가는 길고양이들을 구조하게 되고, 공장식 축산과 대량 생산, 착취적인 약탈을 반대하는 행동으로 이어지게 된다. 한 생명을 돌보는 일이 모든 생명을 돌아보게 하는 계기가 되는 것이다. 지구상의 모든 생명은 연결되어 있기에 이 감각의 끝에서 우리가 사는 환경을 돌아보지 않을 수 없다. 인류가 어떻게 우리가 서 있는 발밑을 위협하고 있는지 알아차리고 행동으로 옮기게 된다.

몇 년 전, 반려인 친구들과 함께 사료 수급을 걱정한 적이 있었다. 코로나19 팬데믹과 러시아-우크라이나 전쟁의 발발로 국제 무역이 위축되었을 때 반려인들은 곡물 생산과 유통에 일어나는 변화로 반려동물들의 사료 수급에 영향을 끼칠 것이 걱정되었던 것이다. 그리고 이런 고민은 수입 농산물과 기후위기로 황폐해져 가는 우리 농촌에 대한 고민과 맞닿는다. 하루 세끼를 먹으면서도 감각하지 못했던, 석유 에너지에 의존하는 먹거리 생산과 유통 과정의 문제점을 뜻밖의 이유로 알아차리게 되는 것이다. 농촌의 생산력을 보장하기 위해 생산자 위주의 직거래와 협동조합을 이용하게 되는 것처럼, 문제점을 알게 된 다음에는 현실을 바꿔나가기 위해 방법을 찾게 된다. 재해로 인한 재난 문자가 울릴 때 반려인들은 인간과 동물의 안위를 함께 걱정한다. 기후위기, 전염병, 재난과 전쟁 같은 당면한 걱정을 무감각하게 흘려보내지 않을 때, 우리는 함께 위기에 맞서기 위해 연대할 수 있다. 탈성장으로의 전환은 위기에 함께 대응하는 가장 전면적인 방법이 될 것이다.

반려로 맺어지는 공동체

'한 아이를 키우는 데 온 마을이 필요하다'는 말처럼, 반려를 키우는데도 품앗이가 필요한 순간이 온다. 명절 귀향길에 동행할 수 없을 때나 출장이나 여행, 입원으로 집을 오래 비워야 할 때, 혹은 회사 일 등으로 반려견의 산책이 어려워질 때야말로 '동네 친구가 있어서 내가 집을 비울 동안 우리 집 화분에 물을 주거나 반려의 밥을 챙겨주면 좋겠다'는 생각이 드는 순간이다. '동네 친구'에 대한 이런 욕구가 공동체를 형성하는 원동력이 될 수 있지 않을까? 이것은 지난 10여 년간 지역에서 공동체 활동을 해온 내가 얻은 새로운 작은 지혜였다. 모든 마을공동체의 기원에는 육아 커뮤니티가 있었다. 이것은 다른 말로 육아와 같은 중대하고 많은 자원과 시간이 투자되는 공동의 관심사 없이는 도시에서의 공동체 형성은 쉽지 않다는 뜻이기도 하겠다. 가파르게 치솟는 지대 덕분에 도시를 떠도는 젊은 층들의 삶에서는 특히. 그러나 사람들은 공동체를 필요로 한다. 공동체란 이름으로 서로의 사생활을 침해하는 것이 싫고 도시의 익명성이 편안하다고 주장하는 도시의 청년들조차, 때로는 편하게 슬리퍼를 끌고 만나서 함께 음식을 나눠 먹거나 돈을 내고 서비스를 구매하는 대신 서로의 노동력과 자원을 나눠주고 나눠 받을 수 있는 동네 친구에 대한 그리움을 비추곤 한다. 돈과 건강에 못지않게 노년의 삶의 질을 높이는 것이 커뮤니티의 소속감, 공동체 내에서의 교류라는 연구 결과도 이를 뒷받침한다. 공동체는 자원의 절약과 인간에게 필수적인 정서적 의지를 위해서도 꼭 필요한 삶의 조건이다. '앱'을 통해 주문하고 비대면으로 배달을 받아 누구와도 접촉하지 않고도 한 끼 식사를 해결할 수 있는 현대 사회의 시스템은 간편하고 합리적으로 보이지만, 그 서비스를 만들어내는 과정에서의 경쟁과 자원의 소모, 일회용품과 쓰레기의 증가 문제는 지구의 위기를 가속화한다. 우리는 서비스 구매를 통해 이루어지는 편리한 1인의 생활을 택하기보다 지속 가능한 삶을 선택하기 위해 여럿이 함께 서로의 시간과 자원을 나누는 공동체 생활을 선택할 수 있으며, 반려를 키우다 보면 이러한 공동체의 형성과 교류는 필수적으로 다가온다. 특히 출생률이 낮아지는 요즘의 상황에서는 전통적인 육아와 교육의 커뮤니티 못지않게 반려인들의 커뮤니티가 활성화될 수 있을 것이다. 혼자를 영위하기 위한 서비스를 한정 없이 발달시키기보다 우리 스스로 서로의 자원을 나누고 돕는 것으로서 삶을 윤택하게 만든다면 환경에 미치는 영향을 최소화할 수 있다.

반려동물과 함께 꿈꾸는 가장 보편적인 행복

우리는 SNS를 통해 다른 사람들의 생활을 폭넓고도 밀접하게 목격할 수 있는 세상을 살고 있다. 덕분에 다른 반려인들, 다른 집 반려동물들의 삶도 쉽게 관찰할 수 있다. 동물을 좋아하지만 환경 문제나 가족의 반대, 알러지 등으로 반려의 삶을 선택하지 못하는 사람들이 소위 '랜선 육아'를 통해 다른 반려의 삶을 공유하고 애정을 보내기도 한다. 이 속에서 진심으로 반려를 대하는 사람들도 많지만 경쟁적으로 과시하고 반려동물을 소모적으로 대하는 사람들도 분명 존재한다. '개플루언서', '애견 유투버의 갑질' 같은 빈정거림은 그런 태도로 반려동물을 키우는 사람들에 대한 불편한 시선을 반영한다. 단지 귀여운 겉모습만을 소비하고, 관심과 이익을 얻기 위해 협찬 받은 신상을 소비하고 사진을 찍어 올리는 '개플루언서'가 있어서 더 많이 꾸미고 먹이고 소비하는 반려동물들이 주목을 받는가 하면, 그러한 소비의 대상이 되지 못하는 '시골 할머니댁 강아지'들은 불쌍하다는 동정을 받는다. 그러나 자차로 애견 호텔에 동반하고 각종 영양제를 먹는 강아지의 행복이 시골 할머니의 손에서 싼거리 사료일지언정 애정 어린 끼니를 나누는 강아지의 그것에 못 미친다는 것은 지극히 인간 중심적인 사고방식일 수 있다.

인간 중심적이고 자본 중심적인 관점에 반려를 편입시키기보다, 그들로부터 다른 관점을 얻고 다른 생명과 공생하는 길을 모색하기를 권하고 싶다. 반려동물을 키우는 것은 그 생명과 나의 생명이 함께 행복하기 위한 과정이고 그 과정이 나를 변화시키고 공동체를 변화시키고 지구를 변화시키고 보편적인 인간의 행복을 꿈꾸게 하는 길이라고 믿고 있다.

지속 가능한 식생활, **공생을 전망**하다

김정모*

* 지속 가능한 세계를 그리는 목사
문화·예술·생태·영성에 관련된 기획이라면 일단 찾아가 본다. 선하고 지속 가능한 세계를 만들어 가는 이들을 찾고 있다.

출근길 내내 밀린 업무와 해야 할 업무를 생각한다. 그러나 회사에 도착해 자리에 앉자마자 든 생각은 '오늘 점심 뭐 먹지?'였다. 밥 먹을 시간도 없이 일하다가도 동료가 "다 먹고 살자고 하는 일인데 밥 먹고 하자"고 하면 일로 가득했던 머리가 온갖 메뉴로 채워진다. 녹초가 된 몸을 끌고 집에 가면서도 보이는 건, 성지가 된 맛집 앞에 늘어선 대기 줄이나 아이스크림 할인점이다. 이처럼 먹는 일(食)은 삶이 허덕일 때마다 기쁨이 되어 준다. 사람에게 '식'은 허기의 충족 그 이상의 의미를 담고 있다. 음식은 냄새, 분위기, 사람, 관계, 문화, 역사, 시간 등이 어우러진 복합체로 우리의 존재를 자극한다. 이 고도의 복합체를 우리는 어떻게 받아들여야 할까.

팬데믹 시기를 거치며 '먹는 세상'이 불쑥 도래했다. 세계 어느 나라의 음식이든 이제 집에서 먹을 수 있다. 소셜네트워크서비스(SNS)에서 스페인의 납작 복숭아가 화제가 된 적이 있다. 한국의 복숭아와 다르게 살짝 찌그러진 만화 속 음식 같은 모양새와 달콤하다는 맛이 사람들의 흥미를 자아냈다. 그리고 일 년도 채 되지 않아서 쿠팡에서 주문할 수 있게 되었다. 또 각종 매체를 통해 슈퍼 푸드라고 알려진 브라질너트는 지구 반대편에서 날아와 한국 마트에서 판매되고 있다. 팬데믹 이후에 원하는 건 무엇이든 앉은 자리에서 구할 수 있다는 실감이 뚜렷해졌다. 유통시장과 밀키트 시장의 급격한 성장이 만들어낸 결과이다. 세계 모든 음식을 먹을 수 있는 세상에서 식문화는 어떤 모습을 하고 있을까?

우리 사회의 식문화

우리 사회의 식문화는 양면적이다. 팬데믹 시기에는 탈성장을 추구하는 식문화와 자본주의가 기반이 된 식문화가 서로 다른 방향으로 발전했지만, 자본주의는 이 양극단을 빠르게 흡수하여 재편했다.

우선 자본주의가 기반이 된 식문화다. 현대인의 식사는 빠르게 자본주의에 흡수됐다. 이 방면의 식문화는 생산에서는 환경을, 유통에서는 노동자를, 판매에서는 소비자의 건강을 착취한다. 『에콜로지스트 가이드 푸드』[1]의 저자 앤드류 웨이슬리는 자신의 책을 통해 여러 소비재(음식)의 '숨은 비용'을 밝혀냈다. 기업은 우리의 식탁에 올라가는 소비재가 거쳐 온 수많은 경로를 포장지로 감추었다. 노동자들이 끔찍한 공간에서 살아가는 모습, 육식성 어류를 생산하기 위해 그 몸무게에 몇 배가 되는 어류

1 앤드류 웨이슬리, 『에콜로지스트 가이드 푸드』, 최윤희 옮김, 도서출판 가지, 2015.

를 먹이는 시스템, 수컷으로 태어난 죄로 학살당하는 생명 등….

인간의 행복은 단순하게 만들어지지 않는다. 또한, 자본주의 식문화는 인간에게 행복을 넘어 관능을 주기에 덮어놓은 포장지를 열지 못하게 한다. 상품이 된 모든 식사는 소비재로만 즐기게 되었다. 감사, 책임, 절제, 건강, 성찰과 같은 음식의 본질은 사라지고 맛과 화려함이 우리를 사로잡았다. '배민맛'(배달 음식 맛)이라는 유행어에 씁쓸한 우리 시대의 자본주의 식문화가 녹아 있다.

우리 시대에 주목할 만한 식문화의 또 하나의 형태로는 공생을 추구하는 식문화다. 대표적으로 다양한 형태로 실천되는 채식(비거니즘)을 들 수 있다. 최근 지인 한 사람이 몸에 혹이 생겼다. 다행히 양성이기에 조금의 걱정과 스트레스를 견디는 수준에서 마무리되었지만, 결과가 나오기 전까지 긴장감과 두려움이 고조되었다. 그 이후 지인의 식탁이 바뀌었다. 금주를 결정하고, 회사에 채식 도시락을 들고 다니고, 저녁식사로는 가벼운 채식 또는 샐러드에 약간의 닭고기를 곁들인다.

사람들이 채식을 시작하는 계기는 생명윤리, 환경보호, 건강 등 다양하다. 하지만 무엇보다 식탁 구성을 급격하게 변화시키는 요인은 타 존재와의 연결성보다 자신과의 연결성이다. 동물윤리 역시 고통 받는 동물과의 만남이라는 연결성이 필요하고, 환경 보호 역시 환경 파괴의 현실을 목도할 때 인식한다. 생명윤리에 입각하든 환경보호를 위한 것이든 아니면 개인의 건강추구의 목적이든 그 모든 것은 결국 공생을 추구하는 식문화로 귀결되는 모습을 보인다. 여기에는 육체와 정신의 공생부터, 생산자와의 공생, 동물과의 공생, 다양성과 문화와의 공생까지 포함된다. 다만 채식은 하나의 트렌드로 자리 잡으면서 프랜차이즈, 대기업, 국가로부터 주목받았고, 앞서 언급한 '자본주의가 기반이 된 식문화'로 변하고 있다. 식문화라는 공간에서 자본주의는 자신을 중심으로 도로를 깔고 공간을 지배하는 흐름을 만든다. 공생을 추구하는 식문화는 초기에는 자본주의에 저항하는 방식으로 형성되었지만, 거대 자본을 움직이는 체인점(프랜차이즈)이나 대기업 그리고 국가가 공생, 친환경, 채식을 상품화하여 자본주의적 흐름 속으로 편입하고 있다. 그렇기에 탈성장의 관점에서 바라본 지속 가능한 식문화라는 주제로 글을 쓰려고 했을 때 무엇을 어디까지 말해야 할지에 대한 오랜 고민이 필요했다.

지속 가능한 식문화를 정의할 수 있을까?

팬데믹 시기를 경험하며 '지속가능성'이 대중의 관심사로 부각되었다. 나는 근 3년간 지속 가능한 식문화 매거진 『SUSTAIN-EATS』를 발행하며 지속 가능한 식문화에 대한 물음을 계속해 나갔다.

'지속 가능한 식문화'라는 주제는 세 가지 주요 영역—지속가능성, 식, 문화—으로 구성된다.[2] 이 세 영역이 겹치는 부분뿐만 아니라 각각의 영역이 다루지 않은 부분까지도 범주를 넓히려고 노력하고 있다. 첫 번째 영역인 지속가능성은 환경친화적인 생태주의적 요소로서, 파괴된 자연을 돌이키기 위해 또는 환경을 착취하며 생산하는 시스템을 변화시켜 가는 영역이다. ESG 경영이 대표적인 사례이다. 기업이 성장하는 과정에서 경제 지표뿐만 아니라 환경(environmental), 사회(social), 지배 구조(governance)를 또 다른 지표로 삼고 성장 방향을 조금이나마 옆으로 틀어내기 위한 역할을 부과하는 것이다. 두 번째 영역은 '식'으로, 음식 자체에 중점을 두고 전통 음식, 못난이 농산물, 음식물쓰레기, 식재료, 종 다양성, 요리법 등 먹거리 자체에 집중한다. 유기농펑크 활동가가 운영하는 분해 정원이나 대화하는 농부시장 마르쉐@가 대표적이다. 마지막으로 문화의 영역에는 비건(/채식), 전래식(/카니보어), 밀키트, 배달 노동 등과 같이 사람들이 만든 흐름이 있다.

---

2 어떤 개념을 정의하는 것은 대상을 명확하게 파악할 수 있게 하지만 '~은 ~이다'라고 정하는 순간 '~은 ~이 ~아니다'의 영역을 발생시킨다. 탈성장의 흐름이 시대의 주류로 자리매김했다면 분명한 정의로써 경계를 구분 짓고 깊이와 높이를 추구하는 과정으로 나아가는 것이 바람직하겠지만 식문화 영역에서 탈성장 흐름은 아직 미미하다. 이런 경우에는 '정의하기'를 지연시켜 발전(확장) 가능성을 기대하면서 영역을 최대한 넓게 잡는 것이 전략적으로 좋은 접근법이라고 본다. 이상의 '지속 가능한 식문화'의 정의와 영역 설정은 이러한 접근법에 따른 것이다.

이러한 세 영역 위에 놓인 무게 추에 따라 각각의 규정에 큰 의미 변화가 일어난다. 예를 들어, 배달 음식 시장이 성장함에 따라 배달 기사의 교통사고가 끊임없이 일어나지만, 생태적 관점에서 배달업 자체가 온실가스 배출량을 과하게 증가시키기에 이용을 지양해야 한다고 주장할 때 그 안에 있는 노동자들의 삶은 어떠한지 주목하기 어렵다. 반면 배달업의 발달로 구매할 수 있는 채식 재료가 늘어난 비건들의 생활이 더 윤택해졌다. 한 가지 측면에서 문제를 바라볼 때 생기는 그늘을 줄이기 위해 우리는 지속 가능한 식문화에 대한 경계를 최대한 흐릿하게 긋고 있다. 더불어 이 세 영역이 겹쳐 있는 공간뿐만 아니라 이 세 영역에 인접해 있지만 포함되지 않은 부분까지도 넓히려고 노력한다. 그렇기에 나는 '지속 가능한 식문화'를 문장으로 정의하기보다 지속 가능한 식문화를 실천하는 사람의 이미지를 상상한다.

지속 가능한 식문화를 추구하는 사람은 밥상 앞에서 어떤 모습일까? 탄소발자국을 계산하며 요리를 하는 사람일까, 토종 식재료만을 고집하는 사람일까? 유연한 사람일까, 비건을 고집하는 사람일까?

나에게 지속 가능한 식문화를 실천하는 사람은 밥상 앞에서 궁상떠는 사람이다. '시장이 반찬이다'라는 말처럼 궁한 사람은 어렵고 부족하기에, 한 끼의 식사도 그에게는 축제의 음식이 된다. 밥상을 마주한 그에겐 미소와 행복이 가득하다. 음식을 귀하게 먹을 뿐만 아니라 그 음식이 나에게 하루의 생명을 주었음에 감사할 줄 아는 사람이다. 밥상에서 벌어지는 일은 이성보다 감성의 영역에 가깝다. 맛있는 음식이라도 배부른 사람에게는 쓰고, 아무리 맛없는 음식이라도 배고픈 사람에겐 달다. 원수와 마주한 식탁은 체할 것같이 목이 막히고, 애인과 마주한 식탁은 아무리 먹어도 속이 편하다.

팬데믹 = 명제 정립의 시기, 팬데믹 이후 = 시장 성장의 시기

팬데믹 시기에 식문화 영역에서 많은 논쟁이 있었다. 뉴스 매체에 비건이 자주 언급되었고, 비건의 필요성이 가져온 채식급식권, 비건과 채식주의자의 논쟁, 보여주기 식 비건 제품, 비건 이슈에 올라탄 대기업 등등 하나하나 다루어도 방대하고 재미있는 주제들이다. 하지만 씁쓸하게도 2023년 코로나가 주춤하자, 논쟁도 사그라들었다. 팬데믹을 거치며 '음식은 소비재'라는 명제만 남았다. 비건, 유기농, 동물복지 상품들은 대거 쏟아져 나오고 있다. 이 명제는 지속 가능한 식문화를 하나의 가치 소비 트렌드로 탈바꿈시켜, 대기업들이 친환경 브랜드를 설립하게 만들었다.

최근 이마트는 친환경 브랜드 '자연주의'를 선보였다. 이 브랜드는 원재료부터 제조 과정, 포장재까지 지속가능성을 고려한 가공 PL(private label, 유통업체 자체 브랜드)을 출시했다. '자연주의'

는 5대 인증(유기농, 무농약, 저탄소, 동물복지, 무항생제) 원재료 원칙, 첨가물 및 가공 공정을 최소화한 제조 과정, 재활용 용이성 '우수' 이상 혹은 최소한의 포장 기준 등의 세 가지 원칙을 고수한다고 밝혔다. 또 다른 대기업 친환경 브랜드인 CJ 프레시웨이는 자원순환체계를 구축해 지속 가능한 유통환경 조성, 고객 생애주기에 맞춘 건강한 식문화 확산, 사회 구성원 모두 함께 성장하는 사회를 과제로 선정했다. 풀무원 역시 지속 가능 식품 전문 브랜드 '지구식단'을 내놓았다. '지구식단'은 '식물성 지구식단'과 '동물복지 지구식단' 두 개 카테고리로 구성되어 지속 가능한 식문화를 즐기는 이들에게 다양한 선택지를 제공하고 있다. 이처럼 2023년은 지속 가능한 식문화의 흐름을 내포한 브랜드와 PL의 향연이 시작된 해로 기록할 만하다. 여기에 아직 한국에는 정착의 과정을 밟고 있는 대체육 시장도 합류할 예정이다.

2023년 지속 가능한 식문화를 대변한 한 문장으로 "먹는 행위는 농업 행위"라는 웬델 베리의 말을 꼽고 싶다. 먹는 행위는 자연적이며 인위적이고, 생태학적이며 산업적이다. 어릴 적 급식소에 붙어 있던, '쌀을 기른 농부의 마음을 생각하자'는 식훈은 이제 '농사를 짓는 스마트팜 운영자의 마음, 대체육을 배양한 생명화학공학자의 마음, 가게에서 판매하는 유통업자의 마음, 급식소에서 밥을 짓는 조리사의 마음을 생각하자'로 바뀔 것이다.

식문화는 소비문화로 만족되어야 할까?

문학평론가 황현산(1945~2018) 선생님은 음식의 의미를 새롭게 정의하며, 음식 앞에서 생각을 비우고 음식에 집중해야 한다고 말했다; "축제의 음식을 먹는 자는 마땅히 두 손을 적셔야 한다. 그것은 우리가 먹는 음식을 우리와 하나 되게 하는 것이며, 우리가 거둔 곡식과 소채, 우리가 잡은 짐승들에게 속죄하는 길이다. … 오리는 내놓고 죽어 우리 손에 있는데 어찌 우리가 옷이 젖는 걸 관계하랴. 어찌 속죄가 없이 행복하랴. 직접적이건 간접적이건 자신이 살해한 생명들과 자기가 먹는 음식 사이에 아무 관계가 없는 것처럼 생각하려는 우리가 두렵다. … 희생된 생명들은 거기서 생명이기를 그치지만 그것들과 하나가 되려는 사람들 속에서 어떤 행복의 형식으로 다시 피어난다고 말해도 무정한 말이 아닐 것이다."[3]

황현산 선생님의 말은 지속 가능한 식문화 실천자가 갖춰야 할 마음을 잘 담아내고 있다. '식'(食)의 상품화는 지속 가능한 식문화를 자리 잡게 만드는 지름길인 건 사실이다. 로버트 케너 감독의 다큐멘터리 〈푸드 주식회사〉는 이런 메시지를 전한다. 우리가 슈퍼마켓에서 찍는 바코드는 상품의 가격을 보여주기도 하지만 상품에 투표하는 것이기도 하다는 것이다. 우리가 로컬 푸

3 황현산, 『황현산의 사소한 부탁』, 난다, 2018.

드를 이용하는 횟수가 많아질수록 삶은 건강해질 것이고 세상은 바뀔 것이다. 그러나 이 방식은 음식의 원물에 해당하는 이야기다. 원물의 로컬 푸드를 구매하고 식자들이 요리하는 직접성을 품는 것을 의미한다. 그러나 현재의 흐름은 직접성은 사라지고 간접성만이 남아 있다. 많은 사람들이 지적했듯이, 자본주의적 성장에서 벗어나기 위해서 지속 가능한 식문화가 탄생했지만, 2023년 도착한 자리는 자본주의 시장 내부이다.

2024년에 전망하는 지속 가능한 식문화의 미래가 암울한 이유도 여기에서 비롯된다. 곧 직접성의 상실이다. 내 욕심이겠지만, 지속 가능한 식문화의 탈성장은 저탄소 제품을 생산하고, 소비하고, 브랜드가 많아지고, 음식점이 많아지는 것이 아니다. 식자들이 직접성을 갖고 요리하는 일이다. 하지만 1인 가구의 증가와 배달업, 밀키트 시장의 성장은 이 직접성을 점차 상실하게 만들고 있다.

탈성장의 핵심은 생명을 가까이하고 생명들과 함께 번영을 이루어 내고자 하는 태도에 놓여 있다. 수치의 논리에서 벗어나 가시적인 영역 너머에 있는 생명을 대하는 경건성을 회복해야 한다. 두 손으로 생명을 만지고 요리하며 그 안에 담긴 가치를 회복할 때 온전한 탈성장이 이뤄진다. 우리의 생명이 희생된 생명으로 왔기에 적어도 우리는 식탁 앞에서만큼은 그 생명에게 감사하는 마음으로 임해야 한다.

공장식 너머 **동물권 선언**에 연대하다

김차랑*

* 비정규직 창작노동자
거리에서 피어나는 아름다운 존재와 감정들을 기록하는 일을 한다. 자본에 잠식된 미감을 탈환하기 위한 가장 좋은 방법은 그들이 애써 지우려는 존재들을 끈덕지게 기록하고 펼쳐놓는 일이라고 생각하기에 그림으로, 영상으로, 글로 연대하며 조용하지만 치열하게 투쟁하고 있다.

20세기 초, 미국은 최소한의 비용으로 최대한의 이익을 창출하기 위해 도축장을 대규모로 확장하며 기계화하기 시작했다. 이때 기계화와 함께 노동의 분업 또한 대대적으로 이루어졌는데, 헨리 포드(Henry Ford)는 바로 이 '공장식 축산업 시스템'에서 아이디어를 얻어 포드주의를 고안했다. 이후 포드주의는 20세기 미국의 거의 모든 산업 분야를 지배하게 된다.

자본주의 자체가 성장주의를 기반으로 하지만, 그중에서도 성장주의의 결정적인 변곡점을 하나 꼽자면 바로 이 장면이라고 할 수 있다. 지금, 여기, 우리에게도 유효하게 작동하는 거대한 생명 착취라는 시스템의 시작 말이다. 그리고 이는 인간-노동자를 부품으로 둔갑시켜 착취하기 이전에 더 가혹한 착취가 비인간 동물에게 선행된다는 중요한 사실을 알게 해 준다.

비인간 동물은 컨베이어 벨트에 묶이는 순간 생명이 아닌 자원이 된다. 자원은 고통을 느끼지 않기에(혹은 느끼지 않아야 하기에) 모든 방법을 동원해서 최대한 효율적으로 처리해야 할 대상으로 둔갑한다. 생명의 가장 큰 특질인 유일무이성을 의도적으로 거세해 동질화하고 최대한의 이윤을 짜내기 위해 고통을 은폐하는 이 기괴한 시스템이 성장주의를 이끌었으며, 이는 비인간 동물을 넘어 인간에게도 동일하게 적용되었다. 공장식 축산업이 생명을 절단하여 '고기'라 명명하고 부품처럼 포장하여 판매하듯, 포드주의는 극단적인 분업화로 인간-노동자를 언제든 대체 가능한 부품으로 만들어 착취했다. 이러한 풍조는 비단 과거의 일이 아니며, 현재 우리 사회에도 만연해 있다. 가령 청소년을 기업을 위한 노동자원으로 치부하는 '마이스터고등학교',[1] 여성을 재생산 도구로 보면서 가임기 여성의 거주지를 지도화한 '출산지도',[2] 사회적 책임의 영역을 개인의 능력으로 떠넘기며 복지를 축소하고 각자도생을 강요하는 자본주의적 사회풍조 등.

하지만 그럼에도 불구하고 이 거대한 차별과 착취의 굴레를 분쇄하려는 새로운 움직임들이 포착되고 있으며, 그 속에는 막막해 보이는 미래에 어떤 대안이 가능한지를 엿보게 하는 징후들이 포착된다.

균열적인 움직임

2019년, 동물권단체 DxE 코리아의 활동가들은 국내에서 최초

1 초·중등교육법시행령 제90조 제1항 제10호에 의거, "산업수요 맞춤형 고등학교, 전문적인 직업교육의 발전을 위하여 산업계의 수요에 직접 연계된 맞춤형 교육과정을 운영 목적으로 하는 고등학교"로 정의되며, 해마다 이 고교 출신 학생들의 현장실습에서 청소년이 숨지는 불의의 사고가 잇따르며 문제가 되었다.

2 2016년 황교안 권한대행체제의 행정자치부에서 제작되었으나, 많은 시민단체의 비판을 받고 비공개처리 되었다.

로 도살장 진입로를 점거하는 락다운(rock-down) 직접행동을 진행했다. 도로 위에 누워 서로의 손을 콘크리트로 결박한 활동가들은 닭을 가득 태운 트럭이 도살장 안으로 진입하지 못하도록 막았다. 이 행동에 참여한 활동가들은 '업무방해죄'로 기소되어 각 300만 원의 벌금을 선고받았다. 선고재판에서 판사는 "1978년 유네스코 세계동물권리선언은 모든 동물의 삶은 존중받을 권리가 있고, 동물은 부당하게 취급받거나 잔인하게 학대받지 않아야 한다고 밝히고 있다. 점진적 속도이기는 하지만 우리나라도 이런 논의를 확장해 1991년 동물보호법을 제정했고, 개정을 거쳐 동물보호의 수준을 강화했다. 이 법이 밝히고 있듯이 이제는 동물을 단순히 식량 자원으로 다루는 것은 지양해야 하며, 도축 과정에서도 생명을 존중하는 방법을 고려해야 한다"고 밝히면서도, 활동가들의 행동에서 정당성과 당위성을 인정하기는 어렵다며 유죄 판결을 내렸다.[3] 판결문에서 세계동물권리선언을 언급하며 변화의 필요성을 인지한 부분은 긍정적이지만, 행동의 당위성과 정당성을 인정하지 않은 판결은 우리나라 사법부의 동물권에 대한 인식이 여전히 미흡함을 보여준다. 활동가들은 사법부가 인정한 바로 그 세계동물권리선언에 위배되는 현실적 상

3 인용한 판결문은 1심 선고재판의 판결문이다. 2심에서도 동일하게 1200만 원의 벌금형이 내려졌다.

황을 타개하기 위해 행동에 나섰던 것임에도 행위의 정당성이 없다고 판결된 것은 사법부가 동물보호법을 실질적으로 유명무실하게 만들고 동물권의 의미를 축소시키고 있음을 보여주기 때문이다.

입법부의 상황도 다르지 않다. 민법 제98조(물건의 정의)에서 "유체물 및 전기 기타 관리할 수 있는 자연력"을 물건으로 정의함에 따라 재판에서는 동물을 '물건'으로 해석하고 있다. 여러 동물권 단체와 시민사회의 노력에 힘입어 2021년 법무부는 '동물은 물건이 아니다'라는 항을 신설하는 개정안을 발의했으나, 2023년인 지금까지도 국회는 해당 법률안을 심사조차 하지 않아 계류 중에 있다.

그러나 비인간 동물의 권리를 법적, 제도적 차원에서 변화시키려는 시도들은 계속해서 늘어나고 있으며, 유의미한 변화도 일어나고 있다.

<사례 1> 윤리적 비건의 신념을 법적으로 보호받아야 할 정치적 신념으로 인정한 영국 고용심판원 (2020)

영국의 〈잔학 스포츠 반대 동맹(LACS)〉 활동가였던 카사마티아나(Jordi Casamitjana)는 윤리적 비건이다. 그는 본인이 일하는 단체에서 설립 취지와 다르게 동물실험을 하는 회사에 투자를 하고 있다는 사실을 알게 되었고, 고용주인 단체 측에 투자 중단

을 요청했으나 단체는 오히려 그를 해고하기에 이른다. 이에 카사마티아나는 자신이 윤리적 신념 때문에 부당하게 해고를 당했다며 고용심판원에 소송을 제기했고, 판사는 비거니즘이 영국 평등법의 보호를 받을 자격을 충족시키는 신념이라고 판단하여 "윤리적 비건은 종교와 같이 법적으로 보호받을 자격이 있다"고 판결했다.[4] 비거니즘이 평등법의 보호를 받는다는 판례는 2020년 제기된 이 소송의 결과가 처음이다.

또 한 가지 주목할 것은 그가 재판 기금을 클라우드 펀딩으로 마련했다는 점이다. 국내에서도 사회운동을 목적으로 하는 재판은 대부분 시민들이 자발적으로 후원한 기금으로 진행된다. 단순히 재판정 안에서 다루어지는 하나의 '사건'으로 머무는 것이 아니라, 탄원서 작성 및 방청 연대 등을 통하여 시민이 사건에 직접 개입할 수 있는 공간을 만들어내고, 많은 시민들이 관심을 가지고 지켜보고 있음을 보여주며 재판부를 압박하는 것이다. 이와 같이 재판 투쟁은 '법'이라는 권력 앞에서 무력함을 느끼기 쉬운 시민들이 서로 연대할 수 있는 장을 열며 판례를 통하여 실질적인 법과 제도의 변화를 이끌어낼 수 있는 단초를 제공하기도 한다.

4 〈BBC〉, "Ethical veganism is philosophical belief, tribunal rules", 2020/01/04, https://www.bbc.com/news/uk-50981359

<사례 2> 육식의 종말을 선언하고 단계적으로 공장식 축산업을 축소하기 시작한 미국 캘리포니아의 도시들(2021)

2021년, 미국의 버클리 시는 식물기반(vegan) 식품으로 100% 전환 한다는 궁극적인 목표 아래 2024년까지 동물성 식품의 구매를 50% 줄이는 로드맵을 의결했다.[5] 또한 같은 해 샌프란시스코 시는 공장식 축산업장과 도살장의 건설 및 확장을 금지하는 결의안을 만장일치로 통과시켰다.[6] 결의안에는 "축산업은 환경 파괴의 주요 원인이며, 공중보건에 중대한 위험을 초래하고, 비인간 동물을 학대하고 죽이며, 노동자들에게 자주 위험하고 착취적인 환경을 조성한다"며 명확하게 동물권적 개념을 적시하고 있다. 미국의 동물권 활동가들은 법과 행정의 변화를 이루어내기 위해 전략적으로 영향력 있는 도시에서부터 공격적인 사회운동을 펼치는데, 캘리포니아의 많은 도시들이 이에 속한다. 캘리포니아는 2019년 주 전체에서 모피를 금지한 최초의 주(state)이기도 하다.[7]

---

5 〈Green Queen〉, "Berkeley Becomes The First U.S. City To Commit to Going Vegan", 2021/08/01, https://www.greenqueen.com.hk/berkeley-first-u-s-city-to-go-vegan/

6 〈Compassion in World Farming〉, "San Francisco Supports the Farm System Reform Act", 2011/11/21, https://www.ciwf.com/blog/2021/11/san-francisco-supports-fsra

7 〈BBC〉, "California becomes first US state to ban animal fur products", 2019/10/13, https://www.bbc.com/news/world-us-canada-50030291

<사례 3> 비인간 동물을 구조할 권리를 무죄로 평결한 미국의 배심원들(2022, 2023)

2023년 3월, 미국의 동물권 활동가들은 거대 닭 도살 기업 〈포스터팜(Foster Farm)〉에서 두 '명'(命)의 닭을 구조한 이유로 절도 혐의로 기소되었다. 하지만 미국 머세드 시의 12명의 배심원단은 활동가들에게 만장일치로 무죄 평결을 내렸다. 미국에서 비인간 동물을 구조한 활동가에게 무죄가 선고된 것은 이번이 처음은 아니다. 앞선 2022년, 다국적 육가공 업체 〈스미스필드(Smithfield)〉의 축사에 잠입해 두 명의 아기 돼지를 구조한 활동가들 역시 절도죄로 기소되었으나, 유타 주 워싱턴 카운티 배심원단 8명은 활동가들에게 만장일치로 무죄를 선고한 바 있다.[8]

배심원단의 만장일치 평결은 동물권 개념이 단순히 관심 있는 일부 시민이나 활동가들을 넘어 평범한 시민들에게도 보편적인 사회규범이자 가치로 받아들여지고 있음을 시사하기에, 의미가 크다고 말할 수 있다. 반려동물이라는 한정된 종을 넘어 '가축'으로 분류되는 동물종에 대해서도 그들이 고통을 느끼는 존재임을 인지하고, 이 고통의 상황에서 그들을 분리시키는 행위를 더 이상 단순한 '절도'로 치부하지 않으며 합법적인 구조 행위로 인정

8 〈Vox〉, "The fight against factory farming is winning criminal trials", 2023/03/21, https://www.vox.com/future-perfect/23647682/factory-farming-dxe-criminal-trial-rescue

하고 있는 것이다.

인권과 동물권은 대립항이 아니다

동물권을 이야기하면 "사람도 살기 힘든데 동물까지…." 또는 "마음은 알겠지만 일단 '중요한 것(인간의 문제)' 먼저…."라는 식의 답변이 돌아온다. 일반 시민뿐 아니라 많은 사회운동가도 이렇게 생각하는 것 같다. 마치 동물권이 인권운동의 걸림돌이라는 듯 이야기하는 이도 있지만, 동물권과 인권은 대립항이 아니다. 인간도 동물이기에 동물권은 인권을 포괄하고 더욱 풍부하게 하기 때문이다. 예를 들어 공장식 축산업에 정의로운 전환이 이루어지면 농장 노동자는 더 깨끗한 환경에서 더 윤리적으로 일할 수 있다. 동물권이 한 걸음 앞으로 나아가면 인권은 두 걸음 앞으로 떠밀려 간다. 이러한 예는 수도 없이 들 수 있다.

동물원과 실험실에 갇힌 동물의 고통은 이주민 보호소라 불리는 감금소, 장애인의 이동권 제한, 사회로부터 '병자'를 규정하고 분리하여 고립시키는 정신병원에서 똑같이 작동된다. 우리는 종을 넘어 다수-권력자가 정한 물리적/제도적/사상적 감금 틀에 갇힌 생명으로 연대하는 것이며, 이를 통해 체제의 작동 근저부터 분쇄시키는 과정에 참여하게 되는 것이다. 또한 동물'보호법'에서 표시하는 감금과 '복지'의 조건을 짚어 보며 '보호'라는 이름 아래 여성, 어린이, 청소년 등 사회적 약자에게 행해지는 국가적 폭력에 대해서도 더 깊게 사유할 수 있다. 소젖과 닭알의 생산, 실험동물의 판매를 위해 강간과 임신, 출산, 아기 빼앗기를 반복하는 모성 착취의 현장에서 우리는 여성 몸의 도구화의 원초적 형태를 확인하게 된다. 재생산 도구로 착취당하는 여성성이 사회에 어떤 식으로든 존재하는 한에서 성 착취는 동물에서 인간으로 이어지며 그만큼 쉽사리 사라질 수 없는 어떤 문제의 차원을 드러낸다.

도나 헤러웨이는 그의 저서 『사이보그 선언』에서 "기존의 모든 유기체적, 자연적 입장들에 대한 재고"를 요청하며, 『육식의 성 정치』의 저자 캐롤 J. 아담스는 "정의란 호모사피엔스라는 특정한 종의 장벽에 갇힌 취약한 상품이 되어서는 안 된다"고 말한 바 있다.[9] 성장주의의 근본적인 문제점이 가장 선명하게 드러나는 이러한 착취관계에 대해서 그 대상이 인간이 아니라는 이유만으로 외면한다면, 성장주의에 대한 어떠한 해결책도 미봉책에 불과할 수밖에 없다. 동일한 방식으로 작동되는 생명 존재에 대한 착취를 그 근본에서부터 완전히 분쇄하지 않는다면 우리는 '성장'이라는 환상으로 덫칠 된 인류 절멸을 향해 가는 항로에서 벗어날 수 없을 것이다.

9 이에 대해서는 도나 해러웨이, 『해러웨이 선언문』, 황희선 옮김, 책세상, 2019와 캐롤 J. 아담스, 『육식의 성정치』, 류현 옮김, 이매진, 2018을 보라.

포석을 넘어 동물해방이라는 가능 세계로!

윤리학의 저명한 명제인 '트롤리 딜레마'는 제동장치가 고장 난 광차(鑛車)의 기관사가 어떤 방향으로 선로를 틀든 누군가를 죽여야 하는 상황을 가정한다. 우리는 잘못된 궤도를 이탈할 수 없는 열차에 탑승한 승객이 아니다. 선로의 방향을 트는 것만으로 문제가 해결되지 않는다면, 열차에서 뛰어내려 문제를 해결해야 한다. 지금 우리 삶의 선로는 자본에 잠식되어 어떠한 경로를 택하더라도 누군가를 착취해야만 하는 상황에 놓여 있다. 하지만 상상력을 조금만 더해 보면 우리는 얼마든 다른 대안을 상상할 수 있다. 질 들뢰즈와 펠릭스 가타리는 '최초의 선언은 탈영토화이기에 재영토화를 두려워해서는 안 되며, 재영토화를 통하여 끊임없이 탈영토화의 끈을 이어가는 것이 중요하다'고 말한 바 있다.[10] 갑오개혁 이후 신분제는 폐지되었지만 100년이 지난 지금도 권력자들은 노비문서 대신 고용계약서와 임대차계약서를 양손에 쥐고서 착취를 이어가고 있다. 68혁명의 기치 아래 '포석 아래 해변!(Sous les pavés, la plage!)'을 외치던 이들은 그들이 부수려던 포석 아래 무늬만 다른 또 다른 포석이 있음을 알게 되었다. 하지만 그럼에도, 들뢰즈의 말처럼 재영토화를 두려워

10 이에 대해서는 질 들뢰즈, 펠릭스 가타리, 『안티 오이디푸스』, 김재인 옮김, 민음사, 2014를 보라.

하며—혹은 허무주의에 빠져—아무도 포석을 부수지 않는다면, 포석 아래의 아래의 아래에 해변까지는 아니더라도 조금은 더 말랑한 지반이 있을 수 있는 가능성마저 스스로 지워 버리는 꼴이 될 것이다.

두려워하지 말고, 무력감에 빠지지도 말고, 겹겹이 쌓인 포석들을 하나씩 차근차근 부숴 나가자. 망치만이 아니라 펜으로, 기타로, 춤추고 노래하며 돌봄과 사랑의 힘으로 함께 포석을 균열시키자. '종차별'이라는 마지막 포석을 부술 때, 진정한 존엄과 해방의 해변이 우리 앞에 펼쳐질 것이기 때문이다.

돌봄의 비거니즘은 어떻게 탈성장의 길이 되는가

박이윤정*

* 영화 감독, 비건 페미니스트 창작집단 비건먼지 PD
비건, 에코 페미니스트, 퀴어 아티비스트로서 다양한 사회문제에 연대해왔다. 2024년 한국 여성 청년들을 주축으로 일궈진 국내 동물권 운동의 역사를 다룬 다큐멘터리 〈가능주의자〉를 연출했다. 비건 페미니스트 창작 집단 비건먼지에서 비건 가시화와 비거니즘 대중화를 위해 비건들의 이야기와 함께 채식과 동물권, 환경 등에 관한 다양한 콘텐츠를 만들어왔다. 유튜브 영상과 영화, 팟캐스트 등을 통해 비건들의 일상과 삶을 다루는 이야기들을 전하고 있다.

동물 해방을 경유하는 탈성장의 길

성장을 앞세우는 자본주의 경제 체제에 시름하는 지구 생태계의 현실에 탈성장론은 거센 비판을 가하고 있다.

자본주의 체제가 지구 생태계에 해악을 끼치는 구조는 단순하지만, 그 이면에는 다양한 층위의 구체적인 국면들이 깃들어 있다. 이러한 구조적인 착취에 저항하는 적극적 실천 행동 중 하나가 바로 비거니즘[1]이다. 동물들을 강제로 태어나게 하고 억지로 사육해 곧장 컨베이어 벨트 안에 몰아넣고 상품으로 양산하는 행위는 전 세계적으로 자원을 수탈하고 제3세계 노동자 및 여성과 아동의 노동을 착취하는 자본주의 체제의 또 다른 형태일 뿐이다. 탈성장 사회로 나아가기 위해서는 생태계에 해를 가하고 생명을 수단으로써 바라보고 착취하는 공장식 축산과 양식어업, 저인망 어업[2]의 중단을 촉구하고 지속 가능한 대안을 함께 찾아

1 비거니즘은 동물을 착취해서 생산되는 모든 제품과 서비스를 거부해야 한다는 신념을 바탕으로, 동물권을 옹호하고 종차별에 반대하는 사상과 철학 그리고 실천행동이다. 비거니즘을 지지하며 실천하는 사람을 '비건'(vegan)이라 부른다. 이 글에서는 동물권을 실천하는 적극적인 방법론을 비거니즘이라고 지칭한다.

2 저인망 어업은 거대한 그물을 바다 밑바닥까지 늘어뜨려 끌고 다니는 어업 방식이다. 바닥을 쓸면서 어업을 하는 탓에 혼획과 해저면 생태계 파괴 문제가 심각하다.

나서야 한다. 이때 자본주의 경제 체제 내에서 비거니즘이 달성하고자 하는 동물해방의 사회는 탈성장이 추구하는 세상과 결코 다르지 않다.

한국 비거니즘 기반의 동물권 운동의 확장

2015년에서 2020년 사이에, 비건을 정체성으로 한 한국의 활동가들이 주도하는 동물권 운동이 폭발적으로 증대하였다. 2015년, 한국 녹색당은 2016년 총선을 앞두고 당내 선거에서 동물권 선거운동본부 대표 황윤 감독을 비례대표 1번으로 선출하였다. 2016년 사회적으로는 제1회 비건 페스티벌이 개최되고, 비건을 내세운 대학 내 첫 번째 비거니즘 동아리 '뿌리:침'(고려대학교)이 설립된다. 이후 2016년 11월 시셰퍼드코리아(Sea Shepherd Korea), 2017년 4월 비건페미니스트네트워크, 2017년 11월 동물해방물결, 2018년 1월 서울애니멀세이브,[3] 2018년 12월 동물권단체 무브[4]가

3 전 세계 동물 구조 운동(animal save movement)이 참여하는 활동의 장으로, 비질(vigil)이라는 '도축 과정 직전의 동물과 직접 대면하고 동물 개개인의 모습을 마주하는 비폭력적 행위'를 통해 비건 사회를 만드는 것을 목표로 한다. https://www.instagram.com/seoulanimalsave/

4 비인간 동물의 대상화, 종차별 철폐, 동물해방을 위한 운동을 했다. 2019년 7월부터 10월까지 해외의 동물권운동 AV(Aanonymous for the Vvoiceless)의 활동을 국내에서 주최하였고 비건페미니스트네트워크와 비건캠프를 주관하여 열었다. https://www.instagram.com/move.animalrights/

연이어 출범했다.[5] 그 여파로 이 시기까지 동물복지를 중심으로 했던 국내 동물단체들은 단체 이름을 동물권 개념을 내포하거나 내세우는 형태로 바꾸게 되었다.[6] 2018년 11월에는 서울대, 이화여대, 서울시립대, 아주대, 연세대 등 총 6개 대학의 비거니즘 동아리들이 연대해 비온대(비거니즘을 온 대학에)를 창설했다. 2019년 1학기에는 가입 동아리 수가 두 배로 늘어나 12개 단위가 비온대에 합류하였고, 2019년 5월에는 DxEkorea[7]가 탄생한다. 2020년 1학기 비온대는 19개 비건 동아리의 연합이 되었다.[8] 불과 몇 년 사이에 폭발적으로 단체들과 대학 내 동아리들이 늘어난 것이다.

한국에서 비거니즘 개념의 정착과 운동의 재정립

DxEkorea는 2019년 7월 한국의 식당에서 동물을 먹는 것이 폭력이라는 것을 알리는 직접행동 시위 영상을 업로드했다.[9] 이

5 각 단체의 출범 작성을 할 때, 단체가 별도로 출범일을 밝히지 않는 경우 첫 SNS 출범 게시글을 기준으로 작성되었다.

6 2013년 한국동물복지협회는 동물자유연대로, 2015년 동물사랑실천협회이름을 변경하였다.

7 DxEkorea는 DxE의 한국 지부로 DxE는 Direct Action Everywhere의 약어다. 통상 직접행동단체라는 이름으로 번역하며, 2013년 미국 캘리포니아 주를 중심으로 생겨난 채식주의 동물권 보호 단체로, 풀뿌리 운동을 표방한다.

8 비온대(비거니즘을 온 대학에, 대학교 비거니즘 동아리 연대체) 인스타그램 참고 https://www.instagram.com/veondae/

9 직접행동DxE 초밥 식당, 돼지 무한리필 식당 방해시위(disruption) https://youtu.be/85w-fkjkktc?si=DYynl03muEGWJEVA,

영상의 조회수는 42만 회를 훌쩍 넘겼으며, DxEkorea 유튜브의 전체 영상은 430만 회에 달하는 조회수를 기록했다(2023년 10월 기준). 이는 동물권 의제가 활동가에 한정되지 않고 한국 시민사회 공론장에서 토론을 이끌어내는 단초를 마련했다. 비록 일부 대중은 이들의 운동 방식을 비판하고 비난하기도 했으나, 한국 사회에서 비인간 동물에 가해지는 폭력에 적극적으로 저항하는 이들이 있음이 대중적으로 확인되었다는 점이 큰 의의라고 할 수 있다. 아직 비건과 페스코[10]의 차이가 명확히 구분되는 상황은 아니지만, 직접행동 영상에 대한 이러한 높은 대중적 관심은 채식이 단순히 개인적 기호에 머무는 것이 아니라 생명을 지속하는 존재이자 함께 삶을 영위할 존재로서 동물을 이해하고 그들과 공존하려는 집단적 노력임을, 따라서 사회적으로 논의해야 할 점을 확인하게 한다.

이렇게 수많은 동물권 단체의 등장과 운동이 공조하고 확장되면서 채식을 이해하는 한국 사회의 담론 지형은 극적으로 변화할 수 있었다. 즉 그 이전까지는 채식이 종교나 건강 문제, 즉 개인적 신념이나 건강 문제로 받아들여졌다면, 이 시기를 통과한 뒤 한국 사회의 채식 담론은 동물권과 직접 연결되는 사회적 실

10 페스코는 페스코 베지테리언(pesco vegetarian)의 준말로, 소·돼지·닭 등의 고기는 먹지 않되 우유·치즈·달걀, 그리고 해산물은 섭취하는 채식주의의 한 갈래다.

천 행위로 간주되었다. 또한 국내 채식 인구 또한 급격히 늘어 2013년 인구의 1~2%에 머물던 것이 2022년에는 3~4%(150~200만 명)로 증가한 것으로 분석된다.[11]

이렇게 비건 개념이 사회적으로 크게 확산되는 것과 나란히 폭발적으로 성장하던 동물권 운동은 코로나19 팬데믹 시기를 지나며 크게 위축된 것으로 보인다. 특히 음식을 매개로 한 친목이 결집의 주 역할을 했던 학내 비거니즘 동아리들이 큰 타격을 받았는데, 이들은 대면 모임을 갖지 못하면서 뒤를 이을 동아리 구성원을 모집하지 못한 채 대부분 조직이 약화되었고, 그 결과 동물권 운동의 한 축을 이루던 비온대는 2020년 10월 공식 활동 종료를 선언하였다. 또한 비건페미니스트네트워크도 주요 운영진의 공백으로 2020년 7월 이후 공식 활동이 사라졌고, 2022년 6월 공식 활동 종료를 내부적으로 선언했다.

그러나 이것은 동물권 운동이 쇠락하는 징후이기보다는 새로운 형태로 운동이 재정립되어 가는 징후로서 읽히는 것이 더 올바를 수도 있다. 일부 대학에서는 비건 동아리를 대신해 학생회 차원에서 전체 학생을 대상으로 비건식을 선택할 수 있는 제도

11 한국채식연합의 자체 설문조사, 채식이나 비건 관련 검색 빅데이터 자료 분석, 국내 채식 제품 쇼핑몰 판매 추이, 국내 채식 식당과 카페 숫자, 채식 관련 인터넷 카페와 동호회, SNS 등의 추이 등 여러 사항을 종합적으로 판단하여 추정한 것이라고 한다. https://www.vege.or.kr/qna.html?mode=read&idx=69159

를 도입하였으며, 소수 활동가가 주축이 되던 서울애니멀세이브나 동물권단체무브, DxEkorea 등은 그동안 간헐적으로 이뤄지는 활동 양상을 띠었는데 최근에는 상시적인 활동을 벌일 수 있도록 DxE로 집중하면서 좀 더 대중적인 차원의 조직 활동으로 방향을 전환하게 되었다. 또한 비건 페미니스트 네트워크를 통해 비건 페미니스트 크리에이터팀 비건먼지가 탄생하기도 했으며, 그 결과 네트워크의 구성원들은 좀 더 넓은 연대를 추진할 수 있는 계기를 마련했다.

특히 2019년 7월 DxEkorea에서 공개 구조를 통해 살아남은 돼지, 새벽이를 돌보기 위한 첫 생추어리(sanctuary)[12]가 국내 최초로 마련되었고, 2020년 4월 DxEkorea에서 분리되어 새벽이생추어리로 독립되었다. 2021년 4월 동물해방물결에서 홀스타인 남성 소 6명(命)[13]을 구조하며 운동의 주요 활동이 구조 이후 비인간 동물의 지속적인 삶에 대한 고민으로 전환되며, 돌봄 활동이 운동 전면에서 주요한 의제로 자리매김 되었다.

---

12 생추어리(sanctuary)는 사전적 의미로 '안식처', '피난처'를 뜻한다. 위험에 처한 동물들을 구조해 이들이 안전한 환경에서 자유롭게 살 수 있도록 조성한 시설이다. 생추어리에서는 건강 유무와 상관없이 동물들이 평온하게 살다가 생을 마감할 수 있도록 끝까지 돌보는 것을 목표로 한다.

13 이 글에서는 비인간 동물과 인간 동물의 구별하는 단위인 마리와 명(名) 대신에, 같은 목숨의 단위인 명(命)으로 부르기로 한 동물해방물결의 표기를 따른다.

탈성장과 생존 동물의 돌봄이 만나는 자리, 생추어리

탈성장론이 에너지와 물질 사용의 끝없는 소비의 굴레를 멈추고 가치를 재조정, 새로운 제도를 상상하며 인간과 생태계에 미치는 해악을 줄이는 것을 목표로 하기에, 처음부터 돌봄이라는 가치에 친화적이었다는 사실은 잘 알려져 있다.[14] 그러나 많은 이들이 돌봄 중심의 전환을 이야기하고 있음에도 불구하고, 동물해방을 향해 나아가는 과도기적 시점의 돌봄 담론은 절대적으로 부족한 것이 현실이다. 현재 탈성장론은 점증적이고 해방적인 방식으로 자본화된 돌봄을 탈상품화하는 데 초점을 맞추고 있는 것처럼 보인다.

그와는 달리 구조된 동물들에 대한 돌봄은 상품화를 거치지 않은 채 자본주의적 상품 경제 체제 밖에서 이미 균열을 내며 작동하고 있다는 점에서 크게 주목될 필요가 있다고 생각한다. 즉 탈성장론이 주요 방향으로 설정하는 돌봄 지원이나 기본소득이 돌봄의 화폐(자본)화나 국가에 의한 화폐 지원이라는 전제하에 그로부터 벗어나기 위해 불가피하게 탈자본화나 탈국가화를 자신의 단계로 설정해야 하는 것과는 다르다. 동물 돌봄은 앞서 살펴보았듯이 자발적이고 자치적인 형태로 이루어진

14 이에 대해서는 백영경, 「돌봄과 탈식민은 탈성장과 어떻게 만나는가」, 『창작과 비평』, 195호, 2022년 봄호, 48-65쪽를 보라.

만큼 자본화되지 않고도 직접적으로 해방의 순간을 열어내면서 작동하는 예외적인 사례로 고려될 수 있다. 여기서 인간과 비인간 동물 사이에서 이루어지는 돌봄의 자생적 형태는 시장과 국가에 종속되지 않고도 새로운 대안을 실행할 수 있는 주요한 참조점으로 기능할 여지를 남긴다. 나아가 기존의 돌봄 담론이 인간주의라는 협소한 틀을 벗어나지 못했던 반면 동물 돌봄은 훨씬 더 넓은 지반 위에서 이뤄지는 돌봄의 새로운 형태를 사고하게 만든다는 점도 주목되어야 한다. 이는 오늘날의 생물멸종 시대에 알맞은 대안을 구성하는 데에도 유용할 수 있기 때문이다.

생추어리의 돌봄은 365일 계속되기에 출퇴근 속에서 행해지는 기성의 (자본화되고 정형화된) 돌봄노동과는 다를 수밖에 없다. 또 비인간 동물과 인간 동물 간에 이루어지는 새로운 관계를 질문하게 하기에 다른 돌봄노동과 다른 새로운 차원을 열어낸다. 아래에서 생추어리 돌봄이 만들어낸 새로운 돌봄의 형태를 구체적으로 살펴보는 것은 큰 의미가 있을 것이다.

새벽이생추어리와 달뜨는보금자리

2020년 5월 국내 최초로 설립된 생추어리인 '새벽이생추어리'는 농장동물로 태어난 돼지 새벽이를 2019년 7월 공개 구조(open rescue)하면서 시작되었다. 그 뒤로 한 제약회사의 실험용 돼지였던 잔디가 추가로 구조되어 작은 공동체를 이루게 되었다. 돼지와의 관계 맺기에서 처음 확인되는 것은 땀샘이 없는 돼지들이 스스로 진흙을 몸에 묻혀 체온을 조절하는 모습인데, 새벽이와 잔디도 더운 여름에는 진흙 목욕을 하며 코로 땅을 파며 살아간다. 그러나 그러한 돼지의 일상적 활동보다 더욱 주목할 것은 그들의 개체로서의 고유함일지 모른다. 이들은 체격뿐만 아니라 취향과 성격이 다름을 그들을 돌보는 동안 알 수 있었다. 즉 새벽이와 잔디는 새벽이다움과 잔디다움이라는 삶의 개별성과 고유성을 존재 자체만으로 보여주었다. 그것을 통해 동물권 활동가들은 인간 동물이 비인간 동물들로부터 어떤 개성적 삶을 박탈했는지를 자각할 수 있었으며, 또한 고유한 생명 존재가 드러내는 즐거움과 안락함을 통해 돌봄의 기쁨을 느낄 수 있다.

새벽이생추어리는 소수의 돌봄 활동가 '보듬이'를 모집하여 일정 기간 매주 새벽이와 잔디를 만나 돌봄하며 관계를 쌓을 기회를 '제공'한다. '보듬이'들은 아주 짧은 순간일지라도 살아 있는 각각의 고유한 주체로서 새벽이와 잔디를 마주하게 된다. 이를 통해 새벽이와 잔디는 생추어리의 주인이고, 방문하는 인간은 손님이라는, 돌봄 주체와 돌봄 대상 간의 관계의 역전이 발생하며, 인간 동물과 비인간 동물 사이에 위계를 나눠 왔던 우리의 종래 사고방식에 균열이 생겨난다. 따라서 생추어리에서의 돌봄은 시혜적인 돌봄이 아닌 동물해방운동을 함께하는 동료로서 돌봄이라는 방식의 연대를 하고 있다는 것을 깨닫게 된다.[15] 새벽이와 잔디가 살아가는 것 자체가, 즉 이들이 죽임의 시기를 지나 이후 어떤 삶을 사는지 보여주는 것 자체가 동물해방을 향한 세상 균열내기의 첫 출발점일 것이다. 그리고 그것은 각각의 생명이 누려야 마땅한 소중한 시간들을 세상에 알리는 주요한 준거점이 된다. 이는 인간-비인간이 함께 만들어내는 돌봄이 어느 한쪽의 만족으로 끝나지 않고 모두의 삶의 소중함을 일깨우면서 함께 아파하고 함께 기뻐함으로써 서로 연결된 존재로 재탄생할 기회를 제공한다.

2022년 11월 강원도 인제군에 마련된 국내 최초의 소 생추어리인 달뜨는보금자리에도 꽃풀소들을 돌보는 돌봄이가 있다. 우유를 생산하지 못한다는 이유로 죽을 뻔한 홀스타인 남성 소들을 돌보는 돌봄이는 이를 '서로 돌봄'이라고도 이야기한다. 새벽이생추어리의 보듬이도, 달뜨는보금자리의 돌봄이도 공통적으로 이들을 일방적으로 돌봐주는 것이 아니라고 이야기한다.[16] 서로 돌봄의 관계 속에서 돌봄이들 자신도 몸과 마음의 평안을

15 참여연대, 「[동향2] 모든 동물의 해방을 꿈꾸는, 새벽이생추어리」, 『월간복지동향』, 2023.4.3.

16 신다은, 「생추어리 사는 소들은 바나나 먹으며 오후를 즐긴다」, 『한겨레21』 1460호, 2023.4.

얻으면서 즐거운 삶을 만들어내기 때문이다.

돌봄의 비거니즘, 탈성장의 길이 되려면

글의 서두에서 말했듯이 탈성장으로 가는 길에는 동물해방의 과정이 수반되어야 한다. 그렇다면 어떠한 시점에서 지금의 농장동물, 실험동물, 전시동물이 자유에 이르는 상태에 다다라야 하고, 생존한 동물들의 생의 마감까지 돌봄을 어떻게 해야 할 것인지 구체적인 로드맵이 필요하다는 것을 깨닫게 된다.

소의 예상 수명은 20년~30년, 돼지의 예상 수명은 10년에서 15년이다. 이들은 자신들이 생존하는 그 시간들 동안 인간주의 시각에 끊임없이 균열을 낼 것이다. 그 과정에서 우리는 돌봄의 가치를 묻고 발견해 갈 것이며 또한 돌봄의 사회화 과정에서 화폐와 시장을 매개하지 않고도 돌봄의 사회화가 가능할지 질문할 수 있는 장이 될 것이다. 다만 그러기 위해서는 돌봄의 과정에서 우리가 어떤 것을 지향하고 있는지 망각하지 않아야 한다. 사회적으로 이들에 대한 돌봄의 의미가 탈성장의 길 위에 있다는 걸 이해하지 못한다면 그들의 돌봄은 시혜적인 돌봄으로 쉽사리 해석되어 버릴 것이기 때문이다. 돌봄이 전환적 가치가 되기 위해서 인간 동물이라는 존재가 자연과 비인간 동물 사이에서, 그리고 그 모두를 포괄하는 생명의 흐름 속에서 어떤 존재인지에 대해 물어봐야 한다. 이들과 세계와의 새로운 관계 맺음 앞에서 자본주의화 되지 않은 영역의 돌봄이 바로 해방된 존재들에 대한 돌봄이라는 자각 속에 돌봄을 해 나가야 할 것이다. 이런 자각 속에서만 생존한 동물들의 돌봄이 탈성장에 대한 힌트가 될 수 있을 것이다.

한살림 제주, 탈성장을 상상하다

이준용*

* 자기수양을 연구하는 인류학자
서울대학교 인류학과 박사과정에서 자기수양을 연구하고 있고, 메타라직연구소 디렉터로서 생존논리 너머의 길과 가치를 모색하고 있다.

"성장이란 실행된 파괴에 대한 보상으로 환원되는 것이다."[1]

조르주 바타유에 따르면, 성장이란 외부를 착취하고 희생시킴으로써 내부의 삶을 보존하는 것이다. 개인이든 공동체든 국가든 내외를 나누는 경계를 설정한 후 내부의 성장을 우선시하는 문제로부터 자유롭지 않다. 그렇다면 여기서 '성장으로부터 이탈한다'는 의미의 탈성장이란 구체적으로 어떤 모습일까?

타자를 희생시키지 않기 위해 자발적으로 희생하는 삶을 택하는 것은 일견 숭고해 보이지만, 또 다른 극단인 자기파괴적 '반'성장에 머무를 수 있다. 그렇다고 단순히 성장의 속도를 늦추는 것만으로는 대안이 될 수는 없을 것이다. 나아가 '자본주의'의 정반대편에서 타도의 목소리를 높이는 것도 한계가 있는데, 그러한 목소리가 성장으로부터의 '이탈'을 실질적으로 보증하지도 않을뿐더러 오히려 그러한 대안 없음으로 인해 그 '반편향'으로서 자본을 어쩔 수 없는 선택지로 만들거나 아니면 외부를 더욱

1 조르주 바타유, 『저주받은 몫』, 최정우 옮김, 문학동네, 2022, 51쪽.

선명하게 만들면서 자본 내부의 경계를 강화시킬 수 있기 때문이다.

나는 이렇게 쉽지 않은 탈성장의 실현 가능성을 현실 속에서, 구체적으로는 '한살림 제주'에서 발견했다. 생활협동조합 중 가장 오랜 역사를 가진 '한살림'의 제주 법인체인 한살림 제주는 2008년 설립 이후 2023년 현재 14,791세대의 조합원을 확보한 것으로 추산된다.[2] 미래를 구성하고자 하는 탈성장 담론에 20세기를 관통했던 옛 협동조합주의를 다시 호출하려는 것은 아니다. 다만 인류학적 참여관찰 과정에서, 필자는 한살림 제주가 선택한 흥미로운 이탈들을 확인할 수 있었고, 그것이 탈성장의 실천을 위한 나름의 답안을 제시하고 있다는 점을 밝히고자 한다.

제주시 월광로에는 한살림 생활협동조합(이하 생협)의 제주 지역 건물인 '제주담을센터'가 있다. 해당 건물 외벽에서 흥미로운 특징을 발견할 수 있는데, 그것은 한살림의 공통 명칭보다도 '제주담을'이라는 고유 명칭이 더 높은 곳에 더 크게 부착되어 있다는 점이다. 인터뷰에 응했던 한살림 제주의 한 이사에 따르면, 이 이름을 한살림에서 제주도민들을 담겠다는 뜻이라고 이해했던 것과는 달리, 한살림 제주는 '담을 넘어 제주도민을 향해 나아

2 「2023 한살림 제주 제15차 대의원총회 자료집」, 2023, 78쪽.

가겠다'는 의지를 담아 지었다. 최소한 이 말들만을 근거로 판단할 때, 한살림이 생협의 경계 안으로 제주도민들을 유입시켜 조합원화하는 지향성을 중심에 두면서 판단하고 있다면, 한살림 제주는 그 반대 방향에서 경계 바깥으로 나아가 제주도민들과 연결되고자 하는 지향성을 보여주고 있다.

여기서 우리는 성급하게 어떤 방향이 생협에게 더 '올바른' 것인지를 규범적으로 논의하기보다는, 먼저 생협이 처한 현실적 정황상 양방향이 공존할 수밖에 없음을 인정해야 한다. 그리고 양방향은 단순한 비유에 그치지 않고 특정 국면들에서 미묘한 경계 설정과 갈등으로 나타난다는 사실에 주목해야 한다. 소비자생활협동조합법 제88조에 따라 생협 물품은 생협이 아닌 곳에 공급할 수 없도록 경로가 제한되어 있어서, 영리기업과 달리 생협에서는 지역 주민과의 연결 및 조합원 확보가 매우 중요하다. 그러면서도 모든 조합원이 생협의 의사결정에 참여 가능하다는 특징으로 인해 경계 설정 또한 매우 중요하다. 생협 경계의 어디까지를 성장의 수혜자로 규정하는 것이 적절할까? 이는 규범적 판단만으로는 해결할 수 없는 현실의 문제이다. 나눌 수 있는 파이는 한정적이고, 애초에 그 파이를 만들어내기 위한 사업 안에서 선택과 집중은 필요하다. 그런 점에서 한살림 제주를 통해 접근하고자 하는 탈성장의 이탈은 현실적인 정황을 무시하지 않으면서도 새 가능성을 여는 방향으로 시의적절하게 시도될 때 의의가 있을 것이다.

지역과 대안 물류 경로를 위한 이탈

2023년 말 기준 한살림 생협의 매장 수는 총 240개로 확인되는데, 그중 서울 58개, 경기 68개로 사실상 전체 매장의 과반수가 수도권에 있다. 이와 같은 배치는 한살림 네트워크 내에 중앙과 주변부의 경계가 암묵적으로 작동하고 있음을 상상할 수 있게 한다. 한살림 생협이 전국 각 지역으로 확산되는 과정에서 취급 물류의 수는 크게 증가했고, 기존 경기광주물류센터가 포화 상태에 도달하면서, 2014년 더 확장된 규모의 안성물류센터를 설립하게 되었다. 서울·경기 지역에 매장의 과반수가 밀집된 만큼 합리적인 위치 설정일 수 있었다. 이렇게 전국의 물류가 안성에서 한번 취합된 후 다시 재분배되는 것으로 전체 한살림 물류의 경로가 설정되었고, 이는 많은 이들에 의해 대체로 현실적이고 합리적인 결정이라고 판단되었다.

이 배치에서 예외적으로 놓여 있는 주변부가 바로 한살림 제주이다. 한살림 제주는 4개의 매장을 가진 작은 지역에 불과하지만, 섬이라고 하는 특수한 유통 경로로 인해 손해를 감수해야 하는 처지에 놓였다. 제주도에서 생산된 지역 물류도 일단 유통 과정에 들어가는 순간 섬 밖으로 유출되었다 다시 돌아와야 하기 때문이다. 이는 역설적이게도 제주지역에 한정된 내부순환

유통구조를 강제하게 되는 일종의 압력으로 작용했다. 물론 이러한 사업을 이윤의 관점에서 생각한다면 중앙 연합 물류를 이용하는 것이 훨씬 더 합리적인 선택일지 모른다. 하지만 그렇게 되면 생산자들인 제주지역 농민들을 한살림 성장의 수혜자 목록에 포함시키지 않게 되는 문제가 발생하며 그런 점에서 한살림 중앙의 물품 가치만으로 지역의 물류 연결을 만들어내는 과정은 필연적으로 공동체 내의 일부 존재를 배제할 수밖에 없게 된다. 또한, '궨당'이라 불리는 제주도민주의의 고유한 특성으로 인해 도민에게 다가가는 일에서도 정서적 문턱을 넘기 위한 부가비용을 발생시키기에, 중앙 통제적 물류 구조가 반드시 합리적이라고 말할 수도 없다. 이 모든 어려움을 돌파하는 것이 한살림 제주가 감당해야 할 몫으로 남겨져 있었다.

그러한 정황에서, 한살림 제주는 '지역살림'의 기치와 물류 경로의 변경을 선택했다. 한살림 연합으로부터 인력을 지원받기보다는 제주도 자체 인력을 양성했고, 대안 물류 경로 형성을 위해 2019년 큰 부채를 감수하면서 '제주담을물류센터'를 준공했으며, 지역물류 조달 및 판매를 매개할 농업회사법인이자 이후 사회적 기업 인증을 받게 될 '밥상살림'을 설립했다. 밥상살림의 역할은 "지역 생산자의 인큐베이팅"으로 소개되는데, 이때 인큐베이팅이란 제주 취약 농민들이 한살림 중앙이 설정한 유기농 기준의 높은 문턱을 넘어서 납품할 수 있도록 조력하고 배양한

다는 의미를 띠고, 구체적으로는 기존 관행농법을 버리고 유기농법을 단계적으로 받아들일 수 있도록 자본·판로·무경쟁 시장을 제공해주는 방향을 취하는 것이다. 물론 이런 과정에서 밥상살림과 한살림 제주는 한정된 수요로부터 이익을 산출해야 하는데 따른 여러 리스크를 감수해야 했지만, 그것이 지역과의 실질적 연결을 위해 피할 수 없는 몫임은 분명했다. 그래서 그 결과 전국에서 신규 조합원 수가 감소하고 있는 상황에서도 한살림 제주만큼은 조합의 구성원들이 꾸준히 증가해 왔다.

다른 지역에서 보기에 "생협하는 사람이 아니라 정책하는 사람의 질문"을 던지던 한살림 제주는 그렇게 기존 물류 경로를 이탈하고 제주도 내에서 대안 물류 경로를 형성할 수 있었다. 사업적 성장을 우선시한다면 한살림 연합 및 중앙에 집중하고 주변부는 적절히 감수하는 구조가 '합리적'일 수 있겠지만 사회적 가치 창출과 탈성장을 더 중요한 방향으로 설정한다면 기존의 조합원 및 조합중심주의가 가진 경직된 구조로부터 어느 정도 이탈하는 것도 때로는 유익할 수 있다. 다만 생협 경계의 외부인 지역과의 연결은 낭만적이거나 아름다운 정동의 발생을 보장해주지 않는다는 점을 고려하는 것도 중요하다. 지역과의 연결은 훌륭해 보이는 운동의 기표와 구호에 그치는 것이 아니라, 현실의 필수적인 세부사항들을 묵묵히 감당해 냈을 때에만 실현이 가능하기 때문이다. 부이사장의 말을 빌리면, "지역의 생산자·공급자·소비자가 동등한 입장에서 논의하고, 자주 혼나기도 하고, 다시 끈기 있게 설득하며, 그럼에도 그저 기다려야만 할 때가 더 많은", 그런 고된 일이다. 그렇게 성장이 보장하는 경제적·정신적 이익을 적절한 수준에서 포기하고, 당장에는 손해로만 보이는 지역과의 연결을 과감히 시도함으로써 한살림 제주는 자신의 독특한 형태를 창출해낼 수 있었던 것으로 보인다.

평등한 급여 제도를 위한 이탈

한살림 제주 전무이사의 설명에 따르면, 한살림은 처음에는 '활동가'는 상위 개념, 실무자는 하위 개념으로 두는 조직구조로 출범했다. 활동가가 생명운동의 주체로서 활동해나가는 동안, 운동의 내용적 측면이 복잡해지고 커지면서 실무를 담당할 인력들이 필요해졌고, 활동가의 심부름을 하는 '아랫사람'으로서 실무자가 고용되었다는 것이다. 그런데 운동의 경계가 넓어짐에 따라 운동의 중심은 매장 내부를 벗어나게 되었고, 실무자의 업무가 운동에서 더 중요한 위치를 차지하게 되면서, 매장 활동가는 시급을, 실무자는 월급을 받는 일종의 불편한 역전 현상이 발생하게 되었다.

원칙적으로는 모두가 동등한 생협의 조합원이자 활동가임에도 불구하고, 매장 활동가들은 시간이 흐르면서 점점 더 소비자 조합원을 매장 캐셔로 상대하면서 일정한 서비스를 제공해야 하는 위계 하에 놓이게 되었다.[3] 반면 그러한 노동에서 면제되는 실무자 직원의 업무는 눈에 잘 보이지 않는 사무나 관리를 담당하는 위치를 차지하면서 더 중요한 일로 여겨지는 관행이 자리 잡게 되었다. 이러한 정황 속에서 한살림 제주의 매장 활동가들은 불만을 표현하기 시작했고, 실무자 및 이사들은 그 목소리를 무시하지 않고 적극적으로 경청하려는 노력을 기울였다. 한살림 제주 이사회는 2014년 이 문제를 최우선 과제로 설정하고, 내부적으로 논의 및 사례 연구를 진행할 '제도개선특별위원회'를 결성했다. 감정적으로 불편하게 뒤엉킨 상태에서 2년가량의 논쟁이 이어졌고, 논쟁 끝에서 결국 실무자와 활동가를 구분하는 것은 이제 의미가 없다는 합의에 도달했으며, 급여 체계를 어떻게 조절할지에 대한 현실적 논의에 돌입하게 되었다. 전무이사의 회고에 따르면 이때 "좀 감동적인 일들이 있었다." 한살림 제주의 실무자들 스스로 매장 활동가들을 위해 자신들의 월급을 일부 포기 및 양보하기로 결정한 것이다. 그러한 기회비용으로 말미암아, 매장 활동가에게도 평등한 급여와 안정적이면서도 동

3 필자는 동등한 조합원이면서 동등하지 않은 소비자·활동가·실무자·이사인 다중 정체성으로 인해 야기되는 형태의 노동을 '경계노동'이라고 개념화하고자 한다. 경계가 명확하게 규정되지 않았을 때 의도하지 않아도 특정한 누군가에게 경계노동이 떠맡겨지곤 하는데, 이를 해결하기 위한 한살림 제주 실무자 및 이사들의 노력은 경계노동의 총량을 분담하여 수행한 것이라고 간주할 수 있다.

등한 지위가 보장될 수 있었다.

나아가 실무자 직원의 업무 내용이 명확하게 보이지 않는다는 점을 해결하기 위해 한살림 제주는 2016년부터 사회적 가치 측정 도구를 선도적으로 받아들여 적용해 왔다. 이는 실무자 직원의 업무를 지표화 및 시각화하기 위한 수단이었다. 이때 측정 도구를 완성된 형태로 쉽게 받아들인 것은 아니었다. 많은 전문가들에게 자문해 본 결과, 대부분 회의적 조언과 지나치게 큰 비용을 요구했고, 결국 한살림 제주는 스스로 사회적 가치 측정 도구를 고안하며 많은 시행착오를 거칠 수밖에 없었다. 그렇게 7년째 적용해 오고 있지만, 정량화하는 과정에서의 어려움, 직무 기술서를 직접 수기로 작성하면서 발생하는 피로감, 그리고 평가받는다는 부담감 증가 등의 부작용이 뒤따르기도 했다. 이사들은 그 직책의 통상적인 위상으로는 노동자가 아닌 사용자이지만 한살림의 이념상 생협의 활동가인 만큼, 문제 해결의 몫을 직원들에게 내맡겨 두지 않았다. 노무사와의 상담 아래 외부 원칙에 철저히 맞춰서 임금 인상, 업무 관련 교육비 제공, 유연근무제, 안식월 제공 등 생협 규모에서 감당하기 어려울 만큼의 복지 혜택을 제공하면서 직원들을 독려했다.

한살림 제주는 기존의 불평등한 급여 제도를 이탈하고 사회적 가치 평가 도구를 도입함으로써 평등한 급여 제도를 마련해 나가고자 했다. 여기서 중요한 점은 사회적 가치가 아무리 규범적으로 올바르더라도 현실의 정황에서 긍정적으로만 작동하지는 않는다는 사실이다. 탈성장 역시 마찬가지다. 주변부의 희생을 담보로 하는 기존의 성장으로부터 실제로 이탈하기 위해서는 그만큼 많은 경제적·현실적 어려움을 감수해야 하고 그것을 적절히 분담할 수 있어야 한다.

'한살림선언'의 전체론적 철학과는 다르게, 안타깝지만 사업을 진행해 나가고 일정한 수입을 창출해야 하는 현실 속에서 활동가 모두가 연결될 수는 없고, 또 가장 완전한 형태로 업무를 수평화하거나 그 가치를 정량적으로 균등화할 수도 없다. 때때로 누군가는 과중한 의무를 짊어지고, 누군가는 불만을 품을 수 있다. 그리고 그런 문제들은 여러 수단을 통해 단지 유보될 뿐 완전히 해소되기 어려울 수도 있다. 하지만 그러한 한계 상황 속에서도 서로를 믿을 수 있도록 시간을 가지고 토론하고 합의하여 다시 협력할 수 있다면, 그래서 신중하게 판단된 결과로 적절한 몫을 나누며 함께 나아갈 수 있다면 생협의 활동 과정에서 발생하는 많은 난관들은 돌파될 수도 있을 것이다. 그렇게 생협 내 불만의 목소리에 주의를 기울이고 문제를 해결하기 위해 한살림 제주는 함께 고민하고 함께 해법을 찾아가는 방향으로 나아갔다.

재경계를 통한 이탈 성장

생협은 법적·구조적 한계로 인해 사업체로서 크게 성장하기는 어려웠고, 성장의 혜택을 공평하게 나누려고 노력하는 그만큼 한살림 제주의 재정 상황은 열악할 수밖에 없었다. 건강한 먹거리만으로는 운동을 지속해 나갈 동력을 만들기란 사실상 역부족이었다. 따라서 한살림 제주는 "사람들의 일상생활에서 가장 필요하면서도 빈틈이 있는 영역을 모색하며" 생협의 경계 외부까지도 아우를 수 있는 사업들을 신중하게 추진해나갔다. 그러한 신규 사업은 이사회 독단으로 이루어진 것이 아니라 생협의 의사결정 절차에 따라서 총회 의결을 거치고 최대한 많은 이해관계자의 동의를 구하며 매우 천천히 진행되었다. 2015년 대의원총회에서는 경제사회공동체 확장을 위한 돌봄 시장 사업을 승인받으며 본격적 사업 구상을 시작했다. 2020년 제주시 소통협력센터와 협업하면서 지역 먹거리 돌봄 사업을 추진했으며, 그 경험을 토대로 2020년 비영리봉사단체 '제주모심회'를 출범하기에 이르렀다. 이후 더 체계화해 보자는 취지 아래 2023년 제주도내의 취약계층에 의료 돌봄 서비스를 제공할 '제주담을의료사회적협동조합(준)'을 준비하고 있고, 여러 초청 강연과 세미나를 거치며 현실적 조건들을 신중하게 검토해 나가고 있다. 처음에는 한살림 제주의 작은 경계를 중심으로 하여 이해관계가 부합하는 예비 조합원 및 지역 생산자까지만을 함께할 대상으로 삼았다면, 이제는 그 한계를 넘어 제주 전역을 대상으로 경계가 다시 그려지려 하고 있었다. 그리고 그러한 재경계는 그 자체로 해결책이 되어줄 수는 없지만, 최소한 새로운 기회를 열기 위한 중간 단계로 기능할 수는 있었다.

오늘날 유행하는 철학적 언어유희를 빌리면, 인류의 임무는 발전(development)이 아니라 '감싸기'(envelopment)에 있다.[4] 기존의 경계 내부 발전·성장·키우기는 경계 외부의 누군가를 '어쩔 수 없이' 희생시켜 왔고, 비용의 외부화는 반복되었다. 특정한 중심부를 위해 주변부는 소모되었고, 마치 기회비용처럼 돌봄 사각지대는 발생해 왔다. 하지만 한살림 제주가 보여준 방식처럼, 성장이라는 이름 아래 포장된 착취를 포기하고서 막연히 경계 주변부 혹은 외부로 분류되던 사람들을 어떻게든 감싸 안아 함께 할 구체적 방안을 제시할 수 있다면, 대안으로서의 탈성장이 현실에서 구현될 수도 있을 것이다. 감싸기는 'en'(안쪽으로)와 'velop'(감싸다)의 합성어인 만큼 여전히 내부를 상정하고 있지만, 그 경계는 새로운 혜택을 창출하고 적절히 의무를 나누기 위한 목적 아래 임시로 그려지는 것이기에 그러한 경계가 발생시키는 배제의 문제는 계속해서 보완되는 연속적인 재구성 하에 놓이게 될 것이다. 그리고 부이사장의 말을 빌리면, 이제 경계는 관념적인 경계 설정 후 그 안에 누군가를 포함시키는 것이 아니

4 브뤼노 라투르, 『지구와 충돌하지 않고 착륙하는 방법』, 박범순 옮김, 이음, 2021, 173쪽.

라 실제 사람의 점들이 둥글게 이어져 경계를 그려내는 것이라고 재정의될 수 있다.

한살림 제주의 전무이사는 '한살림마을'을 최종 목표로 삼고 있었다. 하지만 전체를 감싸기란 실천적 목표로는 적절하지 않기 때문에, 우선 제주도민의 10%를 조합원으로 만들겠다는 현실적 목표를 제시했고, 자신의 임기가 끝나는 시점에 도전할 과제로는 '은퇴자 사회적 협동조합'을 제시하기도 했다. 그렇게 이탈들과 새 법인체로 감싸기를 통해서 한살림 제주가 구현해 나가는 이탈 성장을 그림으로 표현하면 다음과 같다.

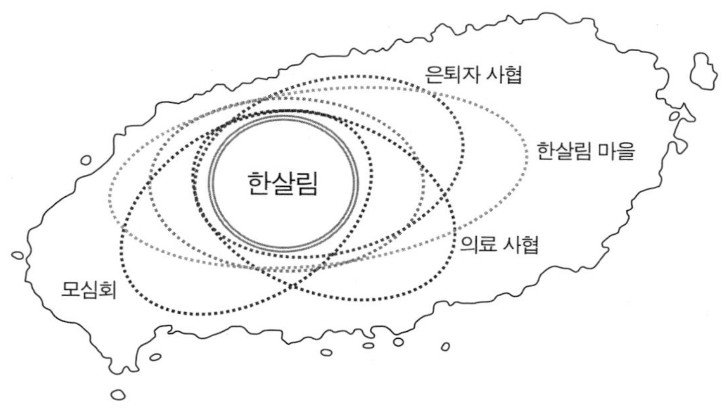

결론적으로 한살림 제주 현장에서 발견된 탈성장이란 아주 오랜 시간에 걸쳐 신중하게 경계 외부와 연결되면서 내부로부터 이탈하는 작업이라고 정의될 수 있다. 이탈 성장을 위해 명심할

점은 '자기' 내부로 끌어당기는 그 '중력' 같은 힘을 일직선으로 뚫고 나가는 것은 불가능하고, 오히려 그 힘을 활용하면서 나선형으로 빗겨 나가는 것이 훨씬 전략적이라는 사실이다. 자기중심적 성장으로부터의 이탈은 규범이 되어서는 안 되고, 각자 현실적 정황에 밀착된 채 시의적절하게 자신의 모양을 변주하면서 진행되어야 한다. 현실적으로 가능한 만큼 내부 구성원의 권리를 보장하고 혜택을 나누면서도, 구심력의 보존 자체를 목적으로 전도하지는 않으면서, 약간씩 경계를 벗어나는 새 타원을 신중하게 그려나가야 할 것이다. 그러한 관점에서, 탈성장 담론이 아니라 탈성장 운동을 위한 현실적이고 전략적인 질문으로 "어떻게 기존의 구심력을 활용하면서도 시의적절하게 이탈하고 새롭게 경계를 설정할 것인가?"를 운동의 주요한 의제로 채택해볼 것을 조심스럽게 제안한다. 한살림 제주가 그러한 문제설정을 통해 현실적으로 맞닥뜨리게 되는 구체적인 여러 현안들을 해결해 나가는 작지만 의미 있는 발걸음을 내딛었으며, 필자는 그것을 현재 작동하는 한국 탈성장 운동의 현실적 근거이자 실재로 작동하는 구체적 힘으로 이해하고자 했다. 경계를 이렇게 역동적인 이탈의 계기로 만들어낼 수 있다면, 경계는 한계나 장애물보다는 더 나은 도약을 만들어낼 좋은 발판이 될 것이다. 한살림 제주는 바로 그 발판에 서는 법, 그러한 지혜를 우리에게 조심스럽게 속삭였던 것이 아닐까?

탈성장을 **넘어 성장**하다

문윤형*

* 생태명상가
자연과 보다 가까워지고자 가평으로 귀촌해 살고 있다. 게으르게 텃밭을 가꾸는 방법을 모색 중이다. 자연 속에서 사람들과 명상하는 것을 좋아한다.

"윤형씨, 요새 어떻게 지내세요?"

"탈성장에 관한 책을 사람들과 쓰기로 해서 구상 중이에요."

"탈성장이요?"

생태적지혜연구소협동조합(이하 생태적지혜)의 조합원인 나로서는 '탈성장'이 몇 년째 들어온 익숙한 단어지만, 조합을 벗어나 외부의 지인들과 소통할 때면 탈성장이 아직은 꽤나 낯선 단어라는 것을 실감한다. 성장을 긍정해 오고, 또 추구해야 할 가치로 내사한 채 자라온 그들에게는 탈성장이 다른 세상의 언어라는 것을 다시금 그들의 눈으로 보게 된다. 고개를 끄덕이며 나의 이야기를 듣지만, 마음 속 어딘가에는 탈성장에 대한 저항이 남겨진 기색을 발견하기도 한다. 자본주의의 성장 논리가 일으킨 부작용은 수긍하면서도 탈성장의 방향성에는 동의하고 싶어하지 않는 모습이다.

생태적지혜에서는 몇 해 전부터 기후변화와 생물 멸종의 위기 등 현 상황에 대한 출구로 탈성장에 관한 고민과 모색을 계속해 오고 있다. 고(故) 신승철(1971-2023) 생태적지혜연구소 소장은 수축과 가난의 역성장이 아니라, 공동체의 정동과 활력으로 가득 찬 탈성장의 모습을 그려왔다. 생태적지혜연구소에서 논의하고 그리는 탈성장이 아직 우리 사회 전반에서 받아들여지는 것은 아니지만, 막연하고 모호하게만 느껴지던 것이 적어도 조합 안에서는 형태를 잡으며 윤곽을 드러내고 있다.

생태적지혜라는 녹색[1]의 공간에서 한 발짝만 물러서면 나는 다시 자본의 논리로 가득 찬 오렌지색의 공간으로 들어선다. 이곳에서는 기후변화보다 하루하루 먹고사는 일, 또 그로 인한 스트레스를 해소할 만한 온갖 종류의 누릴 것들 사이를 반복하며 오가는 이들로 분주하다. 두 세계의 간극은 때때로 매우 크고 결코 만날 수 없는 것처럼 요원하게 느껴지지만, 올해 나의 일상을 돌아보면서 이 두 세계의 접점에서 일어나고 있는 몇 가지 현상을 관찰할 수 있었다.

---

1 돈 벡(Don Beck)과 크리스토퍼 코완(Christopher Cowan)은 클레어 그레이브스(Clare Graves)의 인간 의식에 관한 8단계 발달 이론을 나선 역학으로 발전시켰고, 그들은 각각의 단계를 1단계, 2단계 등 숫자로 위계화하기보다 색깔을 부여하여 설명하였다. 후에 켄 윌버(Ken Wilber)는 이들의 이론을 보다 정교화하고 확장시킴과 동시에 무지개색으로 색깔을 변경하였다. 각각의 단계는 이전의 단계를 포함하면서 초월하는 홀라키이자 파동이기 때문에 사실 한 개인의 의식은 여러 단계에 걸쳐져 있으며 점진적으로 변화하고 있다. 이 글에서는 켄 윌버가 사용한 색깔을 차용하여 우리 사회에서 나타나는 집단과 그들의 의식을 설명하고자 한다.
① 적외선: 생존, 본능적 단계 ② 마젠타: 마술적, 물활론적 단계 ③ 적색: 충동적, 자기중심적 단계 ④ 앰버: 순응주의적, 규칙을 따르는 단계 ⑤ 오렌지색: 과학적, 성취 지향적 단계 ⑥ 녹색: 생태적 민감성, 평등주의적 단계 ⑦ 청록색: 통합적, 융통성을 지닌 단계 ⑧ 터키색: 전체적, 우주적 사고의 단계… 이후의 단계들도 서서히 생성, 발견되고 있으나, 현재로서는 매우 극소수가 이에 해당된다.

녹색의 상품화

나는 최근에 성수동에서 있었던 생태 프로그램에 참여했는데, 워크숍 위주의 강연이라 흥미로웠고 생태적지혜를 떠나 생태와 관련된 주제가 어떻게 대중들 사이에서 소통되는지도 궁금해서 신청하게 되었다. 무료 프로그램이라 대기자가 있을 정도로 인기가 높았다. 참여자들 중에는 연세가 있으신 분들도 있었지만, 대부분은 20~30대 여성이었다. 예쁜 비건 쿠키가 간식으로 제공되고, 세련되고 쾌적한 공간에서 프로그램이 진행됐다. 물론 미래에 대한 암울함과 답답함을 호소하는 목소리들도 들리긴 했지만, 그때 내가 그 공간에서 받은 느낌은 굉장히 힙(hip)하다는 것이었고 주말 나들이나 즐길거리처럼 프로그램이 엔터테인먼트로서 기능하는 느낌이었다.

또 다른 개인적인 경험은 내가 진행하는 생태 명상 프로그램에 관심을 갖고 명상 가이드를 만들어 달라는 요청을 받은 사례이다. 인권과 관련된 NGO 단체였는데 근래 들어 기후변화에도 관심을 갖고 있으며, 기후 우울을 느끼는 이들을 위한 명상을 만들어 달라고 했다. 자세히 이야기를 들어보니 사실 정말 기후 우울을 느끼는 이들을 위해서라기보다 후원금 조성을 위해 단체를 홍보하는 목적으로 명상이 사용되기를 바랐다. 결국 그들은 제작비 대비 효과성이 떨어진다는 판단으로 취소했지만, 이전에 명상 관련 앱 회사와 콘텐츠 제작 논의를 할 때 느낀 것도 비슷하다. 기후변화 문제의 심각성을 공감하고 콘텐츠를 싣고 싶어하는 부분도 있지만, 회사의 입장에서는 이 콘텐츠로 생태 문제에 관심 많은 MZ 세대를 좀 더 유인하고 싶어하는 부분이 컸다.

한때 불거진 ESG 경영도 사실상 실제적인 경제적 이익을 창출하지 못하면, 주주들이 등을 돌리는 모습을 보이면서 자본주의의 본질이 결코 변치 않았음이 드러났다. 성장을 향해 달려가는 기업들에게 녹색은 하나의 마케팅에 지나지 않았고, 이를 두고 '그린 워싱'이라 비판받기도 했다.

하지만 이런 모습은 기업들에게만 있는 것이 아니다. 개인이 이미지 메이킹을 위한 수단으로 그린을 표방하는 경우도 있다. 비건 인증, 저탄소, 친환경 마크를 내세우는 기업들처럼 채식, 길냥이 돌보기, 자연 속 요가나 명상 등은 인스타 이미지로 소비되는 경향이 있다.

그들이 진정 녹색인지 아닌지의 여부를 떠나서 녹색이 하나의 트렌드가 되어가고 있다는 것은 분명한 사실이다. 그 이유는 MZ 세대가 녹색에 관심을 가지고 있다는 것 때문이고, MZ 세대를 포섭하기 위해 자본주의는 녹색 옷을 입기 시작했다. 그래서 오렌지색의 일반 대중들도 그것을 하나의 트렌드로 인식하고 소비하는 경향이 생겨난 것이다. 또한 그런 제품을 소비할 때 기후위기에 대한 죄책감을 덜 수 있다는 심리적 위안도 조금 있을 것이다.

왜 MZ 세대는 녹색인가?

사실 녹색이 MZ 세대에서만 나타나는 현상은 아니다. 생태적 지혜 조합원의 대다수는 MZ가 아니다. 녹색은 인간 의식 발달의 자연스런 흐름이다. 통합심리학자 켄 윌버는 최근 백 년간 서구에서 나타난 발달심리학 이론들 간의 유사성을 발견했는데, 이것을 한 문장으로 요약하자면 의식이 발달할수록 자기중심성에서 멀어진다는 것이다. 이는 개체 발생적으로도 계통 발생적으로도 동일하다. 자기 욕구에 충실하던 아이가 성장하면서 타인의 입장에서 바라볼 수 있고, 자신의 이해관계를 떠나 다수를 배려한 결정을 내리는 데까지 성숙하게 된다. 인류사에서도 소수가 독점하던 권력은 점차 다양한 계층과 성별, 외국인과 소수자에게까지 확대된다. 여기서 그치는 것이 아니라 최근 대두되는 생명권, 자연권은 얼만큼 인간 의식이 확장될 수 있는가를 보여주는 지점이기도 하다. 설령 모두가 그들 삶에서 이를 구현하지는 못한다 하더라도 이러한 방향성에 대해서는 꽤 많은 이들이 공감할 것이다.

지금의 MZ 세대는 아마도 지구상의 어떤 인류보다 오렌지색의 가치 속에서 성장하고, 그것의 폐해를 몸으로 겪은 세대일 것이다. 대한민국을 선진국의 대열에 들도록 기여한 그들 부모 세대는 성장의 달콤함을 누리고 향유했으며, 경제적 이익과 물질적 편의라는 보상을 받았다. 물론 개개인의 편차는 존재하지만,

지금의 MZ 세대에 비하면 경제적인 성공을 위한 기회는 훨씬 많았다. 정규직 취업과 결혼, 자녀 등 이전 세대가 당연시하던 라이프 스타일은 더 이상 일반적이지 않다. 이것을 다원화된 사회와 개인의 선택을 존중하는 흐름으로 이해할 수도 있지만, 나는 자의 반, 타의 반이라고 생각한다. 비정규직으로 시작되는 사회생활로 안정적인 삶과는 거리가 멀어지고, 결혼은 커녕 연애도 포기하는 풍토가 조성되기 시작했으니까 말이다.

따라서 MZ들에게 대한민국은 무언가를 노력한다고 해서 쉽게 성취할 수 있는 사회는 아니다. 제아무리 노력해도 금수저를 따라잡을 수 없다는 것을 마치 사회적 합의처럼 수용하고 있고, 그럼에도 불구하고 부모들이 꿈꾸는 성공 신화에 부합하기 위해 딴에는 부단히 노력한 학창 시절을 보냈다. 그들은 경쟁에 지쳤고, 강자보다는 약자에 공감하고 동일시하는 성향을 갖게 되었다고 생각한다. 이들 부모들은 개인의 노력 여하에 따라 결과가 나타난다고 개인의 능력에 의존하지만, 이들은 체제와 구조의 한계를 본다. 설령 노력으로 대기업에 취직한다고 해도 그 삶이 행복을 보장하지 않는다는 것을 알기 때문이다. 자신을 비롯해 자본주의 시스템 아래 고통당하는 모든 존재에 대한 연민, 생명과 자연에 대한 애정은 자연히 생태 문제에도 귀를 기울이게 한다.

오렌지와 녹색 사이에서

위의 내용은 MZ 세대를 이해하는 하나의 가상 시나리오이고, 모두가 여기에 해당하는 것은 아니다. 우리가 잊지 말아야 할 것은 발달이 계단형이 아니라 나선형이라는 점이다. 즉 의식은 한 가지 단계에 명확히 안착되어 있는 것이 아니라 여러 단계에 걸쳐져 있으며, 또한 이전의 단계들을 모두 포함하고 있다. 우리 모두는 오렌지와 녹색, 그 이전이나 이후의 단계들을 조금씩 포함하고 있을 가능성이 높다. 따라서 오렌지와 녹색이라는 하나의 정체성으로 사람들을 이해할 수 없으며, 오히려 이러한 성향들이 부분적으로 혼재되어 있다고 보아야 타당할 것이다.

심정적으로는 녹색의 목소리에 동의하지만, 더 많은 생산과 소비를 촉진하는 기업에서 일을 하고 탄소 소비적 삶에 길들여져 있는 라이프 스타일은 어렵지 않게 주위에서 찾아볼 수 있다. 내적인 모순 속에서 갈등하지만, 익숙해진 패턴으로 돌아가기를 반복할 뿐이다. 그들은 성장이라는 신화에 길들여져 왔고, 미지에 대한 두려움으로 시스템에서 빠져나오기를 거부한다. 그들과 탈성장 사이에는 닿을 듯 닿을 수 없는 심연이 있고, 무작정 외치는 탈성장 구호보다는 오렌지와 녹색 사이에 존재하는 그들의 심리를 이해하고 설득하는 전략적인 방법이 오히려 효과적이다.

그린 워싱에서 오렌지 워싱으로

윌버는 녹색 이후의 의식을 청록색으로 표현하였는데, 청록색은 이전의 의식과는 확연히 다른 경계를 가지고 있으며 그들이야말로 게임 체인저라 명명한다. 이들을 구분 짓는 핵심 키워드는 통합과 전체성이다. 이전의 의식들도 인류사에 큰 획을 긋는 변화를 불러올 만큼 중요했지만, 이들 모두는 공통적으로 자신의 세계관만이 옳다는 배타성을 지니고 있었다. 다원적 상대주의를 표방하는 녹색마저도 자본주의를 인정하지는 않는다. '탈성장'이라는 단어 자체가 이를 보여주기도 한다.

하지만 청록색은 나선 전체를 바라보고 어느 것 하나 없어서는 안 되는 중요성을 지니고 있다고 여기며, 각 단계들이 건강한 의식으로 기능하기를 바란다. 발달은 결코 한 단계를 건너뛰어서 성장할 수 없기 때문이다. 즉 걷기 전에 뛰거나 청소년기를 거치지 않고 성인이 되는 것은 불가능하다. 다시 말해 자본주의의 폐해를 우리가 명확히 인지하되, 지금의 녹색은 수많은 인류가 오렌지색에 이르렀고 그 토대 위에 형성된 의식이라는 것을 잊어서는 안 된다.

때때로 탈성장을 외치는 이들 중에는 자연과 더불어 살던 인디언 부족 사회의 모습을 이상적으로 바라보고, 서양 문명이 이들을 파괴했으며 그들의 모습처럼 되돌아가야 한다는 낭만적인 견해를 피력하는 이들도 있다. 동양 대 서양, 공동체 대 개인주의, 자연 대 과학기술 등으로 단순화해서 옳고 그름, 좋고 나쁨을 판단하기는 어렵다. 어느 사회나 부분적으로 훌륭한 점은 있지만, 그렇지 않은 부분도 있기 때문이다. 그 인디언들은 아마도 공동체 내에서 자연과 더불어 조화롭고 행복하게 살았을 것이다. 아직 오렌지색의 개인성이 나타나기 이전의 의식에서는 민족중심적이고 순응적인 특징이 나타나는데, 개인을 드러내기보다 집단의 일원으로 남아있는 것이 그들에게는 편하고 익숙했을 것이다. 그러나 그 안에도 소수자에 대한 부조리와 불평등은 존재했을 것이며, 부족이나 공동체의 리더와 상충되는 의견은 받아들여지지 않았을 것이다. 또 원시 부족 공동체에서도 생태계 파괴가 자행되었지만, 심각한 파괴를 불러일으킬만한 과학기술이 없었을 뿐이라고 보는 학자들도 있다.

오렌지색의 인류가 최근까지 이룩한 업적 중 하나는 자민족에 국한된 의식에서 전 세계적 의식으로 지평을 넓혀가고 있으며, 이로써 모든 인간의 존엄을 인정하고 노예제 폐지와 더불어 의미 있는 시민 혁명을 이뤄냈다는 것이다. 노예에 의존하던 노동이 기계로 대체되면서 결과적으로 지구 온난화가 가속화되었는데, 그렇다고 노예 노동이 더 나았다고 말하기는 어려울 것이다. 어찌 됐든 인류는 자신이 속한 집단과의 동일시에서 점차 더 많은 존재들을 포용하는 방향으로 진화해 가고 있다.

우리가 모든 의식의 단계들과 부분적으로 동일시하고 그들의 성과를 인정함과 동시에 한계를 이해하는 태도를 지닐 수 있다면, 우리가 이루고자 하는 전환은 더 빨리 더 쉽게 이루어지지 않을까 상상해 본다. 윌버는 현재 지구상에서 청록색은 5% 이하인데, 그 수가 10% 정도가 되면 티핑 포인트가 되어 혁명적인 변화가 일어날 것이라고 전망한다. 이 역시 보다 많은 녹색의 토대 위에서 점점 많은 청록색들이 등장하게 되는 것이고, 스스로의 모순과 한계를 객관화할 수 있을 때 일어날 수 있는 발달의 흐름인 것이다. 그리고 청록색들은 전체를 아우르는 유연한 정체성과 포용성으로 큰 그림을 그릴 것이다.

자본주의는 자신의 존재를 위협하는 녹색마저도 자본으로 포획하여 상품화하고 스스로를 확장한다. 하지만 포장지를 벗기면 뼛속까지 오렌지색이기 때문에 그것은 하나의 눈속임에 지나지 않는다. 사실 우리에게 필요한 것은 모든 생명과 자연을 위한 실제적인 행동과 전환이기 때문에 기존의 성장주의 가치관과 라이프 스타일을 유지한다면, 단순히 녹색 상품을 소비하는 것만으로는 아무런 변화도 일어나지 않을 것이다. 이러한 자본주의의 행태를 공격하고 비판하는 강경한 입장도 필요할 때가 있지만, 이런 태도만으로는 대중을 설득하기 어렵다는 것을 우리는 경험으로 알고 있다.

그렇다면 탈성장 역시 오렌지 워싱이 필요하지 않을까. 오렌지와 녹색 사이 어딘가에 존재하는 대다수의 대중들은 오렌지색 특유의 개인성을 드러내고자 하는 욕구가 강하다. 따라서 그들에게 충분히 녹색의 라이프 스타일이 매력적으로 보일 때에만 그들은 관심을 갖는다. 아무리 녹색의 메시지에 동의하더라도 그것이 획일적이거나 지루해 보인다면 그들은 반응하지 않는다.

업사이클링이나 도시 농업 등 소비를 벗어난 자원 순환, 자급자족의 라이프 스타일이 예술이나 놀이의 형식을 빌려 재미있게 전달됨과 동시에 무한 성장과 무한 경쟁에서 벗어나 필요한 만큼만 일하고 벌면서 관계망을 통한 나눔과 행복을 추구하는 삶의 다양한 이야기들로 그들을 초대한다면 그들은 서서히 녹색에 젖어들 것이다. 그리고 사실 지금 사회 곳곳에서 이러한 다양한 이야기는 시작되고 시도되고 있다. 오렌지색의 개성과 합리성, 녹색의 감수성이 어우러진 각양각색의 라이프 스토리는 많은 이들의 공감을 사며 급속도로 사회 저변으로 퍼져나갈 것이다.

2024년, 오렌지색과 녹색의 대중을 포섭하는 보다 다양한 청록색의 출현을 기대한다.

실효성 있는 **영 케어러 조례**까지 한 발자국

조명아*

* 충남대학교 사회학과 박사수료
대학원에서 사회학을 공부하고 있다. 주요 관심사는 젠더와 노인, 그리고 돌봄. 현재는 영 케어러의 돌봄전략과 관련해서 박사논문을 쓰고 있다. 앞으로도 다양한 가족과 젠더의 돌봄에 관한 연구를 하며 살아가고자 한다.

휠체어를 미는 세대를 위한 세상의 움직임

2016년 시사주간지 『시사인』은 「유모차보다 먼저 휠체어를 미는 세대」라는 기사를 내보냈다.[1] 청년들이 초고령화, 비혼·만혼화 등 인구구조의 변화로 인해 자신의 취업, 결혼, 출산 보다 (조)부모 간병을 먼저 하게 된다는 사례를 주로 소개한 것이다. 2016년이면 7년 전인데, 그때부터 우리 사회는 청년기에 행해야 할 돌봄을 고민한 셈이다. 이처럼 가족돌봄청년 담론은 갑작스럽게 등장한 소수 집단만의 문제가 아니다. 한국 사회의 저출산, 초고령화, 핵가족화 등 사회 구조적인 변화와 함께 돌봄이 중요한 사회적 행위로 승인되면서 가시화되었고, 또 그로부터 비롯되는 여러 사회적 문제가 동반되는 이슈이기 때문이다.

한국 사회에서 돌봄은 여전히 가족 안에서 해결해야 된다는 의식이 지배적이다. 아프거나 자립하기 힘든 가족을 돌보기 위해 아동과 청소년, 청년이 돌봄 인력으로 동원되더라도, 그것은 개인이 감당해야 할 복잡한 '가정사'의 문제로 치부되어 왔을 뿐

1 〈시사인〉, 「유모차보다 먼저 휠체어를 미는 세대」, 2016/11/24, https://www.sisain.co.kr/news/articleView.html?idxno=27551

이다. 하지만 이런 가정사를 겪는 인구가 점점 더 크게 늘어나고, 심지어 그로 인해 발생한 여러 사건이 언론의 사회면을 계속해서 장식하고 있다면 어떨까? 오늘날 돌봄, 그중에서도 미성년자들 혹은 이제 막 성인이 된 이들이 가정에서 수행하는 돌봄은 더 이상 개인의 사적인 문제에 머물러 있지 않다. 한때는 전혀 사회적인 것으로 보이지 않았던 가정폭력이나 데이트폭력이 이제 더 이상 사적 문제로 인식되지 않듯이, 오늘날 돌봄은 우리 공동체 전체가 고민해야 할 사회적 문제가 되었다. 그중에서도 가장 비가시적인 영역으로 남아 있던 돌봄인 '영 케어러'의 문제는 그 파장을 고려할 때 가장 시급하게 다뤄져야 할 사회적 의제로 자리매김 될 필요가 있다.

최근 영 케어러 당사자들이 돌봄의 경험을 담아 여러 편의 단행본이 출간되었다.[2] 이를 시작으로 소소하게 영 케어러에 대한 소개와 지원 정책을 요구하는 글들이 소개되었다. 하지만 탐색적인 보도나 소개 수준에서 사회적으로 돌봄 청년(영 케어러) 문제의 심각성과 지원 정책의 필요성이 주목받게 된 결정적인 계기는 일명 '강도영 사건'이라는 간병살인 사건이다. 이는 2021년

2 이에 대해서는 김달님, 『작별인사는 아직이에요』, 어떤책, 2019, 윤이재, 『아흔 살 슈퍼우먼을 지키는 중입니다』, 다다소재, 2020, 전용호, 『나대지 마라 슬픔아』, 사과나무, 2020, 조기현, 『아빠의 아빠가 됐다』, 이매진, 2019, 조기현, 『새파란 돌봄』, 이매진, 2022을 보라.

[표] 각 지자체 가족돌봄 청소년 및 청년 지원 조례

지자체	조례명	시 행
부천시	부천시 가족돌봄 청소년 및 청년 지원에 관한 조례	2024.01.01.
대전 동구	대전광역시 동구 가족돌봄 청소년 보호 및 지원 조례	2023.09.27.
군포시	군포시 가족돌봄 아동·청소년 보호 및 지원 조례	2023.09.27.
광주시	광주시 가족돌봄 청소년 및 청년 지원에 관한 조례	2023.09.27.
광주 북구	광주광역시 북구 가족돌봄 청소년·청년 지원 조례	2023.09.27.
익산시	익산시 가족돌봄 청소년·청년 지원 조례	2023.09.27.
이천시	이천시 가족돌봄청소년 및 청년 지원에 관한 조례	2023.09.27.
사천시	사천시 가족돌봄 청소년·청년 지원 조례	2023.09.21.
창원시	창원시 가족돌봄 청소년·청년 지원에 관한 조례	2023.08.16.
광주 광산구	광주광역시 광산구 가족돌봄 청소년·청년 지원 조례	2023.08.14.
대구시	대구광역시 가족돌봄 청소년·청년 지원에 관한 조례	2023.08.10.
광주시	광주광역시 가족돌봄청소년·청년 지원 조례	2023.08.07.
용인시	용인시 가족돌봄 청소년 지원에 관한 조례	2023.07.31.
광주 서구	광주광역시 서구 가족돌봄 청소년·청년 지원 조례	2023.07.15.
대전시	대전광역시 가족돌봄청년 지원 조례	2023.07.14.
나주시	나주시 가족돌봄 청소년 보호 및 지원 조례	2023.07.12.
강원도	강원특별자치도 가족돌봄청년 지원 조례	2023.06.11.
서천군	서천군 가족돌봄 청소년·청년 지원 조례	2023.06.09.
광주 남구	광주광역시 남구 가족돌봄 청소년 등 동거가족 지원 조례	2023.05.19.

경기도	경기도 가족돌봄청소년 및 청년 지원에 관한 조례	2023.05.17.
군산시	군산시 가족돌봄 청소년・청년 지원 조례	2023.05.01.
광명시	광명시 가족돌봄 청년 지원 조례	2023.04.11.
부산 연제구	부산광역시 연제구 가족돌봄 청소년 보호 및 지원 조례	2023.04.10.
괴산군	괴산군 가족돌봄 청소년 보호 및 지원 조례	2023.03.17.
여수시	여수시 가족돌봄 청소년・청년 지원 조례	2023.03.15.
강원도	강원도 가족돌봄청년 지원 조례	2023.03.03.
인천 미추홀구	인천광역시 미추홀구 가족돌봄 청소년 보호 및 지원 조례	2023.01.02.
서울 서대문구	서울특별시 서대문구 가족돌봄 청소년・청년 지원 조례	2022.12.30.
서울시	서울특별시 가족돌봄청년 지원에 관한 조례	2022.10.17.
김해시	김해시 가족돌봄 청소년 보호 및 지원 조례	2022.02.11.

출처: 자치법규정보시스템 (열람일: 2023.10.03)

대구에서 스물한 살의 청년이 뇌출혈 발병 후 가료중인 아버지를 독박 돌봄하며 생활고에 시달리다, 결국 '비의지적 간병살인'을 하게 된 사건이다. 그제야 우리 사회는 좀 더 적극적으로 '영케어러'의 존재를 인지하고, 그들이 겪는 고통에 대해 고민하기 시작했다.

그리고 그에 따른 후속조치들이 이어졌는데, 늦긴 했지만 그래도 일말의 희망은 확인할 수 있다. 2022년 보건복지부는 질병,

장애, 정신건강, 알코올 중독 등의 문제가 있는 가족 구성원을 직접 돌보는 아동·청소년, 청년을 '가족돌봄 청소년, 청년'이라고 공표했으며,[3] 뒤늦게야 2023년 가족돌봄 청년 실태조사 결과가 공개되었다.[4] 이후 각 지자체에서도 가족돌봄 청소년 및 청년 지원 조례를 제정하기 시작했다.

지원 조례 현황을 보면 서울을 비롯한 수도권이나 광역자치단체뿐만 아니라 기초지자체에서도 가족돌봄 청소년 및 청년 조례가 실질적인 형태로 제정되었다는 것은 주목할 만하다. 이러한 상황은 가족돌봄 청년 문제가 한시적인 사회현상이 아니라 향후 전체 사회에 적용되는 지속적이고 포괄적인 사안이라는 인식이 뒷받침되고 있음을 보여준다.

조례의 '왜'(why)와 '어떻게'(how)에 대해 고민해 보기

가족돌봄 청년 지원정책을 실행하는 법적, 행정적 근거가 되는 조례안은 앞으로도 계속해서 더욱 확산될 것이다. 이러한 때에 좀 더 적극적으로 이 문제를 이해하는 태도가 필요하다. 첫

3 〈보건복지부〉, 「가족을 돌보는 청년, 국가가 함께 돌보겠습니다」, 보건복지부 2022/02/14 보도자료, https://www.mohw.go.kr/board.es?mid=a10503010100&bid=0027&act=view&list_no=370196

4 〈보건복지부〉, 「가족돌봄청년, 주당 21.6시간 가족 돌본다」, 보건복지부 2023/04/26 보도자료, https://www.mohw.go.kr/board.es?mid=a10503010100&bid=0027&act=view&list_no=375983

째, 인구 구조의 추이로 볼 때 초고령화 사회와 비혼화, 만혼화에 대한 안전망이 점차 확대되어야 한다는 인식이 늘어나고 있다. 가족돌봄 청년 담론과 정책은 최근 폭발적으로 증가하기 시작했다. 인구와 가족구조의 변화가 피할 수 없는 시대적 흐름이기 때문에, 이는 필연적인 과정이다. 나아가 현재 가족돌봄 중인 청소년, 청년들뿐만 아니라 가족돌봄을 준비해야 할 청소년, 청년을 염두에 둔 정책도 고려해야 할 시점이다.

둘째, 이러한 지원 정책에는 분명한 한계도 확인되는데, 지금까지 시행된 정책들이 주로 돌봄을 받는 대상에만 집중한다는 점이 대표적인 문제이다. 한국 사회의 복지정책은 상대적으로 잘 구축되어 있고, 행정 시스템 또한 우수하다는 점은 많은 이들도 인정하지만, 복지의 대상이 돌봄을 받는 자에 한정되고 돌봄을 행하는 자나 돌봄을 책임지는 자에 대한 고려는 여전히 부족하다. 현재의 돌봄 정책은 피돌봄자만 고려하고, 돌봄자를 돌보지 않으며 그만큼 돌봄의 질을 근본적으로 높일 수 없는 구조적 한계가 있다. 그런 점에서 가족돌봄 청년 지원 조례는 간접 수혜자였던 가족 내 돌봄 제공자를 직접 수혜자로 하여, 이들이 돌봄을 수행하면서도 자신의 생계와 생활을 보존할 수 있도록, 그래서 돌봄의 질을 높일 수 있도록 지원할 필요가 있다.

셋째, 초고령화 사회에 접어들면서 청년의 사회적 역할의 중요성이 늘어나고, 그들이 자기 능력을 발휘할 환경과 조건을 마련하는 노력이 병행되어야 한다. 가족돌봄을 수행하고 있는 청소년 또는 청년들은 돌봄으로 인해 학업, 진로선택, 취업, 결혼 등과 같은 생애 주기 과업에 지장이 발생한다. 돌봄으로 인해 사회적 역할을 제대로 수행할 시간적, 재정적 여유를 상실하였기 때문이라고 볼 수 있다. 국가 혹은 지역 공동체 차원에서 볼 때, 동일한 연령대의 청년들과 같은 수준의 경제와 사회 활동을 펼쳐야 할 사회구성원들이 자기 역할을 수행하지 못해서 발생하는 손실을 미연에 방지할 지원 체계가 필요하다. 그런 점에서 특히 수도권보다는 인구가 적고, 여러 사회적 안전망이 갖춰지지 않은 지역일수록 지원이 시급하다.

가족돌봄 청년 지원 조례 제정만으로 모든 문제가 해결되는 것은 아니다. 우선, 개념 규정의 문제가 있다. 즉 청년의 가족돌봄을 어떤 형태로 규정할 것인지, 영 케어러의 기준을 어디까지 볼 것인지가 그것이다. 여기에는 청년 연령의 기준, 돌봄 대상자인 가족의 범위, 돌봄 역할의 범위와 방식 등이 포함된다. 돌봄 청년의 연령과 역할에 따라 근거 법령, 정책 방향이 달라지는 것은 물론이고, 돌봄 형태에 대한 사회적 인식, 서비스 전달 체계, 보조인원의 배치 여부, 교육지원 등 많은 것이 조정되어야 하기 때문이다.

다음으로 고려해야 할 문제는 조례의 실효성이다. 대부분의 경우 조례가 마련되었다고 해서 반드시 실질적인 지원을 받을 수 있는 것은 아니며, 지원을 받는다 해도 효과가 발휘되지 않을 수도 있다. 그런 점에서 조례의 구체적인 내용이 중요하며 가족돌봄 청년 논의와 사안에 따라서 지속적이고 탄력적인 개정 작업이 필요하다. 실제로 조례가 있는 지자체에 거주하는 돌봄 청년 당사자 인터뷰를 수행해 본 결과, 그 청년들은 조례가 있다는 사실을 모르고 있었으며, 실질적으로 받고 있는 지원이 전혀 없다고 응답하는 경우가 많았다. 이처럼 돌봄을 수행하는 당사자들에게 필요한 정보가 제대로 전달되고 실질적이고 구체적인 지원이 이뤄지고 있는지를 확인하고 보완하는 것이 매우 중요하다.

마지막으로 실태조사가 지속적으로 진행되어야 한다. 돌봄 지원 정책이 현재 진행되는 사태를 수습하기 위한 사후적 접근이라면 실태조사는 미래를 준비하기 위한 사전 대비라 할 수 있다. 실태조사에 따라 기존의 지원 조례가 현실에 부합하게 혹은 미래를 대비하며 정비되어야 한다. 현재 서울시의 경우 보건복지부의 지원을 받아 실태조사를 시행하고 있지만,[5] 타 지자체는 지속적인 실태조사에 대한 언급은 찾기가 어려웠다. 실태조사가 이루어져야만 현실에 맞게 지원 조례를 정비할 수 있다. 즉, 지

5 〈서울시 복지재단 2023〉, 「서울시 가족돌봄청년 실태조사 심층분석」, 2023/08/09, https://wish.welfare.seoul.kr/swflmsfront/board/boardr.do?bmno=10015&bno=100098&pno=10007

원 조례와 실태조사는 분리된 작업이 아니라 상호보완적으로 병행되어야 하는, 성공적인 돌봄정책의 필수조건일 것이다.

조례의 향후 '숙제'를 고민해 보자

'가족'을 기준으로 생각하면, 유년기에는 누구나 돌봄을 받았을 것이고, 또 언젠가는 돌봄을 제공해야 하는 시기가 찾아온다. 한 개인이 가족 내에서 돌봄을 주고받는 시점은 대체로는 정해져 있으며, 돌봄 제공 시기는 장년기에 접어든 40-50대인 경우가 대부분이다. 사회학적으로 청년 단계를 보통 성인 역할에 대한 준비와 생계노동을 위해 교육 및 직업훈련을 받으면서 자립을 준비하는 시기로 이해한다.[6] 그러나 이러한 시기의 청년이 아픈 가족원을 돌보는 상황이라면 그 사람은 해당 생애주기 과업에 맞춰 자기의 삶을 안정적으로 살아갈 수 없게 된다.

한국 사회는 돌봄의 사회화와 지원정책에 대해 꾸준히 논의를 진행해 왔고, 많은 영역에서 현실에 맞는 해결책을 도출하려고 노력해 왔다. 2008년에 실시된 장기요양보험제도는 그러한 노력의 중요한 성과 중 하나이다. 그럼에도 불구하고 특히 이 시점에 가족돌봄 청년 문제가 주목되어야 하는 것은 그것이 기존

6 임운택, 「청년담론의 과잉을 경계하며... 청년세대의 개별화 경향을 직시하자」, 『대학지성』, 2020.01.05.

의 돌봄 논의와는 확연히 구별되면서 논의의 사각지대를 형성하고 있기 때문이다. 여기서 가족돌봄 청년 문제의 특징을 몇 가지 살펴보기로 한다. 첫째, 65세 이하의 부모를 돌보는 청년의 경우 지원책이 미비하다. 장기요양보험제도처럼 65세 이상의 노인의 경우 나름의 복지제도와 지원책이 구비되어 있다. 그러나 30-50대의 부모를 돌보아야 하는 10대부터 30대 초반 청년들의 경우는 지원받을 수 있는 제도가 극히 미비한데, 이는 돌봄 지원 정책의 직접 수혜자가 돌봄 대상자에 집중되어 있기 때문이다.

둘째, 가족돌봄이 개인의 생애주기 과업에 영향을 미치며 이는 나이가 어릴수록 더욱 크고 부정적이다. 물론 누구나 가족돌봄을 수행하게 되면 개인의 삶과 생애주기 과업에 적지 않은 영향을 받게 되는 것은 자명하다. 하지만 돌봄을 행하는 나이가 어리면 어릴수록 남은 생애에 누적적으로 부정적인 영향이 축적되어 나타날 수밖에 없으며, 또한 설혹 돌봄이 일찍 종료되더라도 한 번 틀어진 생애주기 과업의 지체는 되돌리기가 쉽지 않다. 그러나 청소년 또는 청년이 돌봄을 종료한 뒤 이미 소진된 신체적·정신적 에너지, 경력의 공백, 생애주기 과업 지체, 간병 파산 등에 노출된 상황을 고려하면서 지원 서비스가 이뤄지는 경우는 사실상 전무하다.

양적 성장 중심의 조례가 아닌

현재 가족돌봄 청년 지원 조례가 각 지자체마다 제정되고 있으며, 또 더욱 확산될 가능성이 높다는 점에서 영 케어러의 미래가 암울하기만 한 것은 아니다. 그러나 양 보다는 질에 초점을 맞춘 조례, 조례 제정 이후 그것을 유효하게 만들 각 실행 주체의 의지 및 그에 따른 적절한 후속조치가 발 빠르게 이뤄지는 것이 더욱 중요하다. 돌봄은 성장과는 전혀 정반대의 맥락을 가진다. 새로운 것, 신선한 것, 빠른 것, 그리고 양적으로 측정되는 것이 아니라 기존의 것을 잘 유지하고 부족한 부분을 사회와 네트워크가 뒷받침 해주는 것, 돌봄이 이뤄지는 현장에서 현재를 살아내는 어려움과 미래에 대한 불안에 시달리는 사람들의 삶을 전반적으로 보살피는 것, 이것이 돌봄 지원 체계의 주요한 기조가 되어야 하는 것이다. 가족돌봄 청년 정책적 문제는 돌봄 문제, 청년과 아동 문제, 청소년 문제, 노인 문제, 장애인 문제 등 다양한 영역에 걸쳐져 있다. 특히 가족의 돌봄 문제는 개인 차원에 머물지 않고, 사회의 구조 변화에 따라 예민하게 변동되면서 사회구성원의 일생에 치명적이고도 결정적인 영향력을 행사한다.

새로운 변화를 위해 전에는 없던 새로운 것을 도입해 적용하기보다는 기존의 것에 다양한 관점과 시각을 투영해 빈 공백을 메우고 보완하는 일이 더 현실적인 결과를 가져온다는 점을 재차 강조하고 싶다. 다양한 형태의 돌봄 문제와 관련되어 있는 가족돌봄 청년 문제는 다양한 사람들의 삶의 형태, 즉 지역, 연령, 젠더, 생계수단, 학업, 취업상황 등을 전반적으로 고려하면서 실태를 파악하고, 각 상황에 맞는 개선책을 탄력적으로 적용할 수 있어야 하는 것이다. 이는 물론 많은 인력과 재정적 투여, 장기간의 계획 등을 요구하는 일이지만, 그것은 우리 사회를 그 근본에서부터 안정화시키면서 사회 전반의 삶의 질을 느리지만 탄탄하게 높여주는 계기가 될 것이다. 또한 바로 그런 과정을 거쳤을 때에야 비로소 사회는 진정으로 그 구성원들에 의해 돌봄을 받을 수 있을 것이다. 바로 그러한 사회돌봄의 가장 앞자리에서 다른 이들의 돌봄을 안내하는 역할을 영 케어러는 그 누구보다 더 잘 해낼 것이기 때문이다.

탈성장 사회의 토대, 관계의 전환으로서 **기본소득**

팔리태(이지은, 한인정)*

* 기본소득한국네트워크 이사
기본소득이라는 공통분모를 기반으로 만난 우리는 우연히 생태적 삶에 얽혀들었다. 팔매(한인정)와 서리태(이지은)라는 개별자들에서 '하나는 너무 적고, 두 명은 너무 많은 얽힌 존재'임을 알아가게 됐다. 스스로를 팔리태로 명명하며, 우리는 공유지에서 더 많은 공유자-공유부를 드러내고자 한다. 자유와 평등이 공존할 수 있는 세계를 꿈꾸며.

일의 범주를 딱 정해 놓고 무언가 하는 사람들을 지원한다 … (오랜 침묵) 물론 중요한 부분도 있겠죠. 하지만 저는 지금 이 시대에 필요한 건 보다 보편적이고, 존재론적인 환대라고 생각해요. 저는 책도 보고, 친구들도 만나는데 … 이건 뭘까요. 이건 가치가 없는 일인가요. 뭔가를 하지 않아 보이니까 아무것도 하지 않는 걸까요. 저는 이런 것들에 대해 각자가 가치를 부여할 수 있는 사회로 바뀌어야 한다고 봐요. 그제야 각자의 삶이 있는 그대로 인정받을 수 있게 되겠죠. 그렇게 되면 자연에 대한 생각도 바뀔 거예요. 반달곰의 가치가 '멸종위기 종'이라서가 아니라, 각자의 자리에서 자신의 일을 하는 어떤 존재로요. 존재 자체로 인정하는 정치가 필요하다는 이야기예요.

- 생태활동가 인터뷰 중

생태활동가들의 일에 관해 연구하고 있던 중 만난 한 활동가의 말이다. 무조건적 환대가 또 다시 무조건적 환대를 낳을 수 있다는 의미다. 우리는 그와 같은 환대의 감각을 키워 나갈 토대로서 '기본소득'에 대해 말하고자 한다. 우리를 먼저 설명하자면, 우리는 탈성장주의자며 동시에 기본소득 지지자다. 기본소득이 결코 단일한 기표가 아닌 '스펙트럼' 속에 존재하고 있으며, 우리가 주장하고 있는 기본소득은 탈성장 안에 깊이 파묻혀 있다.

탈성장의 변주 속에서

2023년 기본소득 운동은 그 어느 때보다 뜨거웠고 질적으로 그 이전과 구별된다. 운동의 입장에서 상징적인 사건은 성남시 청년기본소득이 사실상 폐지된 일이다.[1] 2016년 한국 사회에서 처음으로 기본소득의 이념을 표방한 정책이었기 때문에 그 의미는 더 크다. 하지만 '취업 역량 강화를 도모한다'는 목적을 명시한 것이 정책의 발목을 잡아 버렸다. 청년기본소득 조례의 폐지를 주도한 국민의힘 의원들은 기본소득이 '취업률 향상'에 도움이 되지 않는다며 비판했다.

그들은 청년 취업 역량 강화를 위해 '청년취업 올패스(All-Pass)' 정책으로 기본소득을 대체해야 한다고 목소리를 높였다. 보수 언론들은 '퍼주기 정책의 결말'(《이데일리》), '현금 뿌리기는 지속 불가'(《조선일보》), '경제 어려우면 어떤 복지든 환상'(《한국경제》), '복지 성패는 지속 가능 여부'(《헤럴드경제》)라고 입을 맞춘 듯한 기사를 쏟아냈다. 이번 사건은 2016년 이후 기본소득 제도화의

1 2016년 입안되어 시행되던 성남시 청년기본소득 조례는 2023년 7월 '성남시 청년기본소득 지급조례 폐지조례안'이 가결됨에 따라 사실상 폐지됐다.

놀라웠던 속도만큼이나 그 쇠락의 길 또한 얼마나 가파를 수 있는지를 시사한다. 기본소득 제도화의 정치적 동력이 약화된 시점에서, 우리는 기존의 흐름을 성찰하면서 새로운 동력을 마련해야 한다. 기쁘게도 기본소득을 생태적 전환의 밑거름으로 평가할 만한 긍정적 징후들이 2023년 여러 번 일렁였다. 탈성장의 기반으로서 기본소득을 호명하는 몇 가지 신호들이었다.

그 시작은 2023년 8월 서울에서 열린 제22차 기본소득지구네트워크(BIEN) 대회[2]에서 일어났다. 핵심 논의 중 하나는 기본소득을 '어떻게 정당화할 것이고, 실현할 것인지'였다. 특히 기획세션 중 하나인 '다중위기 시대의 기본소득'은 자본주의의 질적 변화 속에서, 기후정의와 젠더정의를 추구하는 전환의 국면 속에서 기본소득의 의미를 심도 있게 탐구하는 계기를 제공했다. 그뿐만 아니라 성장의 한계에 대해 고민했던 로마클럽[3]이 최근에 발표한 『모두를 위한 지구: 인류생존을 위한 가이드』(2023)에

2 기본소득지구네트워크(Basic Income Earth Network: BIEN) 대회는 전 세계 기본소득 지지자들과 기본소득에 관심이 있는 사람들이 모이는 가장 큰 연례행사로서 전 세계의 기본소득과 관련된 다양한 토론과 최신의 연구 내용들이 공유된다. 제22차 대회는 8월 23일-26일에 '현실 속의 기본소득'이라는 주제로 한국에서 열렸다.

3 '로마클럽'은 1968년 지구의 유한성이라는 문제의식을 가진 유럽의 경영자, 과학자, 교육자 등이 로마에 모여 회의를 가진 데서 붙여진 명칭이다. 천연자원의 고갈, 환경오염, 지구온난화, 기상이변 등 인류위기를 타개하기 위한 방법을 모색하고 경고하며 조언하는 것을 목적으로 만들어졌다. 1972년 「성장의 한계」라는 보고서를 발표하여 제로성장의 실현을 주장하였다.

서도 기본소득이 주요 대안으로 채택되었다. 이 책에서 기본소득을 다루는 방식은 두 가지다. 첫째, 재원 마련의 차원에서 기본소득을 공유부 배당(common wealth dividends)으로 정의하고 공유지(commons)에서 나온 부를 모든 시민에게 공정하게 분배하기 위한 시민기금을 조성하자는 것이다. 이렇게 확립된 기금을 배당하는 것이 기본소득이 된다. 둘째, 실행 효과의 차원에서 기본소득은 불평등 해소를 위한 가장 근본적인 정책으로 자리매김된다. 이 두 가지는 생태·사회적 전환을 현실화하는 데 있어 기본소득이 필수적인 수단이 되는 이유를 제시해준다.

이러한 문제의식과 관점은 기본소득한국네트워크(BIKN)[4]의 다음과 같은 '기후정의 선언'으로 이어지기도 했다.

> "기본소득은 사회-생태적 전환의 필수요소이자 기후정의를 위한 기반입니다."

이 선언문은 2023년 5월 한국과 독일 학술 교류 컨퍼런스인 〈기후위기와 기본소득〉의 종합토론의 결과를 바탕으로 작성되었다. 이 선언은 2023년 8월에 제22차 기본소득지구네트워크 대

4 기본소득한국네트워크(Basic Income Korean Network: BIKN)는 2009년 창설되어 기본소득 관련 연구와 시민사회 활동을 활발히 펼치고 있는 시민단체이다.

회에서 처음으로 발표되었으며, 전 세계 30개 이상의 단체와 많은 참여자들의 지지를 얻었다.[5] 현재까지 국내·외 차원에서 서명 운동이 진행 중이다.[6] 이 선언을 기점으로, 한국네트워크는 공식적으로 생태문명을 파괴하는 방식의 기본소득(안)에 반대하고, 생태·사회적 전환을 위한 기본소득 모델을 지지하겠다고 선언했다. 이로써 기본소득 운동의 질적 분기를 맞이한 셈이다.

'관계의 전환'을 일궈낼 기본소득

우리가 탈성장의 동반자로서 기본소득에 주목하는 이유는 그것이 '관계의 전환'을 전제한다는 점에 있다. 즉 기본소득은 생태-사회의 부정의가 모두의 파멸로 이어지는 '지금-여기'에서 생태적 전환을 위한 실질적이고 구체적인 대안을 제공한다는 점에 그 의의가 있다. 그동안 크고 작은 기본소득 정책과 실험들[7]에서 기본소득이 자기결정권을 늘리고 경제적 종속을 약간이나마 완

5 〈BIEN〉, "Basic Income and Climate Change", 2023/11/25, https://basicincome.org/news/2023/11/basic-income-and-climate-change/

6 2024년 2월 16일 한국네트워크와 지구네트워크 차원에서 지지 서명을 받고 있다. 한국의 경우 아래 링크에서 참여할 수 있으며 기후정의 선언문도 확인할 수 있다. https://basicincomekorea.org/remark-230612_we-support-the-declaration_basic-income-is-an-essential-component-of-the-socio-ecological-transformation-and-a-foundation-for-climate-justice/

7 옥천 청소년 기본소득 실험, 판동초등학교 어린이 기본소득, 청소년 자립팸 이상한 나라 기본소득 실험, 십시일반 기본소득 실험, 부산 청년기본소득 프로젝트, 전북 쉼표 프로젝트, 대전 띄어쓰기 프로젝트, 청년 농어민 기본소득 실험, 경기도 농촌기본소득 실험 등이 있다.

화하는 결과를 낳았다는 사실들이 소개됐다. 생계의 '숨구멍'이 된 기본소득은 환대받는다는 느낌으로 감각되기도 했고, 무엇보다 무조건적인 지급을 통해 자율적으로 자신의 삶을 추구할 수 있는 바탕이 되었다는 평가를 받았다. 이러한 숨구멍은 우리가 탈성장 사회를 만들어갈 때 반드시 필요한 부분이다. 생계적 압박에 시달리는 삶은 조건반사적으로 성장주의의 손을 들어줄 가능성이 높기 때문이다.

우리가 먹는 것에서부터, 탈 것과 입을 것, 소비하고 사람들을 만나는 모든 일들에 조금씩 변화를 이뤄내려면 현재의 '관계들'을 성찰할 필요가 있다. 자율성 속에서 새롭게 깨닫고 느끼며, 천천히 머무를 수 있는 여유가 필요하다. 여유는 나를 돌보고, 나아가 내 옆에 있는 존재들을 바라보거나 돌볼 수 있게 한다. 생태적 삶과 사유가 '우리가 함께한다'는 감각에서 출현하는 것이라면, 우리는 주체를 '관계 속에서' 새롭게 만들어 가는 시간이 필요하다. 가령 먹을 수 있는 풀을 찾는 일, 나무에 기대어 바람을 느끼는 일, 친구들과 페미니즘 공부를 하는 일, 함께 밥을 해 먹는 일, 죽은 고양이의 사체를 치워 주는 일, 호미질을 하며 흙 속의 다른 생명을 마주하는 일, 각종 공간에서 다양한 정동과 마주하는 일, 이렇게 얻어진 사유를 공통의 언어로 표현해 내는 일 등은 모두 관계적인 일이자 삶이다. 자율과 공존을 이어내는 생태적 노동이다. 올리브 나무의 숨구멍과 나의 숨구멍을 잇기 위해서는 각자 최소한의 삶의 기반이 필요하다. 처참한 빈곤 속에서는 전체 생명을 향하는 관계와 철학이 살아남기 어렵다. 기본소득은 개별적인 주체들을 잇고 새로운 세계의 탄생을 위한 마중물이 될 수 있다.

> 십시일반 모인 응원이 없었다면, 올해 상반기를 넘기지 못하고 생계를 꾸리기 위해 활동이 아닌 다른 일을 시작했을 거예요. 덕분에 제가 바라는 삶을 산다고 느끼고 있어요. 제가 무성해진 나무를 보고 안도와 감사를 느끼듯, 제가 저로서 살아간다는 게 여러분에게도 감사히 느껴질까요? 그러시리라 감히 생각해 보아요. 서로를 잘 몰라도 서로의 안녕에 감사할 수 있다는 게 신비로워요.
>
> - 십시일반 기본소득 실험 참여자가 보내온 편지 중[8]

관계에 대한 첫 번째 이야기가 생태적 삶과 사유에 대한 것이었다면, 두 번째 이야기는 불평등에 관한 것이다. 불평등은 빈곤

8 '십시일반 프로젝트'는 한 존재를 응원하기 위해 십시일반으로 돈(보통 5만 원씩)을 갹출해 누군가(전환의 의지는 있는데 이 의지를 실천하기 불안정한 상태에 놓인 이, 활동이라고 말해지지 않는 활동들을 하고 있는 이)에게 선물하는 프로젝트이다. 1년 동안 매월 50만 원을 선물한다. 2024년 2월 시점으로 여섯 번째 실험이 진행 중이다. 실험기획자는 기본소득이 '전환과 돌봄을 위한 지지망'이라며, 기본소득이 각자가 바라는 삶을 자신감과 안정감을 가지고 살아갈 수 있게 도와줄 것이라고 기대했다.

과 다르다. 빈곤이 기본적인 필요에 관한 것이라면 불평등은 속도에 관한 것이다. 불평등은 어떤 사람이 낙타와 함께 사막을 걷고 있는데 그 위로 제트비행기가 굉음을 내며 빠르게 사라지는 것과 같다. 걷고 있는 사람과 비행기를 타고 가는 사람 사이에서 벌어지는 속도의 차이가 불평등이다. 2022년에 발표된 세계불평등보고서에서는 탄소 불평등과 소득 및 자산 불평등과의 관계를 분석하고 있다. 충격적인 사실은 소득 분위별 탄소 배출량의 격차가 상당히 크다는 점이다. 2019년 세계 지역별 1인당 탄소 발자국을 살펴보면, 동아시아, 유럽, 북미의 하위 50% 인구집단의 경우 1인당 10톤 이하로 나타나고 있지만, 상위 10% 집단의 경우 동아시아에서 약 39톤, 유럽 약 29톤, 북미 73톤으로 나타나 매우 높은 수준의 격차를 나타내고 있다(Chancel et al., 2022).[9] 이러한 구조를 이해한다면 불평등 그 자체를 줄이는 것, 그것도 가장 많이 가진 사람들의 탄소 배출을 규제하는 것도 탈성장 사회로 가는 주요 과제가 될 것이다. 이러한 국면에서 기본소득은 불평등 완화의 가장 근본적이자 급진적인 비전으로 제시되고 있기 때문에 탈성장 사회로의 이행에 중요한 제도가 될 수 있다.

이쯤에서 탈성장 사회의 재/분배정책에 대해 몇 가지 논하고

9 Chancel, L., Piketty, T., Saez, E., Zucman, G. et al. (2022). World Inequality Report 2022, World Inequality Lab. https://wir2022.wid.world/

자 한다. 먼저 기본소득은 단순히 부자에게 세금을 많이 걷어서 가난한 사람에게 나누는 정책 철학과는 완전히 다르다는 점이다. 또한 탈성장의 도구로서 기본소득은 부자에게 세금을 많이 걷어 일반 시민들의 소비 수준을 높여 삶의 질을 개선하는 재/분배 정책과는 다른 철학을 가진다. 그동안 선진 복지국가들은 경제라는 파이를 크게 키워서 여러 가지 분배 및 재분배 정책을 통해 더 큰 소비와 소득, 그리고 물질적으로 윤택한 삶을 보장하고자 노력했다. 하지만 그 파이가 썩은 파이라면? 파이를 만드는 화덕 자체가 불타고 있는 실정이라면? 우리는 다른 방식의 분배에 대해 상상해야 한다.

마지막으로 논할 관계 이야기는 '우리 모두의 관계'에 대한 것이다. '모두의 관계'란 무엇일까? 여기에는 상상력이 필요하다. 잠시 시간을 내어, 지금-여기에 내 삶과 연계된 관계가 몇 가지나 될지 생각해보기를 권한다. 정말 진지하게 이를 고민한다면, 우리는 그 무한함에 놀라움을 금치 못할 것이다. 우리는 어딘지 모를 땅속에 살고 있는 미생물과 연결되어 있으며 혹은 그 이상도 가능하다. 핵심은 공유부 배당(common wealth dividends)으로 정의된 기본소득이 '우리 모두의 관계'에 대한 이야기를 꺼낸다는 것이다. 이는 우리가 모두의 살과 피로 생산한 공통의 유산을 가지고 있고, 이에 대한 권리와 책임 역시 우리 모두에게 있다는 사실을 드러낸다. 또한 배당들(dividends)이라는 복수의 표현에서 알 수 있듯이, 세상에는 상상할 수 없을 만큼의 많은 공유부가 존재하며 그러한 공유부와 연결된 우리 모두가 이를 공정하게 분배할 수 있어야 한다는 것을 의미한다. 이때 공유로 엮여 있는 우리의 관계는 우리가 상상하는 만큼 확장될 수 있다. 로마클럽에서 발행된 『모두를 위한 지구』(2023/2022)에서는 기본소득을 보편적 기본 배당(universal basic dividend)으로 정의하면서, '배당'의 의미를 다음과 같이 설명하고 있다.

> '모두를 위한 지구' 전환경제위원회 위원인 켄 웹스터는 배당이라는 표현에 대해 이렇게 쓴다. 배당은 시민들이 점점 더 자기 자신과 다른 사람들을 지구의 공동거주자 그리고 공동소유자로서 타고난 권리(birthright)가 있다는 사실을 인식하게 됨을 반영한 말이다. 그렇다면 여기에는 일정한 권리와 책임 또한 수반되어야 한다.
>
> - Dixson-Declève et al. (2022: 47)

탈성장 사회의 토대

탈성장 사회는 각자에게 '나답게' 살 것을, 더 이상 사회가 주입하는 욕망이 아닌 '자신의 내면'과 '타자에게 응답할 수 있는 책임'에 귀 기울일 것을 요구한다. 느린 속도에서 함께 평화로운 삶을 살아가는 것이 어떻게 가능하게 될까? 끊임없는 경쟁사회,

연대와 상생은 사라진 지 오래며 각자도생이 대세로 자리매김한 사회다. 극심해진 불평등은 '하루벌어-하루먹고' 사는 삶을 양산한다. 기후위기를 외치는 목소리에, '내 삶은 당장 내일도 가늠할 수 없다'며 자조 섞인 비관들이 사회를 뒤덮는다. 이러한 격차를 어떻게 메울 수 있을까? 우리는 기본소득이 중요한 역할을 할 수 있을 것이라고 주장한다. 다만, 당위적으로 기본소득을 주장하기보다 '무조건적 환대'로서의 기본소득, 모두에게 열린 관계를 수립하기 위한 조건으로서의 기본소득에 대해 말하고 싶다.

기본소득 실험에 참여했던 사람들은 공통적으로 '기본소득을 통해 사회를 처음으로 감각했다'고 말한다. 기본소득이 각자도생 사회 속에서 공유의 감각을 실현하는 첫걸음이 될 수 있다는 이야기다. 또한 일각에서는 기본소득이 소비를 조장한다며 소리 높여 비판하지만 이는 간단치 않은 문제다. 여기에서 그 논쟁을 깊이 있게 다룰 수 없지만, 우리는 기본소득 실험 참가자들의 소비 형태에 주목해 보면서 그 단초를 찾고자 한다. '평소에 얻어만 먹었는데, 밥을 사 줬어요', '강아지에게 수제 간식을 만들어 줄 수 있었어요', '좋은 연극을 볼 수 있었어요' 등의 이야기들 속에서 발견된 그들의 소비는 '나 자신을 돌아보고 관계를 확장'하는데 닿아 있었다. 이토록 소박하고도 절박한 여유가 사치가 되어 버린 현대 사회에서 기본소득은 너와 나를 이어내는 '숨구멍들'로 작동하고 있었던 것이다. 물론 기본소득이 만능키가 될 수는 없다. 생태적 사유를 불러일으키고, 생태적 삶을 지속적으로 살아갈 수 있는 여러 가지 다른 대안들이 필요할 것이다. 다만 분명한 것은 기본소득이 탈성장의 토대로서 앞으로 다가올, 그리고 지금 여기 와 있는 새로운 세계를 가능하게 할 강력한 가능성 중 하나라는 사실이다.

탈성장 사회에서 기본소득의 언어를 경유하여 우리가 질문해야 할 것은 이런 것이다. 과연 공동의 부(common wealth)는 무엇이며, 숨을 헐떡거리게 만드는 '부채'는 무엇을 의미하며, 우리는 어떤 '생산과 소비'의 형태를 원하는가? 이러한 사회에서 과연 '화폐'라는 것은 무엇을 의미하는가? 우리는 이런 상상의 꼬리를 이어 본다. 만약 우리가 그동안 자본에 의해 착취당해 왔던 공동의 부들을 모아 시민기금으로 만들 수 있다면, 그리고 그것을 모두에게 공정하게 분배할 수 있다면, 혹은 기본소득을 주권화폐 방식으로 발행할 수 있다면, 혹은 지역화폐를 통해 공동체의 능력을 강화하는 방향으로 실시된다면 어떨까? 더 평등하고 더 다양하며 더 느리고 평화로운 삶을 영위하기 위해 기본소득의 역할을 더 생생하게 상상해낼 수 있다면 어떨까? 이러한 것들이 탈성장 사회로 나아가기 위해 우리가 요구할 수 있는 새로운 분배 방식의 내용일 것이다!

그리고
만들고
살고

기후위기와 **예술**에서의 **탈성장**

김영준*

* 1인조 인디밴드 '하늘소년', 기후위기기독인연대 활동가
기후위기를 극복하여 인간의 존엄을 지키고 싶은 두 아이의 아빠이자, 예술의 힘을 믿으며 '월간 기후송' 프로젝트를 진행한 싱어송라이터. 교육의 중요성을 고민하는 기후환경 강사면서, 종교(신앙)의 힘을 아직 믿는 기후위기기독인연대 활동가. 그리고 정치에 희망을 버리지 않은 녹색당 당원.

현황과 전망

코로나19로 인한 팬데믹 사태의 여파는 현재진행형이고, 계속되는 러시아-우크라이나 전쟁과 최근 일방적인 양상으로 전개되는 이스라엘-팔레스타인 전쟁이 문화예술계의 저변에 깊은 그림자를 드리우고 있다고 판단된다. 무엇보다 지난해(2023)는 역사상 가장 뜨거운 지구 평균기온 기록을 세웠고, 해류순환이 이번 세기 내에 멈춰 버려 새로운 빙하기가 도래할 수도 있다는 엄청난 내용의 연구도 발표되었다. 남극 빙상 본체를 떠받치는 '스웨이츠 빙하'(종말의 빙하)가 곧 떨어져 나가 서서히 녹아 가게 될 것이라는 기사 등을 보며, 기후재앙의 시간이 너무도 빠르게 다가옴을 느꼈다. 누구보다 감각적으로 예민한 예술인들은 이에 반응하며 여러 작품들을 만들어 내고 있다.

공공 영역에서 "국립극단은 동시대적 화두로 대중과 소통하기 위해 2022년 '기후위기와 예술'로 창작극 주제를 설정하고 이 주제에 맞춰 작품을 개발"했는데, 2022년 〈기후비상사태:리허설〉

을 시작으로, 2023년 〈당신에게 닿는 길〉,[1] 〈스고파라갈〉[2]이 대표적 작품이다.

민간에서는 "연극, 다원예술, 시각예술, 영화, 영상, 책 등 다양한 분야의 예술가와 기획자, 리서처들이 함께 기후변화에 대해 탐구하며 막연한 거대 담론을 우리의 삶 속에 구체화하며, 예술적 실천을 만들어내고자 하는 것을 목적"으로 하는 〈예술텃밭 예술가 레지던시-기후변화〉 활동이 인상적이었다.

개별 작품으로는 구글·나사와 협업하여 과학기술을 접목한 카이스트 산업디자인학과 강이연 교수팀의 〈패시지 오브 워터(Passage of Water)〉라는, 담수의 중요성을 알린 독특한 작품도 있었다.[3]

또한 "모두를 위한 기후예술학교"라는 '기후를 주제로 예술가들의 학교를 처음으로 만들고자 한' 첫 시도도 눈에 띄었는데, 뮤지션과 연극인이 만든 '기후송과 함께하는 생태 낭독극', 그림책 작가와 시각예술작가가 만든 '플라스틱 섬에서의 하루'라는 예

---

1 〈노컷뉴스〉, 「기후위기로 인한 종말, 연극은 계속된다… '당신에게 닿는 길'」, 2023/09/05, https://www.nocutnews.co.kr/news/6006749

2 〈노컷뉴스〉, 「기후위기로 뒤집힌 세계…국립극단 연극 '스고파라갈'」, 2023/07/31, https://www.nocutnews.co.kr/news/5986297

3 〈연합뉴스〉, 「기후변화로 인간이 직면한 담수 위기 예술작품으로 알린다」, 2023/12/04, https://www.yna.co.kr/view/AKR20231204107400063
강이연, 〈Passage of Water〉, Google Arts & Culture과 NASA 협업, 2023, https://artsandculture.google.com/experiment/passage-of-water/dAElpEyEjuE9XQ?hl=ko

술과 교육을 융합하는 새로운 시도도 있었다.[4]

2023년 11월 초, 영국의 경제 주간지 『이코노미스트』가 2024년 세계 경제 전망의 핵심 실마리로 '선거'를 꼽으며, "2024년 사상 최초로 전 세계 인구의 절반이 넘는 40억 명 이상이 투표소로 향한다."고 했을 정도로 2024년은 전 세계적으로 엄청난 격변이 있을 것으로 보인다.

여전히 전쟁은 계속될 것으로 보이고, 중국의 세력 확장 및 미국과의 갈등, 인도-태평양 안보 정세의 변화, 트럼프가 재선될 경우 전 세계적 정치우경화 및 극우화의 가능성도 높아지고 있다.

이런 혼란 속에 최근 인기를 끌고 있는 영화나 드라마가 복수, 폭력 소재가 인기를 끌고 있는 것만 보더라도 전반적인 문화가 이런 정서를 반영할 것으로 예상이 된다.

기후위기가 해가 다르게 심각해짐에 따라 더욱 비판적이고 직설적 표현방식의 예술작품들이 등장할 수 있고, 문화흐름도 이에 동조할 것으로 예상된다.

4 환경교육센터 SEEDS, 「글로컬 환경교육 포럼 4회차 - 기후위기 시대, 예술로 말걸기」, 2023. https://youtu.be/WOiG_zDAEXk?si=A-0Ooy20-GXgtm9S

배치를 바꾸자 살아나다

- 알리자 엘리아자로프(Aliza Eliazarov) "Waste Not"

이게 버려진 쓰레기라고? 뉴욕의 길거리를 돌며 충분히 먹을 만한 물건들을 찾아 새롭게 배치한 이 작품은 우리가 매일같이 엄청난 양의 음식쓰레기를 버리고 있음을 고발하고 있다.

작가는 80년대 '프리건'운동에서 영감을 받았다고 하는데, 필요한 물건은 물물교환으로, 옷은 쓰레기통에서, 식사는 버려진 음식으로 해결했다는 프리건들의 모습은 꽤 충격적이었을 것이다. 하지만 40% 가량의 음식이 버려지고, 8명 중 1명은 굶주리는 미국인들의 모습이 더 충격적이지 않은가? 어쩌면 이들은 극단적 반소비주의자라기보다는 종말로 가는 성장주의의 미래를 예고한 '예언자'들, '급진적 탈성장주의자'들은 아니었을까.

또한, 버려져서 비가시화된 물체를 새롭게 배치하여 가시화했다는 점도 눈여겨볼 만하다. 기후환경실천이 작심삼일로 끝나지 않으려면 우리의 배치도 달라져야 하지 않을까. 탄소를 뿜어대는 물건들도, '성장주의' 언어를 쏟아내는 사람들도.

행동이 변하려면 감정이 움직여야 한다.

- 올라푸르 엘리아손(Olafur Eliasson) "Ice Watch"[5]

---

5 이 작품은 지질학자, 잠수부, 항만 노동자와 함께 그린란드 '누프 캉에를루아'로 불리는

전 세계적으로 주목받고 있는 아이슬란드계 덴마크 설치 예술가 올라푸르 엘리아손. 그는 세계적으로 유명한 장소에서 대담한 시도를 하는 것으로 잘 알려져 있다.

"세상을 경험하는 방식을 바꾸면 세상이 바뀐다."[6]

차가울 것 같은 것과, 차가운 것은 다르다. 빙하가 녹고 있을 것 같다는 생각과 녹는 것을 보는 것은 다르다. 아마도 빙하를 만지기 전과 후의 차이일 것이다. 눈앞에서 녹는 빙하를 그것도 가장 빠르게 녹고 있는 그린란드 빙하를 보고 만진 사람의 삶은 어떻게든 달라질 것이다. 빙하를 안고 얼굴까지 부비는 사람들의 뜨거운 마음이라면.

"당신이 작품을 바라볼 때 작품도 당신을 바라본다. 작품이 당신의 이야기에 귀를 기울인다."

'Ice Watch.' 우리가 빙하를 보고 있지만, 실은 빙하가 우리를 보고 있다. 미국인이 쓰는 석유를 에너지로 환산하면 1인당 174명의 노예를 소유한 것과 같다는 우리 이야기에, 빙하는 엄청나게 녹아내린 그린란드의 얼음 약 5320만 톤(2019)이 한반도 면적

피오르[빙하로 만들어진 좁고 깊은 만을 지시함]에 떠다니는 빙하를 건져내 컨테이너에 실어 파리의 '팡테옹 광장'에 전시되었다. 빙하를 전시하는 과정에서 처음 건져낸 빙하를 훼손하지 않기 위해 많은 주의를 기울였다고 한다.

6 넷플릭스 다큐멘터리 〈앱스트랙트: 디자인의 미학〉. 이하의 인용은 해당 작품 속에 등장하는 작가의 말을 직접 인용한 것이다.

위: 미니 태양광 램프 리틀 선
아래: 증강현실 앱 지구 스피커

의 두 배를 1.25미터의 높이로 덮을 수 있는 양이라는 이야기로 응수할 것이다.[7]

특히 엘리아손의 말을 통해 예술에 대한 그의 철학과 작품을 이해할 수 있는데, 기후위기 극복을 고민하는 예술가들에게 '감정'에 대한 중요한 통찰을 제공한다. "예술에는 우리가 세상을 탐구하고 밀접한 관계를 맺게 하는 힘이 있어요. 생각을 행동으로 바꾸는 힘이요. 저의 아이디어는 매우 단순합니다. 얼음이 차갑다는 걸 모르는 사람이 있나요? 하지만 행동이 변하려면 감정을 먼저 움직여야 해요."[8]

또한 다음 작가의 말은 아주 인상적인데, 이는 너무나 거대한 위기로 다가와 해결책이 보이지 않는 기후위기에 맞서 어떤 관점을 견지해야 할지를 알려준다. "흔한 햇빛이라고 생각하던 것도 사실 가는 곳마다 달라요. 우리 주변 환경을 당연한 듯이 받아들여서는 안 됩니다. 노력만 한다면 더 많은 것을 볼 수 있다는 걸 알아야 합니다. 현실이 상대적이라는 것을 알면 바꿀 수도 있다는 걸 알게 됩니다."[9]

---

7 이에 대해서는 앤드루 니키포룩, 『에너지 노예, 그 반란의 시작』, 김지현 옮김, 황소자리, 2013를 참고하라.

8 기후위기 대응 매거진 『1.5°C』 : N°1 ELECTRIC SHOCK!, p.204. http://105orless.com/1-17/

9 기후위기 대응 매거진 『1.5°C』 : N°1 ELECTRIC SHOCK!, p.213. http://105orless.com/1-17/

그는 작품으로 그치지 않고 실제 문제 해결을 위한 고민을 하며 '리틀 선'(Little Sun, 2014)이라고 하는 손바닥만 한 미니 태양광 램프를 만들었다. 사회적 기업까지 만들어 판매한 만큼의 수량을 전기와 불빛 없이 살아가는 아프리카 에티오피아 같은 제3세계 국가에 전달한다.

또 하나 흥미로운 작품은 증강현실 앱으로 만든 '지구 스피커'(Earth Speaker, 2000)이다.[10] 이 작품은 버려진 플라스틱 페트병이나 오염된 바닷물 등의 이미지에 아이들의 얼굴을 3차원으로 입혀 아이들의 목소리로 기후위기 메시지를 직접 전하고, 또 지도에 맵핑하여 다른 사람들과 공유할 수 있도록 한 프로젝트이다.

사라져가는 평범한 사람들

- 넬레 아제베도(Nele Azevedo)의 작품 "The Minimum Monument"(최소한의 기념비)

그의 작품은 인간의 형상을 한 수천 개의 작은 얼음인데, 작품

10 '최소한의 기념비'는 설치미술가 넬레 아제베도의 작품으로, 2003년 브라질 상파울루를 시작으로 쿠바 아바나, 일본 도쿄, 프랑스 파리, 독일 베를린 등 대도시의 광장에 설치한 작품으로, 얼음이 녹는 과정을 통해 기후변화의 위기를 직접적으로 전달하며 대중의 의식에 영향을 준 것으로 평가받는다.

"The Minimum Monument"(최소한의 기념비) : 넬레 아제베도(Nele Azevedo)

명이 '최소한의 기념비'라니 놀랍지 않은가! 46억 년 지구 역사의 찰나를 살아가는 덧없는 인류의 문명을 말하는 것일까. 어쩌면 사람들은 작품을 보며 자신을 투영하거나 자신과 동일시할지도 모르겠다.

"공적 메시지가 사적으로도 다가가려면 어떻게 해야 할까 고민하면서 기존의 기념비들이 지닌 특징을 하나씩 와해시켰어요. 먼저 크기를 아주 작게 만들었고요, 영웅의 얼굴을 넣는 대신 익명의 얼굴을 새겼어요. 또한 기념비는 영원토록 같은 모습으로 있도록 짓지만, 저는 얼음을 이용해 증발하고 사라지는 기넘비를 만들었어요."[11]

이렇듯 작가는 공적 당위나 윤리만으로는 사람들의 행동까지 이끌어내기 어렵기에 사적 감정으로 연결시키려 했다는 점이 인상적이다. 기후위기 대응은 영웅이 아닌 당신 같은 평범한 한 사람 한 사람이 필요하다고… 이는 "우리의 하루"라는 노래 가사와 일맥상통한다.[12]

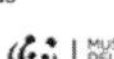

기후위기, 명화를 바꾸다

11 김지영, 「2045년 5월입니다」, 기후위기 대응 매거진 『1.5°C』 http://105orless.com/1-5/
12 하자작업장학교, 〈우리의 하루〉, 유튜브, 2016. https://youtu.be/f0rpK4ruRJY?si=HTPt949oCpGf4ylm

- 세계자연기금과 프라도 미술관의 "1.5℃가 모든 것을 바꾼다"

마드리드에서 열리는 유엔기후변화협약 당사국 총회(COP25)에 맞춰 세계자연기금 스페인 지부와 프라도 미술관이 기후변화의 심각성을 경고하기 위해 스페인 역사상 가장 상징적인 네 편의 명화를 재해석한 프로젝트이다. 4개 작품은 〈각각 말을 탄 펠리페 4세〉(디에고 벨라스케스), 〈파라솔〉(프란시스코 고야), 〈스틱스강을 건너는 카론〉(요아힘 파티니르), 〈바닷가의 아이들〉(호아킨 소로야)로서, 그림 옆 온도가 오를수록 점점 해수면이 상승하거나, 기후난민이 되거나, 사막화가 되거나, 생물이 멸종하는 모습으로 바뀐다.[13] 내가 사랑하는 명화가 재난을 당하면 내 감정도 재난을 맞을 것이다.

13 WWF-Korea, 〈모든 것을 변화시키는 기후변화〉, 유튜브, 2021. https://youtu.be/pDBM_Vq7tSs?si=fdl-so43b7fWfx7x

미리 가본 뉴욕의 미래

- 멜 친(Mel Chin)의 "정박해제(Unmoored)"

뉴욕 타임스퀘어에서 조각 설치물인 웨이크와 동반자형 혼합 현실 체험인 본 작품은, 미래에 해수면 상승으로 뉴욕이 잠겨 버린다면 어떻게 될지를 거리 위를 떠다니는 수많은 배들(증강현실)을 통해 잘 보여주는 작품이다.

2. 기후위기와 음악

작지만 큰 새, 크리킨디

- 묘기(Myo Gyi) 작사 작곡, 하자작업장학교 번안(2016)곡, "우리의 하루"

한 명의 영웅이 아닌 평범한 우리의 하루로 세상이 바뀐다는 노래. 특히 2절 가사가 인상적이다. 숲에 불이 났는데 아주 작은 크리킨디 벌새가 그 작은 입으로 물을 머금고 한 방울씩 떨어뜨려 불을 끄려고 노력하자, 다른 동물들이 비웃는다. 하지만 난 내 할 일을 하겠다며 계속 불을 끄려 노력하는 크리킨디 벌새의 이야기.

녹아내리는 문명을 위한 엘레지

- 루도비코 에이나우디(Ludovico Einaudi)의 "북극을 위한 엘레지(Elegy for the Arctic)"

에이나우디가 환경단체 그린피스(Greenpeace)와 함께 진행한

"제발 북극을 구해줘(Please save the arctic)" 프로젝트로 연주한 곡. 곧 열릴 북극해양생물보호위원회(OSPAR) 회의를 앞두고 그는 북극 보호를 요구하는 800만 명의 열망을 그가 작곡한 애가(哀歌, elegy)에 담는다. 루도비코 에이나우디는 노르웨이 스발바르에 위치한 발렌베르그린(Wahlenbergbreen) 빙하를 배경으로 바다 한가운데 띄운 인공 유빙 위에서 연주한다. 마침 슬픈 선율에 맞춰 인근 빙하가 떨어져 나가는 굉음이 절묘하게 어우러진다. 하지만 이후 안타깝게도 북극을 특별 해양보호구역으로 지정해 무분별한 어업과 오일 시추를 금지해 달라는 법안은 끝내 부결되었다. 과연 우리는 애가가 진혼곡(requiem)이 되기 전에 멈출 수 있을까?

차가움과 뜨거움 사이

- 아이스 뮤직 페스티벌, 2020, 노르웨이

만년설과 빙하를 지키기 위해 직접 얼음과 눈으로 제작한 악기(호른, 첼로, 기타, 색소폰, 드럼 등)로 축제를 여는 연주자들. 온난화를 막겠다는 뜨거운 마음을 담아 연주하는 차디찬 악기. 뜨거움과 차가움이 공존하는 그 어딘가에 우리의 운명이 달려 있을지도 모른다. 함부로 다루면 깨어지는 얼음 악기처럼, 깨지기 쉬운 지구라는 악기 역시 잘 다루어야 한다.

전 세계 기후운동 주제곡
- "지금 당장 시작해"(Do it now)

이 곡은 처음 1940년대 이탈리아의 반파시즘 저항군이 불렀던 노래로, 이후 '벨라챠오'(Bella Ciao)란 투쟁가로 불리면서 전 세계적인 곡이 되었다. 90년대에는 기후위기 관련 내용으로 개사해서 불렀는데, 이 위기를 극복하고 더 나은 미래를 만들기 위해 당장 행동하자는 내용이 담겼다. 한국에서는 청소년기후행동이 번역해 부르다가, 이후 서울녹색당 양육자 모임인 '초록육아당'에서 "지구별의 노래"라는 에코페미니즘 동요앨범에 새롭게 번안하여 '지금 당장 시작해'라는 제목으로 수록되었다. 이후 관련 율동도 만들어지고, 이 음원으로 율동 챌린지를 진행하면서 기후운동 내에서 널리 알려지게 된 노래이다.

기후위기로 공연하기
- 푸른별 구하기 프로젝트, "기후위기를 노래하라"

'기후위기'를 제목으로 내걸고 진행하는 공연은 거의 찾기 어렵다. 미술이나 문학 등 다른 장르에 비해 이상하리만큼 적다. 그 와중에 진행된 프로젝트가 있다. 서울이 아닌 대구라는 점도 의미심장하다. 포크부터 하드한 록까지 다양한 장르로 기후를 노래한다.

AI가 편곡한 비발디의 '사계'

- '사계 2050'[14]

"'사계 2050' 프로젝트는 기후변화 시나리오(RCP 8.5)와 인공지능(AI) 기술을 결합한 미래 버전의 비발디 사계를 연주하는 공연으로, 클래식 음악을 통해 기후변화의 위험성을 알리는 프로젝트이다." "한국, 독일, 스코틀랜드, 네덜란드, 오스트레일리아, 케냐, 캐나다, 브라질 등 전 세계 파트너가 참여"하고 있고, 서울 공연은 온실가스를 줄이지 못한 지금 상태가 유지될 경우의 시나리오 기후 데이터를 기반으로 AI가 편곡한 '사계 2050'이 연주되었다.

곡의 시작인 '봄'은 '불확실한 봄'(The Uncertain Spring)으로 바뀌어 우리가 알던 밝은 분위기(major)가 아닌 단조(minor)로 우울하게 시작한다. 지금까지 과학자들의 언어가 알아듣기 어려웠다면 인공지능이 번역한 사계절 자연의 소리는 알아들을 수 있

14 아래 URL로 접속하거나 QR 코드를 스캔하여 '우리의 하루(232쪽)', '차가움과 뜨거움 사이(234쪽)', '지금 당장 시작해(235쪽)', '사계 2050(236쪽)'이 담겨있는 재생목록을 확인할 수 있다.

어야 할 텐데….

매달 기후송 만들기
- 1인조 인디밴드 하늘소년(김영준)의 '월간 기후송' 프로젝트

생물다양성, 비거니즘, 기후정의, 그린워싱, 기후소송 등의 주제로 매달 한 곡씩 작곡하고, 유튜브에 음원을 올리면서, 작곡 과정을 기록한 작곡일지를 '생태적지혜연구소'에 기고하는 프로젝트. 통상적인 작곡 방식이 아닌 애플사의 '게러지밴드'(garage band)라는 작곡 앱을 활용하여 작곡한 실험적 방식의 프로젝트(2022). 생물다양성을 노래한 '멸종 애가'와 기후재판을 다룬 '2041년 10월 21일 일기'[15]가 인상적.

3. 기후위기와 문학

"인류 전체의 운명을 좌우할 거대한 문제이지만 너무 커서 오히려 실감이 되지 않는 이런 문제야말로 뛰어난 문학적 상상력과 감수성이 요청되는 영역이라 할 수 있다." 이혜원 교수는 그의 논문 「기후위기시대 한국시의 생태적 감수성과 미학」에서 기

15 김영준, 〈[월간 기후송_작곡일지] ⑨ 2041년 10월 21일 일기 -포스코 기후재판 최후진술서〉, 생태적지혜미디어, 2022.12.11. https://han.gl/fihTx

후위기 시대 문학의 필요성을 잘 요약하고 있다. 이 논문에서 주목할 만한 기후 관련 시들을 분석하고 있는데, 몇 가지만 소개해 본다.

> 이재무 「우리 시대의 더위」 중에서 "우리 시대의 더위는 갈 곳이 없다 / 백화점에서 쫓겨난 더위가, / 식당가 커피숍 사우나 지하상가에서 문전 박대당한 더위가, / 은행가 의사당 법원 도청 시청 군청 동사무소 관공서에서 내몰린 더위가, / 교회와 성당과 절에서 부정당한 더위가, / (중략) / 유기견 혹은 좀비가 되어 / 악에 받친 채 거리로, / 골목으로 공원으로 역전 대합실로 광장으로 고시원으로 벌방으로 / 떼 지어 다니고 있다 / 언젠가 더위가 미쳐 날뛰는 날이 올 것이다"

에어콘 같은 기술로 탄소를 펑펑 배출하며 더위를 쫓아냈지만, 결국 쫓겨난 더위가 가난하고 약한 사람들부터 덮치고 있다는 아이러니와 함께 '기후정의'란 주제를 잘 드러내고 있다.

> 나희덕 「빙하 장례식」 중에서는 "푸른 피는 바다로 흘러내리고 / 크고 작은 유빙들이 전사자의 시체처럼 떠다니고 / □□□□ □□□□□□□□□□□□□□□□□□ / □□□□□□□□□□□□□□□□□ □□□□□□ / □□□□□□□□□□□□□□□□□□□ / □□□□□□ □□

□□□□□□□□ / □□□□□□□□□□□□□□ □□□ / □□□□ □□□□ □□□□□ / □□□□□ □□□ □□□□ / □□□□□□□□□□□□□□□ / □□□□□□□□□□□□□□□□ / □□□□□□□□ □□□□□□□□ / □□ □□□□□□□□□□□□□ / □□□□□□□□□□□□□□□□ / □□□□□□□ □□ / □□□□□□□ / □ □□□□ / □□□□□□□□□□ / 세계는 이미 많은 지붕을 잃었다 / 알프스의 만년설도 / 킬리만자로의 만년설도 얼마 남지 않았다"라는 대목을 꼽을 수 있다.

처음엔 잘못 인쇄된 줄 알았다. 하지만 곧 기호를 사용한 형태적 기법임을 알게 되었다. 그린란드의 빙하처럼 텍스트에 머물러 있는 내 빈약한 상상력을 단번에 깨트렸다. 지금은 어느 시대보다 우리의 낡은 사고들이 산산이 조각나야 할 것이다.

김기창 『기후변화 시대의 사랑』

국내에서는 이 소설을 계기로 기후소설(climate fiction, 축약해서 'cli-fi') 출판이 조금씩 늘고 있는 것으로 보인다. 이 소설은 지구 평균기온 50도씨가 넘는 미래에 '돔씨티'를 만들고 그 안과 밖에 사는 사람들의 문제를 그린 「하이 피버 프로젝트」를 포함 10개의 단편으로 구성되어 있다.

이 외에 '기후위기 SF 앤솔러지'라는 부제가 붙은 『일인용 캡

숲』은 4명의 작가가 쓴 4개의 단편으로 구성된 청소년 기후소설이다. 특히 "특이점이 온 인공지능을 기후 관리 시스템의 빅 리더로 삼을 정도로 기술이 발전했음에도, 기후 정상화를 위해 구시대의 방식으로 퇴보한 삶을 살아가는 인류의 아이러니한 모습을 그린 '가이아의 선택'"은 AI를 통해 인간의 민낯을 드러내며 실제 미래가 그렇게 될지도 모를 것 같다는 생각을 하게 만드는 단편이다.

무엇보다 문명의 위기 앞에 선 우리에게 문학의 가장 큰 역할은 새로운 내러티브를 만드는 것 아닐까? '성장주의'라는 내러티브를 믿고 따른 결과가 지금의 기후위기를 만들었으니, 이제 성장하지 않아도 모두가 고르게 잘 살 수 있다는 새로운 내러티브 말이다. 유발 하라리가 인간 언어의 가장 큰 능력은 정보전달이 아니라 '허구'에 있다고 했던 것처럼, 모든 인류를 협력하게 만들, 탈성장 사회로 나아가게 만들 새로운 '허구', 새로운 이야기 구조가 절실하게 필요하다.

> 탄소배출을 줄이기 위해 더 빨리 움직이지 않는다면, 기후가 우리 대신 결정을 하게 됩니다. 외부 요인이 우리의 운명을 정하는 것이죠. (프랑스 파리, 도시/교통 담당 부시장; 다비드 벨리아르)

이제 정말 남은 시간이 얼마 없다. 우리의 운명은 우리가 결정해야 한다. '죽은 생물(석탄, 석유)로 살아 있는 생물을 죽이는 행위'는 그만두자. 불이 났는데 불을 끄기는커녕 주변에 둘러 앉아 어떻게 불을 끌지 방법을 궁리하는 짓은 이제 그만두자. 기후변화협약, 30년이면 족하다. 과학과 정치의 왜곡된 정치경제 내러티브가 지배했던 성장 중심의 세상이 파국으로 치닫고 있다면, 이제 새로운 대안은 그와는 완전히 구별되는 내러티브에서 찾아야 할 것이다. 지구와 생명을 돌보고 회복시키는 문화와 예술의 내러티브가 탈성장의 이름으로 그다음 세상을 준비해야 한다. 아니, 이미 준비되고 있다.

* 본고는 잡지 〈1.5°C〉에서 많은 영감과 도움을 받았습니다. 귀하고 멋진 작품들 많이 소개해주셔 감사의 인사를 전합니다.

식목일에 **나무 한번** 심어본 적 없던 내게

전형민*

* 글쓰는 작가, 문화기획선 고잉미랑호 기획자, 전국귀농운동본부 활동가, 농부
경기도 군포에서 고미랑, 밭고랑과 함께 다종공동체로 살아가고 있다. 어설프고 아주 작게 농사 짓고 글쓰고 동료들과 소소한 문화기획도 하면서 다중재난시대에 한편으론 행복하게 살고 있다. 최근엔 대학원에서 미디어·문화연구 전공으로 공부하며 돌봄-생태-커먼즈를 잇는 현장과 글을 오가는 중이다.

식목일에 나무 한번 심어본 적 없던 내게

매년 돌아오는 식목일에 그 흔한 나무 심기 한번 해 본 적 없었다. 〈자립하는 소농학교〉[1]에 입학하기 전까지는. 일부러 심지 않았던 것은 물론 아니다. 그럴 기회가 없던 탓이 크고, 어린 시절 그런 절기를 꼭 기억하고 지키려는 가족 분위기 역시 아니었다. 성인이 되고 나서도 무심했다. 씨앗이나 모종, 묘목을 심고 돌보아 잘 자라게 했던 경험도 없거니와 그 실천 또는 행위가 나와 어떻게 연결되는지 관심 두질 않았다. 기껏해야 한때 유행했던 다육식물을 선물 받아 창가에 놓고 물 몇 번 줘 본 게 전부다. 그마저도 얼마 못 가 무관심해졌고 다육이도 함께 시들어 버렸다.

흑역사라면 흑역사일까. 거의 전무한 식물 돌봄 경험을 먼저 고백하는 이유는 시들어져 버린 다육이에게 뒤늦게 미안한 마음이 들어서기도 하지만, 심고 가꾸고 경작하는 농(農)을 왜 이제야 하게 되었나 아쉬운 마음 때문이기도 하다. 그러면서 더 늦지

1 〈자립하는 소농학교〉는 한 해 동안 생명 순환 농사와 소농을 실천하며 미래를 준비하는 실습 학교로, 1년 동안 직접 몸으로 부딪치고 실천하며 자립하는 소농으로 살아가는 길을 모색한다. '최소한의 농기구를 사용하면서 자신의 몸을 땅과 가까이하고 이 시대의 대안으로서 소농철학을 가슴에 새기는 과정'으로 자신들을 소개하고 있다.

〈문화유산 국민신탁〉으로 기증된 약 930평 규모의 땅으로, 현재는 자립하는 소농학교의 실습장으로 쓰이고 있다.

않게 지금이라도 하게 되어 다행이라는 마음도 함께. 〈자립하는 소농학교〉는 내게 그런 기회였고 농(農)에 들어서게 된 계기가 되었다. 사실 농(農)보다 지역 이주에 먼저 관심을 뒀다. 그러다 자연스레 소농을 만난 것. 처음에는 단순히 사는 곳을 도시에서 시골로 옮기고 싶었던 나는, 곧 삶의 방식까지 전환해야 적어도 이 세계에 사는 동안만큼은 스스로에게도 이 세계에도 덜 유해할 수 있겠다는 걸 깨달았다.

덜 유해하다는 기준은 다분히 주관적이지만, 기준을 아주 낮춰 과거의 나로 두더라도 충분히 측정 가능한 '덜 유해한' 삶의 방식으로서 소농은 의미가 있다. 또한 매년 돌아오는 식목일에 나무 심는 것과 삶의 방식으로서 소농은 차이가 있겠다. 그 의미와 차이를 〈자립하는 소농학교〉로 잠깐 겪어봤을 뿐이지만 되짚어보고자 한다.

다가온 소농 의미, 소농의 미(味)

불과 2년 전만 해도 '소농'이란 단어조차 생소했다. 그저 작은 규모로 농사짓는 것이겠거니 짐작했을 뿐이다. 아마 텃밭 농사와 동의어로 취급했을 것이다. 코로나19 팬데믹 3년째 되던 2022년 초에 여전히 지역 이주를 고민하던 옆지기와 나는 당장 거처를 옮길 수 없다면 지금 있는 곳에서 뭐라도 배우면서 준비해야겠다고 생각했다. 둘 다 인생의 팔할 이상을 서울과 경기도에서 보냈기 때문에 농사는 잘 몰랐다. 옆지기는 그래도 나보다 낫다. 텃밭 농사를 해 봤던 터다. 지역 이주를 준비하는 데서 '농사'는 우리에게 결핍된 요소였고, 지역살이에서 기본적으로 필요하고 해야만 하는 일로 자연스레 연상되었다. '그럼 농사를 어디서 배우지?' 이 질문으로 시작해 만난 것이 〈자립하는 소농학교〉다. 심지어 우리가 사는 군포에서 열린다니 선택하기에 어려움이 없었다. 〈자립하는 소농학교〉가 열리는 '대야미'라는 동네 역시 익숙한 편이다. 특히 옆지기는 과거 속해 있던 교회 공동체가 대야미에 있어서 아는 사람도 몇 있다. 아니나 다를까 〈자립하는 소농학교〉를 계기로 우리의 관계망도 더 넓어졌다.

그렇게 옆지기와 나는 2022년 3월, 〈13기 자립하는 소농학교〉에 동반 입학했다. 3월부터 11월까지 매주 토요일마다 아침 일찍부터 해질 무렵까지 농사짓는 게 쉬운 일은 아니었다. 월요일부터 금요일까지 일하고 주말의 시작인 토요일에도 아침 일찍 일어나 농사지으러 간다는 건, 주 6일 근무 하는 것이나 마찬가지였다. 아침 일찍 일어나는 것도 버겁지만 안 써 본 근육을 쓰자니 벅적지근하고, 계절과 절기마다 해야 되는 농사일의 강도도 낯설었다. 질퍽거리는 땅과 한여름의 무더위, 수확철의 온갖 곤충들, 11월의 이른 한파 또한 어설픈 소농이 되는 데 필요한 고난이었을까. 버겁고 힘들기도 했지만 맛난 새참과 점심을 함께 만들어 먹으며 땀을 들이고 다시 호미 자루 들어 밭에 나갈 때면 비온 뒤에 자라는 풀과 작물들처럼 나 또한 생기로워지곤 했다. 싱싱하고 힘찬 기운을 온갖 데서 얻곤 했다. 땀을 식히는 산들바람에서, 맑게 갠 하늘에서, 초록의 풀과 작물과 나무들에서, 알차게 맺은 열매들에서, 가을 햇볕에서, 그리고 함께 소농의 길에 들어선 초보 농부들과의 정다운 대화에서.

단 한 해 동안, 심지어 처음 해 본 어설픈 농사 경험을 '소농'이 갖는 시대적·생태적 의미로까지 확장해서 얘기하기엔 물론 무리가 따른다. 그 빈 곳을 마리아 미즈와 베로니카 벤홀트-톰젠이 지은 『자급의 삶은 가능한가』라는 책이 채워 줬다. 소농은 그저 수많은 농법 중에 하나가 아니다. 소농의 대립항은 단순히 관행농이나 대농이라고만 할 수 없다. 오히려 자연, 여성 그리고 제3세계를 식민화하는 자본주의 생산-소비 방식에 대한 대안이며 이 세 가지 식민지를 탈식민화할 수 있는 경제 활동에 더 가깝다. 이를 나는 책 안의 다음 글을 통해서도 확인할 수 있었다.

> 진정한 소농 경제의 특징은 그것이 축적을 위해서가 아니라 농장과 그곳에서 여러 세대에 걸쳐 생계를 해결하는 사람들의 재생산을 위해서 운영된다는 사실이다. 그것은 특수한 삶의 방식 문제이며, 그 일부로서 간소한 생활 문화와 관련된다. 소농 경제는 성장 경제와는 다른 세계관에 의해 인도된다. 그것은 땅과 물과 숲, 식물과 동물들 안에서의 경제적 활동이 유한한 기반을 가진다는 사실을 인정한다. 그리고 적절한 보살핌과 절제를 가지고 작동될 필요가 있다는 사실을 받아들인다. 세부적으로는 다를 수도 있지만 원칙적으로 농장 경제는 생태 경제이기도 하다.[2]

자못 거창하게 느껴질 수 있는 이런 의미 부여까진 하지 않더

---

2 마리아 미즈·베로니카 벤홀트-톰젠 지음, 『자급의 삶은 가능한가』, 꿈지모(꿈꾸는 지렁이들의 모임) 옮김, 동연, 2013, 172쪽.

라도 소농학교 논밭에서 직접 몸을 쓰며 농사지어 거둔 상추, 토마토, 딸기, 콩, 팥, 토란, 배추들로 또 직접 어설프게라도 요리해 함께 나눠먹었던 뿌듯한 자급자족의 맛은 '소농의 미(味)'를 부여하기에 충분하다.

농부와 활동가 사이를 오가다

〈자립하는 소농학교〉로 농사 데뷔를 하고 나서 이듬해인 2023년 초, 다른 의미에선 백수가 되었다. 농사엔 데뷔를 했지만 백수가 된 나는 불안했다. 백수인 채로, 그러니까 돈을 벌지 않고 텃밭 규모의 농사를 짓는다 해서 온전한 자립을 이룰 수 없으리라는 예상과 한계를 알기 때문이다. 언제라도 어디든 취업하면 그만일 텐데, 한동안 겨울 추위에 몸을 움츠리듯 돈벌이를 하지 않고 주춤거렸다. 아직 봄보다 겨울에 가까운 2월에 〈자립하는 소농학교〉 활동가에게 연락이 왔다. 일자리를 제안했다. 올해에도 이어질 〈14기 자립하는 소농학교〉 활동가로 일해 보지 않겠냐는 제안이다. 활동가로서 적은 임금과 고된 노동 강도, 열악한 근무 환경은 이미 〈13기 자립하는 소농학교〉 학생으로 있을 때 보아 왔던 터다. 그럼에도 주춤거리길 잘했다는 생각이 들 만큼 반가운 제안이기도 했다.

옆지기와 상의하다 2023년 한 해만이라도 해 보자 싶었다. 일단 소농학교 실습장이 집과 비교적 가깝고, 일주일에 3일만 출근하면 되는 조건이 마음에 들었다. '문화기획자, 작가'라는 또 다른 직업 정체성(커리어)을 이어가면서도 할 수 있는 일이라 판단한 것이다. 물론 다른 이유들도 있고 활동가로 일하면서 알게 된 매력들도 있는데, 먼저 소농학교 실습장이 있는 '대야미'라는 동네에서 다양한 모습으로 살아가는 이들을 알게 되고, 서로 이웃이 된 점이다. 군포에 이사 온 지 무려 5년 만에 이웃이 생긴 것. 대야미에 살진 않지만 차로 10분 거리를 매주 오가며 어떤 날은 농부 이웃들과 울력해 힘 보태고, 어떤 날은 손재주 좋은 형님들과 뚝딱뚝딱 고치거나 만들고, 또 어떤 날은 마을밥상에 모여 정답게 이야기 나누며 식구가 되기도 하면서 나 또한 5년 만에 누군가의 이웃이 되었다.

한편 〈14기 자립하는 소농학교〉는 학생 모집에 애를 먹었다. 한참 학생을 모집하는 시기에 뒤늦게 담당 활동가로 합류했는데, 입학을 앞둔 2월 말까지 열 명도 채 모이질 않자 초조해졌다. 이대로라면 학교 문을 닫아야 할 정도여서, 운영을 맡은 본부 차원에서도 고민이 깊어질 무렵 가까스로 열 명 이상이 모여, 일을 시작하기도 전에 직장을 잃는 상황은 다행히 면했다. 겨울잠을 자던 개구리가 땅 밖으로 나온다는 경칩을 앞두고 11명의 학생들과 함께 한 해 농사를 시작했다. 내겐 두 번째 농사 되겠다. 두 번째 농사여서 더 마음을 쏟아 작물들에게 미안하지 않을 만큼 신경 쓰며 잘 짓고 싶었다. 소농의 미(味)를 기대하는 마음으로.

그러나 막상 활동가 일을 본격적으로 시작하자 작물보다는 학교와 학생과 강사들을 신경 쓰느라 농사일에 소홀했고, 소농의 의미도 소농의 미(味)도 그리고 알곡도 바람과 기대만큼 거두질 못했다. 취업은 했지만 자본주의 사회에 사는 삶이 익숙한 내게 자립은, 자급자족은 여전히 버겁게 느껴진다. 혼자로는 힘에 부친다. 그럼에도 새해는 어김없이 돌아오고, 호미 들고 밭에 나갈 날 머지않으며, 서로 힘 보태줄 농부들 곁에 있으니 자립과 자급자족하는 삶은 꼭 요원하기만 한 일은 아닐 테다.

소농학교에서 만난 사이

농부로는 이제 막 첫 발을 내디딘 것인 만큼, 첫술에 배부를 수 없음을 알지만 활동가로는 그래도 경력이 있으니 변수가 생기더라도 의연하게 대처할 수 있을 줄 알았다. 11명과 함께 시작한 〈14기 자립하는 소농학교〉는 한참 무더위가 기승일 무렵 한 명 두 명 중도 하차하더니 끝내 여섯 명만 남아 졸업했다. 활동가로서 열한 명 모두와 끝까지 함께하지 못한 것에 안타까운 마음과 더불어 열패감마저 들기도 했다. 물론 중도 하차한 학생들은 저마다 중간에 그만둔 사연과 이유가 있다지만 더 독려하고 한 분 한 분 관심을 기울이지 못한 활동가의 탓도 있는 것만 같아서다. 모집도 졸업도 쉽지 않았던 〈14기 자립하는 소농학교〉는 2023년 11월 25일에 14년 동안 소농학교 교장으로 수고하신 정용수

선생님의 퇴임식과 함께 마침내 갈무리되었다.

학생으로 한 해, 활동가로 한 해. 두 해 동안 소농학교에서 농사지으며 만난 사람들 모두와 더 애틋해지거나 자주 만나진 않는다. 인연이란 것이 으레 그렇듯 가까워지거나 멀어지거나 깊어지거나 더 얕아지거나 할 따름이다. 그럼에도 요즘 같은 시대에 농사를 배우는 것도 드물거니와 관행농이나 스마트 팜도 아닌 소농, 자연농을 배우겠다고 매주 토요일마다 소농학교에 오는 사람들은 더 드물었다. 그리고 드문 만큼 각별한 사이가 되었다. 그 사이의 거리나 깊이는 시시때때로, 사람마다 달라지더라도. 드물고 희귀하지만 그래서 더욱, 요즘 같은 시대라서 더 많은 소농이 필요하다고 생각된다. 소농으로 살려는 사람들이 그저 드물고 희귀해서 더 각별하고 반가운 사이라거나 그래서 더 많아졌으면 좋겠다는 낭만적인 의견이 아니다. 시대를 한 단어 또는 한 문장으로 어떻게 정의내릴 수 있겠느냐마는 '기후위기 시대, 기후비상 시대'라는 시대 정의는 흔하다 못해 부정할 수 없는 현실이며, 심지어는 "이젠 늦었다, 이미 티핑 포인트를 넘어서 회복할 수 없는 지경"이라고까지 말한다. 이 지경에 이르러서야 위기의식을 느껴 삶의 전환을 꾀하려 소농학교에 온 사람들도 있을 것이고, 단지 귀농 귀촌을 염두하고 온 사람들도 있다. 그 이유야 어떻든 〈자립하는 소농학교〉에서 소농의 가치와 의미를 생태와 자립의 관점으로 다시 바라보게 되었고, 이후의 삶을 서로 응원하는 동문이 되었다는 것만으로도 일종의 동료애, 동지애, 동료의식 같은 걸 느낀다. 그런 점에서 각별하고 반가운 사이가 맞다.

소농학교에서 만난 각별하고 반가운 사이는 또 있다. 자연이다. 좀 더 정확하게는 비인간 생명과 사물들이 되겠다. 소농학교가 있는 대야미는 수리산과 가깝고, 어떻게 보면 수리산의 일부이기도 하다. 대야미는 인구 26만 명이 넘는 중소도시인 경기도 군포시에 속해 있고, 행정동 중에는 가장 적은 인구가 산다. 반면 면적은 행정동 중에 가장 넓으니 군포시에서 인구 밀도가 가장 낮은 동네인 셈이다. 인구 밀도가 낮다는 건 건물이 적다는 것이고, 그만큼 흙과 산, 이를 터전 삼아 살아가는 동식물들이 더 많다는 뜻이기도 하다. 그러니 자연히 작은 땅뙈기 하나 가지고 농사지으며 사는 소농들에겐 좋은 환경이다. 소농학교가 자리하기에도 좋은 이곳에서 농사지으며 보살피는 작물들도 더할 나위 없이 각별하고 반갑지만, 평소엔 거들떠보지도 않던 온갖 풀들도 지저귀는 새들도 비 오는 날 빼꼼 모습 드러내는 소농학교 터줏대감 두꺼비도 다가가 이름이라도 물어보고 싶을 만큼 모두 호기심을 자극하는 생명들이다. 그러니 각별하고 반가운 건 사람만이 아니다. 시시때때로 달라지는 풍경도 그렇고, 계절마다 옷 갈아입는 야트막한 소농학교 뒷산도 그렇고, 한겨울인 요즘엔 고적하게 느껴지는 갈치호수도 그렇고, 어느새 모두 각별하고 반가운 사이가 되었다. 심지어 뒷간에 쌓인 똥오줌도 소농인에겐 각별하고 반가운 사이일 만큼 소농학교에선 그런 사이들이 생겨났다가 가까워지고 또 멀어지고 한다. 군포로 이사 온 지 5년 만에야 이런 사이들이 생겨났다.

Holy Shit, 똥지순례[3]

소농학교에서 만난 각별하고 반가운 사이 중 하나, 뒷간에 쌓인 똥오줌 얘기를 하고 싶다. 뒷간, 그러니까 화장실은 매일 가는 곳이다. 인생 전체로 보면 뻔질나게 드나드는 곳 중 하나. 주로 똥과 오줌을 싸는 곳인데, 우리는 매일같이 싸는 똥과 오줌이 어디로 가는지, 어떻게 처리되는지 궁금해 하며 변기에 앉을까? 나 또한, 심지어 지금도 궁금해 하지 않고 그냥 몸이 신호를 보내오면 해결하러 드나들곤 한다. 그러다 소농학교를 다니면서 익숙지 않은 화장실 구조에 당황해 하며, 당장의 급한 신호를 어찌할 수가 없어 쭈그려 앉아 일을 보고선, 왕겨로 덮고 똥은 똥통에 오줌은 오줌통에 나눠 담는 경험을 했다. 생태화장실을 써본 것이다. 우리에게 익숙한 좌변기에 앉아 똥오줌을 고인 물에

3 주로 '제길', '제기랄'처럼 좋지 않은 상황에서 쓰는 비속어 슬랭 표현인 'Holy Shit'을 해당 프로젝트에선 '거룩한 똥'으로 직역하여 똥이 지니는 더럽고 혐오스러운 사회적 의미를 뒤집어 '거룩할' 만큼 귀하고 쓸모 있는 똥으로 재해석·재발견하고자 했다.

누고 버튼을 눌러 물과 함께 내버리는 화장실의 목적은 오직 하나다. 그저 더러운 배설물을 눈앞에서 사라지게 만드는 것. 이 수세식 화장실의 문제를 지적하는 것은 다른 글로 미루고, 생태화장실은 수세식 화장실과 달리 다른 목적이 더 있다는 얘기만 하려고 한다. 즉, 똥과 오줌을 퇴비로 만들어 쓰기 위한 것, 특히 화학 비료를 쓰지 않는 소농학교에서 똥과 오줌은 귀한 퇴비 재료이니 생태화장실은 농장에 꼭 필요한 시설이다. 글을 쓰는 지금도 생태화장실에서 일 보는 게 여전히 불편한 일이긴 하나 소농학교에서 활동가로 일하면서 꼭 해 보고 싶었던 프로젝트가 이 생태화장실을 새로 만드는 일이었다. 지은 지 오래되어 다소 더러운 구석이 있는 기존 생태화장실을 다른 용도로 쓰고 쓸모를 잃고 방치된 창고를 허물어 그 자리에 생태화장실을 새로 짓는 일이다. 이 프로젝트의 이름을 나는 〈Holy Shit, 똥지순례〉라고 지었다.

예산이 필요했는데 마침 적당한 지원 사업 공고가 나와 기획서를 써서 지원했다. 다행히 선정되었고, 혼자선 지을 수 없으니 소농학교 출신의 대야미 인맥을 적극 활용해 사람들을 모았다. 그 가운데에는 대야미에서 '뚝딱삼촌'으로 불리는 소농학교 7기 동문이 있고, 그야말로 소농 정신으로 동네에서 농사짓는 10기 동문, 마침 1년 동안 목공을 배우고 있던 13기 동문, 같은 13기로 한옥 목수 경험이 있던 나와 그림 그리는 옆지기, 또 13기에선

똥지순례단은 첫 번째 순례지로 경기도 양평의 〈뒷골밭 작목반〉에 방문했다.

활동가이다가 14기엔 학생으로 참여하는 다소 이상한 족보가 된 채소 님과 그의 옆지기로 이 프로젝트에서 작업반장 역할을 한 홍민 님까지 총 7명이 함께했다. 다짜고짜 창고를 허물고 생태화장실만 짓기에는 아쉽기도 하고 함께한 사람들에게 무언가 남길 바라는 마음으로 먼저 생태화장실을 손수 지어 본 사람들을 만나 보면 좋겠다 싶어 마치 성지순례 하듯 귀한 똥을 모으는 생태화장실, 이른바 '똥지'를 순례하는 계획을 세웠다. 〈Holy Shit, 똥지순례〉의 시작이다.

첫 순례지는 경기도 양평군에 있는 〈뒷골밭 작목반〉이었다. 거기서 만난 농부 '다람쥐'(별명)는 예술가이기도 하면서 자칭 "국제생태화장실협회(WETA)[4] 수석 디자이너"라고도 했다. 다람쥐는 생태화장실 건축 작업을 공공미술 작업의 일환으로 시작했다고 한다. 주로 도시에서 나오는 부산물들, 특히 폐목재를 이용해 무언가를 짓는 건축 행위를 하고 그 과정과 결과물이 '순환 시스템'으로 연결되기를 기대하는 작업이었다. 생태화장실은 그 작업 사례 중 하나였고, 통 하나 위에 판때기 두 개를 올려놓고 걸터앉아서 배설하고, 낙엽과 흙 등을 덮는 아주 단순한 형태부터 1층을 퇴비 칸으로 두고 계단 네다섯 개 올라 2층에서 똥오줌을 누는, 제법 그럴듯해 보이는 생태화장실까지 다양한 형태로 지어보았다고 한다. 다람쥐는 이 작업들에서 중요한 건 주변에서 구할 수 있는 재료로 만든다는 원칙이라고 강조했다. 첫 순례지에서 이렇게 영감과 조언을 얻은 〈똥지순례단〉은 이 외에도 퇴비로 만들 소똥을 가지러 가까운 목장에 다녀오는 등 '똥지' 순례를 이어갔다. 그리고 이제, 우리의 '새 똥지'를 만들 때가 되었다.

〈14기 자립하는 소농학교〉에선 한참 한 해 농사 갈무리로 바쁠 때, 나는 활동가로 일하면서 서브 프로젝트로 〈Holy Shit, 똥지순례〉를 병행해야 했다. 내가 시작하고 저지른 일이니 내가 매듭짓고 해결하는 것이 결자해지(結者解之)렸다. 그래도 바쁜

4 세계화장실협회(WTA : World Toilet Association)를 패러디해 국제생태화장실협회 WETA: World Ecological Toilet Association를 만들었다.

와중에도 시간 내어 '새 똥지' 짓는 일에 함께한 〈똥지순례단〉이 있어 가능한 일이다. '새 똥지' 설계는 한옥 목수 일을 배울 때 알게 된 건축가 동생에게 부탁했다. 현장 상황에 맞게 몇 차례 설계 변경도 하며, 프로가 아니니 어설프면서도, 공기가 정해져 있지 않으니 느긋하게 '새 똥지' 건축을 이어 갔다. 기획자로서 가장 우려했던 건 만듦새도 기간도 아니라 안전사고였다. 다행히 아무도 다치지 않고 '새 똥지'를 완성할 수 있었고, 모두 기대 이상으로 재밌어 하며 〈똥지순례〉에 함께했다. 지금은 소농학교가 끝난 겨울이라 '새 똥지'에서 아직 똥오줌을 눈 이가 없지만 다가올 봄, 왕겨에 싸인 똥과 가득 찬 오줌통이 쌓여 있길 바란다. 충분히 숙성되어 땅을 비옥하게 하고 작물 생장에 도움을 주는 퇴비가 되기를 또한 그리며.

자급하여 자족하는 소농의 삶과 죽음

한편 똥과 오줌을 몸에 담고 살아가는 나 역시 언젠가 흙으로 돌아갈 날이 오리라. 요즘엔 시신을 화장하여 남은 골분을 유골함에 넣어 봉안당에 안치하는 게 일반적이라 죽어서 흙으로 돌아가는 경우는 드물다지만, 그런 날이 정녕 온다면 무덤 아닌 흙(humus)에 묻혀 분해되는 인간(human)이 되길 또한 바란다. 그 위에 무엇이 돋아날지 알 수 없지만, 그것이 죽어서도 흙을 보살피는 소농이 되는 길이라면, 죽음 이후의 삶을 낭만화해 그려볼 수도 있겠다.

탈자본, 탈성장의 새 사회를 상상해 본다면, 이렇듯 흙의 소중함을 몸으로 직접 감각할 수 있는 소농들이 부양하는 사회가 아닐까. 농사를 예사롭게 생각하지 않고, 농민을 귀하게 여기고 흙의 소중함도 느끼는 경험을 일찍부터 했으면 좋으련만, 나이 서른 후반이 되어서야 〈자립하는 소농학교〉에 다니며 비로소 아주 조금 경험했을 뿐이다. 물론 더 늦지 않게 경험해서 다행이란 생각도 있는데, 이 경험이 단지 경험에만 그치지 않을지 걱정된다. 강력한 자본의 힘 앞에 때론 너무나 무력한 스스로를 직면하게 될 때 그렇다. 자본을 위해 노동력을 재생산하고 상품 소비자로 기능하며 남은 음식이나 똥오줌을 빨리 버려야 하는 쓰레기로만 인식하는 게 내겐 여전히 익숙하다.

다만 '자본주의 사회에서 가장 매력적인 중독물이 일(labor)'이라고 했을 때, 중독적으로 임금 노동에 나를 갈아 넣진 않고 있으니 한편으론 다행이라 해야 할까. 활동가로 주 2일 출근하며 매달 100만 원 미만의 급여를 받고 출근하지 않는 날엔 농부이자 작가로 농사와 글을 짓고 공부하고 문화기획자로서 하고 싶은 일은 작당 모의하여 서브 프로젝트로 진행해 보는 삶은 가난하지만 한편으론 그 이상의 자유와 보람을 느낀다. 노동(자본)의 족쇄에서 벗어나서 진정으로 인간다운 삶을 살아갈 때 맛볼 수 있는 보람과 즐거움, 그리고 가능성을 음미한다. 지금은 비록 음미에 불과하지만 내 삶의 전반에 뿌리내릴 수 있는 환경과 조건이 만들어지길 또한 기대한다.

활동가로 적은 임금을 버는 대신에 이 세계에 조금은 덜 유해한 일을 하며 자연과 사람, 사람과 사람 사이의 호혜적 관계, 서로 살림의 관계, 우애와 환대의 관계를 만들어갈 수 있는 일이 나는 '소농'이라 본다. 개인마다 그 배치와 거리가 다를 수 있겠지만 적어도 내겐 활동가로서 받는 임금을 일종의 '기본소득'이라 여기고 자급하여 자족하는 삶을 '소농'으로 실험할 수 있겠다 싶다. 물론 이리 치우쳤다가 저리 치우치는 과정을 반복할 테다. 그리고 매번 균형의 영점(零點)도 달라지겠지만, 일자리에 연연하면서 살지 말고 임금 노동을 내 삶의 일부분으로 배치해 일정한 거리를 두면서, 자연이나 이웃과 어떤 관계를 맺고 고민하며 살아가겠다는 마음은 변함없을 것이다. 그것이 꼭 완전한 탈자본, 탈성장을 이루지 못하더라도 자급하여 자족하는 소농의 삶은 될 수 있지 않을까. 오늘은 인터넷과 텔레비전을 끄고 소농학교에서 만난 '사이'들을 만나러 가련다.

예술, 지역과 **돌봄**에 **문화적 힘**을 더하다

한승욱*

* 시각예술가, 녹색서울시민위원회 간사
회화를 중심으로 글쓰기, 사진, 영상, 도자기 등을 다뤄 창작한다. 예술강사 활동을 했고, 동료들과 팀 활동을 한다. 종종 환경 활동을 하고 탐조를 즐긴다. 녹색서울시민위원회 간사로 일하며 창작과 직장생활을 병행하고 있다.

예술은 자신을 성찰하고 표현하며, 새로움을 추구하고, 의식 저변을 넓히는 미덕을 지닌다. 사람의 희망과 지상의 양식, 아래로부터의 정의로운 전환, 우리가 발붙이고 살아가는 터전의 소중함에 대해 예술은 깊이 공명할 수 있다. 시대의 주제로 대두되는 탈성장 전환사회, 그중 '지역'과 '돌봄'에 대해 삶과 문화의 측면에서 예술의 역할과 가능성을 가늠해 본다.

예술의 확장과 활동예술

예술은 오랫동안 사회에 화두를 던지고 소통을 도모해 왔으며, 근래에는 더욱이 전통적 무대(전시장, 공연장 등)를 넘어 다양한 곳에서 확장 가능성을 보이고 있다. 적극적 상호 교류를 바탕으로 다양한 세대, 분야의 사람들과 더불어 활동하는 예술 프로그램 사례가 늘고 있다. 미술, 문학, 음악, 무용 등 예술가들 간 장르 복합적 협업 속에서, 참여자들과 이야기를 생성하고 다양한 형태의 창작물을 만들어 발표하는 활동들이 관찰되고 있다. 새로운 시도가 이뤄지면서, 다양한 참여자들과 함께 보다 다채롭고 심도 깊은 결과물을 도출해 내고 있다.

이런 사례를 '활동예술', 그 주체를 '활동예술가'라 명명하자.

경험에 입각해 일반화해 보자면, 활동예술가들은 자신의 기량과 활동 영역을 넓혀 가는 기획자이며 사진, 영상, 출판, 전시 등 여러 매체로써 발표를 경험했고 갖가지 실무에도 능숙한 경우가 많다. 창작 활동과 삶을 통해 자신의 마음과 타인의 마음을 헤아리는 능력을 함양한 이들이 많으며, 그만큼 내면을 풀어내는 표현의 부드러운 힘에 대해 잘 알고 있다.

활동예술이 지역에서 지속적으로 개발되고 발생한다면 어떤 효과를 기대할 수 있을까. 표현과 내적 나눔을 통한 상호 교류는 친밀한 관계, 문화적 돌봄을 형성하기 좋고, 기록과 발표 등 행위와 더불어 지역에 이야기를 입혀줄 것이다. 지역과 돌봄의 화두가 사회의 주요 가치로 자리 잡고 그에 걸맞은 체계가 구축된다면, 예술가는 더욱 활기차고 풍성한 문화의 힘을 발휘할 수 있을 것이다.

나는 나의 활동과 동료들의 활동을 생각하며 지역과 돌봄에 대해, 바라보고 전망하는 예술의 힘에 대해 이야기하려 한다.

지역 문화적 돌봄 거점의 사례

정서적 고향으로 여기며 거주하고 있는 고양시의 사례를 소개한다. 뜻있는 이들의 개별적이고 연대적인 활동, 문화 풀뿌리 활동이 고양시의 문화와 시민의 삶을 뒷받침하고 연결하고 있다. 그러한 활동 속에서 서로는 돌봄의 주체이며 대상이 된다. 소개할 첫 사례는 정발산동에 위치한 화실 '그림이야기'다.

화실 그림이야기를 찾는 이들은 어린이부터 노인, 장애인과 비장애인이며, 이곳에서 경계와 편견, 고립 없이 미술 수업과 창작이 이뤄진다. 가을이면 화실과 화실 앞 공원에서 전시회를 열고, 지원사업을 통해 지역 음악인들과 음악회를 함께 해 오기도 했다. 그림이야기는 마을의 문화 거점으로서 그늘 넓은 나무다. 많은 아이들이 자연스러운 통합교육 환경에서 그림을 그리며 표현과 나눔의 기쁨을 배우고 있다. 아이들은 오며가며 화실에 들르고 학업, 취업, 연애 등의 고민을 안고 방문하기도 한다. 다시 그림을 그리고 싶어 찾아오면 작업공간을 내주기도 한다. 처음 방문한 이들, 지나는 이들에게도 이곳은 휴식과 여유를 제공하는 나눔의 공간이다.

그림이야기에서 운영하는 모임인 '시그널'(즉 시가 있는 그림이야기에서 널 만나다)은 자신을 표현하고자 하는 10대에서부터 70대에 이르는 장애인과 비장애인 작가로 구성돼 있다. 이 모임은 예술의 꿈을 꾸고, 창작을 실현하려는 이들이 찾아오면서 자연스럽게 만들어졌다. 때마다 모여 창작하고 일상을 나누면서, 기획과 역할 분담을 통해 책을 만들고, 각자의 방식으로 창작물을 만들어 지역에 이웃한 문화공간들에서 전시회와 소박한 파티를 연다.

그림이야기는 화실이면서 책방, 엽서 가게이기도 하다. 시그널이 공동 작업한 책들과 시그널 작가들이 개별로 만든 책들, 그 밖에 그림과 삶의 이야기가 실린 책들을 비치해 판매하는 책방이다. 엽서 쓰는 문화를 되살리고자 마련한 엽서 코너에선 시그널 작가들이 제작한 엽서와 지역 작가들의 엽서, 그 외 수집한 엽서들을 판매하고 그 자리에서 엽서를 써 부칠 수 있다.

그림이야기의 또 다른 이름은 '나이브 아트 스토리'(Naive Art Story)인데, 여기에는 경계 없는 예술문화공간을 만들고 싶은 뜻이 담겨 있다. 그림이야기의 다양한 모습들은 나이브 아트 스토리라는 이름으로 엮이고 서로를 돌보면서 삶의 이야기를 전송하고 있다.

고양시의 다른 사례들을 연이어 소개해 보면, 2000년대 초 '숲속작은도서관'은 시립도서관이 부족하던 시기 개인이 운영하는 작은 도서관이었다. 도서관 기능과 더불어 독서, 논술, 미디어, 생태 등의 교육이 이뤄졌고, 부모와 아이들이 책을 읽고 각자 놀기도 하며 아이를 잠시 맡길 수 있는 동네의 사랑방이기도 했다.

'북트리' 마을도서관은 현재 휴식기를 보내고 있지만 마을의 도서관(초기엔 영어도서관으로 특화되어 있었다), 각종 문화 모임 장소, 장터, 공연장, 창작자의 작업실 등 복합 문화공간으로 오랫동안 지역에서 문화 거점 역할을 했다.

'알모책방'은 어린이·청소년 전문서점이고 하교를 한 아이들이 먼저 찾는 곳이기도 하다. 부모와 아이가 같이 책을 고르고 소리 내어 책을 읽어주기도 한다. 독문학 읽기, 그림 모임 등 수요에 따라 다양한 동아리 활동이 이뤄지고 종종 그림책 원화전, 저자와의 만남 같은 행사가 열린다. 문학을 주제로 함께 여행을 하기도 하며, 연말이면 슈톨렌을 만들어 나눠 먹기도 한다.

나는 고등학생 때 그림이야기에서 수업을 받았고 20대 초반에는 그곳을 작업실로 이용했다. 2017년부터 5년간은 수요일마다 강사로 활동했다. 숲속작은도서관을 찾던 아이들 중 하나가 나였고, 자연스럽게 책과 문화공간에 대한 꿈을 얻을 수 있었다. 북트리 도서관은 성인이 되고 나서 친하게 되었다. 이곳에서 열린 작은 음악회와 강연, 예술장터, 출판기념회 등의 활동에 참여하며 마음을 나누는 문화의 힘을 바라보게 되었다. 알모책방에선 저자와의 대화, 슈톨렌 모임 같은 행사에 함께하기도 하고 '오로지 연필'이라는 드로잉 모임에서 강사를 맡기도 했다. 책방에서 작은 전시회들을 열었고 지역 작가로서 응원과 양분을 받고 있다. 이 공간들은 나의 요람이며 마음의 피난처가 되어 주었다. 언제든 찾아가 삶과 고민을 나눌 수 있는 곳, 활동의 터가 되어 주는 곳들이다.

'온 마을이 한 아이를 키운다'는 말이 있다. 어느덧 나도 지역에서 가르친 아이들이 있고 자신의 고민을 안고 찾아오는 친구들이 있다. 때마다 같이 활동하는 새로운 사람들이 있고 함께 일을 기획하고 나누면서, 나를 키운 마을에서 양분을 되돌려 주고 있다는 뿌듯한 마음을 느끼곤 한다. 문화적 활동은 자연스럽게 이야기를 만들고 지역에 애정을 키운다. 애정은 연결과 활동을 도모하고, 여러 단위의 활동들이 모여 (범위와 규모의 차이는 있겠으나) 지역의 정체성과 공동체성을 형성한다. 이러한 문화공간에서 자란 아이들은 지역 단위 돌봄의 방법을 경험했으며, 그로써 돌봄의 주체가 될 수 있는 씨앗을 품고 있을 것이다.

지역과 지역, 지역을 넘는 활동예술

고양YMCA 주최 '탈북 청소년들과 함께하는 미술 수업'에 강사로 참여한 적이 있다. 고양시의 일반 학생들과 탈북 학생들이 한데 모여 위에서 소개한 그림이야기와 고양시의 문화공간 '주엽커뮤니티센터'를 중심으로 활동했다.

첫 회에는 마을 주변의 환경, 시각과 관심, 사진에 관한 기본적 이해를 나누었고 2회차에는 쉽게 구할 수 있는 어안렌즈와 광각렌즈, 마이크로렌즈를 각자 핸드폰 카메라에 부착해 이리저리 사진을 촬영해 보며 흥미를 이끌었다. 3회차에는 밖으로 나가 이동하면서 곳곳을 관찰하고 여러 모습의 마을 사진을 찍었다. 이후 과정에서는 사진을 출력해 각자 즐겁게 본 것에 대해 발표하고, 자신의 시선을 중심으로 시각화하는 콜라주 작업 시간을 가졌다. 사진을 오리고 찢고 붙이며 마을을 재구성해 작품을 만들었고 주엽커뮤니티센터에서 전시회를 열었다. 창작과 전시

과정에서 지역의 학생들과 타 지역에서 온 학생들의 시선으로 마을의 부분이 새롭게 지어지는 것을 감상할 수 있었다.

학생들은 미술 수업을 함께하며 서로의 환경과 개성에 불편한 기색 없이 어울렸다. 몇 차례 수업 진행으로 그들의 마음 면면을 헤아리는 것은 불가능하지만 예술교육 활동이 은은하게나마 지역과 지역, 개성과 개성을 연결하는 장을 마련해 주었으리라 생각해 본다. 단번의 지원사업이 아닌 지속적 사업으로, 고양시의 여러 공간들과 연합해 나아갈 수 있었다면 더 깊이 있고 확장적 효과를 기대할 수 있지 않았을까 하는 아쉬움이 있다.

타 지역에서 열리는 프로그램에 참여하는 것은 들뜨는 일이다. 더욱이 스태프로 일하면 사전 답사, 기획 과정을 함께하면서 의식 속 미지의 지역이 점차 매력적으로 다가오는 감상을 느낄 수 있다. 찾아가기 좋은 지역이 생기는 것이다.

최근 사진 담당 스태프로 함께한 '빈칸을 짓는 시간'은 참여자와의 시 모임을 통해 공동의 상을 그려내는 창작활동을 이어오고 있는 시각예술 작가가 진행한 워크숍으로, 정릉에서 이뤄졌고 정릉 주민이 대상이었다. 청·장년층이 모여 차를 음미하고, 음미하며 느낀 것을 시로 표현하고, 시를 토대로 몸의 언어를 깨워 보았다. 정릉천과 주변을 유랑하며 장소에 대해 느껴 보았고, 의식하고 꺼내 보지 못했던 마음속 빈 공간을 탐색했다. 창작한 시와 더불어 움직임을 만들고, 일정한 연습 과정을 거쳐 정릉천과 인근 지역을 무대로 공연을 펼쳤다. 이 과정에서 차와 문학, 무용이 어우러졌고 참여자들은 열린 감각으로 자신의 마음과 신체, 지역의 세밀한 지점을 느끼며 적극적 표현으로 나아갈 수 있었다.

나는 집에 돌아와 사진을 편집하면서 만면에 미소가 핀 참여자들의 모습을 보면서, 사람과 지역과 이야기 그리고 정릉에 대한 애정을 키우게 되었다. 몸과 내면의 감각을 깨우고, 이야기를 나누면서 유대가 생기고, 그것을 다시 지역의 구성 요소들과 연결하는 시간이 그 장소와 그곳에 사는 사람을 더욱 사랑스럽게 만들었다. 기획자이며 창작자인 활동예술가는 풍성한 마음으로 이야기를 수집하고 발표하는 기쁨을 누릴 수 있을 것이다.

사례 소개의 마지막으로 지역이나 주제에 국한되지 않는 경우를 추가로 살펴보며, 예술의 사회적 역할 가능성을 더 열어보고자 한다.

'콜렉티브9229'는 회화, 영상, 출판, 음악, 무용, 패션, 문화기획, 환경 등 여러 분야에서 활동하는 1992년생 예술가들이 29세에 결성한 집단이다. 각자의 작업실에서 어쩌면 고독하게 창작하던 이들은, 또래라는 유대감 속에서 마음을 열고 쉽게 친밀감을 형성할 수 있었다.

처음 기획한 활동은 2020년 'COME BACK HOME' 전시회였다. 저마다 유년의 이야기를 바탕으로 영상, 회화, 도자, 설치,

조형, 퍼포먼스, 텍스트, 공간으로 표현하고 모아보며 세대와 기억에 대해 다루었다. 2021년 두 번째 전시회, '탈출 가능한 우물 We can surf out'에서는 코로나19로 이동이 제한된 휴가철, 휴식에 대해 재고해 보고 각자의 창작으로써 생각과 문제의식을 드러냈다. 2022년엔 남북 평화를 주제로 한 전시회 '약속'에 유닛으로 참여했고, 연말엔 기획 요청을 받아 자신만의 고요한 자리를 주제로, '가장 고요한' 전시회와 워크숍 파티를 열었다. 2023년 여름엔 만 나이 통일 기념, 'K-나이 환송회' 파티를 열었다. 한국 고유의 나이 계산법을 떠나보내며 한 살이 어려지는 복합적 마음을 공연과 음악, 음식, 초상화와 시 창작을 통해 나누었다.

함께 고깔모자를 쓰고 사탕 목걸이를 만들고 케이크에 초를 부는 이른바 합동 생일파티를 열었던 것이다. 현재는 공동으로 작업해 음악을 만들고 각자의 영상, 음악, 문학, 그림 등을 구성으로 다원예술앨범 제작을 준비하고 있다.

콜렉티브9229의 활동 과정을 돌아보며 집단적이고 탄력적인 관념, 주제를 선정하고 만들어 가는 공동의 이해와 확장에 대해 생각해 본다. 서로의 의식을 유연하게 공유하고 확장할 수 있는, 집단적 관념을 기반으로 한 활동예술은 더 큰 가능성을 제시할 수 있을 것이다.

그러한 집단적 활동예술은 영역에 제한이 없고, 자체적 활발한 논의를 통해 구성원들의 감각과 의식, 아이디어를 북돋우며 주제 의식과 방법을 찾는다. 추구하는 방향에 따라 다채롭고 응집력 있는 영향을 발산할 수 있으며 지역 단위 활동을 넘어 지역과 지역을 연결하거나, 실체가 없는 크고 작은 인식의 난제 등에 대해서도 세심한 활동이 가능할 것으로 예상한다. 예술 집단의 독립적이고 건강한 생태계가 형성된다면 활동예술의 보다 거시적인 사회 역할 가능성도 기대할 수 있을 것이다.

위기 시대의 예술 희망

혼란의 시대, 우리는 스스로의 생존과 상생하는 미래를 위해 근원적 질문을 던지고 이전과 다른 답을 내놓아야 한다. 예술은 보편적 가치를 다루는 데 익숙하고 다층적 상상의 힘과 사회적 역할 가능성을 키워 왔다. 주 방법론으로 거론되지 않았던 활동 예술은 지역의 문화와 지역 간 관계, 세대 간 관계, 입장 간 관계 등 광범위한 영역에서 근본적이고 생태적인 전환을 이끌 수 있는 힘을 지닌다고 생각한다. 그러한 예술의 사회적 역할 증진을 위해서는 문화·예술에 대한 시민과 정부의 꾸준한 관심이 필요하며, 다양한 주체들과 협력해 지역사회 풀뿌리 문화 활동(개인, 집단, 거점 등)을 키우고 영역을 확장해가는 것이 주요할 것이다. 예술 생태와 시장이 중장기적 기대를 받고 성장해 예술가의 활동 여건(생계, 연계 인프라 등)이 개선되고 지원사업(민, 관 영역 모두)이 다양해지고 확장될 수 있다면 활동예술은 머지않아 시대의 대안으로 중책을 담당할 수 있을 것이다.

서로 돌보고 이야기하고 상상하고 연대하면서, 단위와 단위, 가치와 가치를 이어 새로운 희망을 꿈꿀 수 있길 소망한다. 탈성장 전환사회, 지역 기반 문화, 돌봄 체계 강화의 논의에서 예술은 유연하고 세심한, 독보적인 사회적 기능을 수행할 수 있을 것이다.

유쾌하고 따뜻한 반란,
있ㅅ는잔치*

강효선**

* 이 글은 여/성이론 49호(2023 겨울호)에 실렸던 원고를 수정, 보완한 것이다.

** 넥스트젠 코리아 활동가
생명들이 조화롭게 살아가는 지구를 만들어가고 싶은 인간 동물. 아주 작은 페미니즘 학교 탱자에서 탈성장을 배우고, 생태 전환을 위한 삶 디자인 교육(EDE)에서 나누며 관계를 회복하는 삶 경제를 상상한다. 여기저기, 그리고 고양시의 작은 텃밭에서 활동하며 잘 살고 잘 죽고, 잘 살리고 잘 죽이는 방법을 터득 중이다.

유난히도 뜨거웠던, 그러나 미래를 가정하면 어쩌면 가장 시원했을지도 모르는 여름날이었다. 태양의 작열감이 운동장을 메웠다. 전라남도 함평의 오래된 학교를 리모델링한 민예학당에서 150여 명의 사람과 동물이 부산스럽게 모여 있다. 핸드팬과 기타, 젬베, 목소리까지 어우러진 음악 뒤로는 100인분이 넘는 식사 준비로 분주한 이들, 다른 한편에서는 지난 있ㅅ는잔치와 생태전환을 다룬 책 전시와 진지한 대화들, 그리고 넓은 잔디 운동장에 흩어져 있는 텐트에서 각자 시간을 보내고 있는 이들, 올여름(2023) 열린 '있ㅅ는 잔치'의 풍경이다.

모두 "더워!" 하고 내적 비명을 지르면서도, 작은 수영장과 야외 샤워기에 시시때때로 몸을 적시거나, 가만히 있거나, 아니면 아주 반대로 만남과 춤, 대화에 집중하며 각자의 피서법을 찾아갔다. 체감온도 40도에 육박하는 날에도 에어컨 바람 한번 쐬지 않고, 아이스아메리카노를 입에 대지 않고 하루를 보냈다. 꽤 괜찮은 하루였다. 어느 도시 한복판이었다면 상상하지도 못했을! 더운 날을 덥게 보내면서도 짜증나지도, 막막하지도 않은 날들이 주어진 적이 있었던가? 사실 우리에게는 이 한 몸 구해낼 더 많은 기계와 도구들이 필요한 게 아니고, 함께 견뎌낼 즐거운 잔치의 시간이 필요했다. 치열한 더위와는 대비되는 적당히 평화로운 풍경 속에서도 심심할 틈도, 외로울 틈도 없는 있ㅅ는잔치. '넥스트젠코리아'에서 2016년부터 이어오는 생태축제이자, 공동체 실험이다.

있ㅅ는잔치?

> 있ㅅ는잔치는 사람과 사람, 사람과 자연이 연결되어 조화롭게 살아가기 위한 배움과 경험의 장입니다. 단순한 '축제'를 넘어 잔치 기간 동안 일상을 함께 꾸리는 노마드 공동체이자, 같은 가치를 공유하는 이들이 연결되는 시간입니다.
>
> - 2023 있ㅅ는잔치 초대글 중

있ㅅ는잔치의 이름에는 '있다'(present)와 '잇다'(connect)의 뜻이 동시에 담겨 있다. 인간-자연의 분리주의에서 벗어난 연결감을 경험하며 존재들의 다양성과 고유함이 있는 그대로 드러날 수 있을 뿐 아니라, 같은 지향을 가진 이들이 자유롭고 안전하게 만날 수 있는 공간이기를 바랐던 것이다. 겉으로 보기에는 외딴곳에서 헐벗은(?) 이들이 춤추고 노래하며 노는 것처럼 보일 수 있겠지만, 유쾌하고 따뜻한 환대를 담은 잔치라는 형식을 통해 공고히 기능하는 가부장제-자본주의 사회의 틈을 만들어 생태적 삶과 공동체의 가치를 전하려는 부단한 노력이 담겨 있다.

있ㅅ는잔치는 2016년 겨울, 서울에서 생태적 삶을 나누는 실험으로 시작했다. 이후 전국에 있는 여러 생태적인 공간들을 있ㅅ는부족[1]들이 일시 점거하며 이어졌다. 전국 여기저기를 돌아다니며 적게는 50여 명, 많게는 200여 명에 달하는 이들이 모였다. 매해 새롭게 고유한 비전과 미션이 세워지며 장소와 시기에 따라서 내용이 달라졌지만 생태적인 삶의 가치를 공유한다는 것만은 한결같았다. 이번 있ㅅ는잔치는 특히 젠더와 성, 페미니즘 관점에서 다채로운 요소들이 있었고, 그것들이 언어화되었다. 그 시도들을 살펴보며 20~30대 여성들이 주체가 되어 만들어가는 생태와 대안운동이 그간의 남성-지역 중심의 생태운동과는 어떻게 다르게 펼쳐지고 있는지 짚어보고자 한다.

푸드서클과 공동체 살림

있ㅅ는잔치에서는 하루에 두 번, 점심과 저녁에 '푸드서클'이 열린다. 모든 구성원이 둥글게 앉으면 요리를 준비한 이들에게 메뉴 소개를 받고 그들에게 감사 인사를 전하는 것으로 시작된

1 레인보우 게더링의 레인보우 가족 부족(rainbow family tribe)에서 따온 말로 있ㅅ는잔치에서 서로를 칭할 때 감수성과 가치를 공유하는 공동체의 일원이 된다는 뜻을 담았다.

있ㅅ는잔치에서 푸드서클이 진행되고 있다.

다. 배식과 새롭게 합류하게 된 구성원들에 대한 소개, 필요한 알림이 이어진다. 알림 후에는 식사가, 식사를 마친 이후에는 마법 모자라고 불리는 모자에 노래와 춤과 함께 식사에 대한 감사의 표현으로 서로 나누고 싶은 것들을 담는다. 푸드서클의 소요시간은 약 1시간에서 1시간 반. 식사 전에 음식을 앞에 두고 100명이 넘는 이들의 착석을, 그리고 수많은 소개와 알림을 기다린다는 것은 쉽지 않다. 하지만 모두가 하나의 원을 만드는 구성원으로서 동등하게 함께한다는 공통의 감각을 경험하는 순간으로 이러한 의례는 공동체의 핵심이 된다.

식사가 공동체의 핵심으로 여겨진다는 것은 식사를 위한 노동이 가장 중요한 노동이 된다는 뜻이기도 하다. 그 때문에 식사 울력[2]은 있ㅅ는잔치의 톡톡한 역할을 맡는다. 각지에서 도착한 난잡한 식재료들을 기반으로 메뉴를 선정하고, 주방이라는 경계진 공간에서 분주하게 몸과 마음을 쓴다. 여러 명과 소통, 협력을 통해서 이뤄낸 공동의 성취들을 공동체의 모든 구성원들이 누리는 것을 본다. 이것이 일부에게만 집중된 노동이었다면 분명 무척이나 고된 노동이 되었을 것이 분명하다. 그러나 신나는 음악과 함께 교류와 배움의 장이 된 식사 울력은, 참석자들의 만족도가 매우 높다. 노동과 놀이의 경계가 허물어지고, 기여와 호혜를 동시에 경험하여 노동의 의미를 전환하는 기회가 되기 때문이다.

언젠가 한번, 식사 울력 인원이 부족해 당장 100인분의 점심을 두 명이 준비해야 하는 위기의 순간도 있었다. 어려움을 토로하자 어디선가 부족민들이 우르르 나타나서 요리를 거들었다. 이 경험은 푸드서클 알림 시간에 주요하게 다뤄졌다. 누군가에게 음식을 만드는 노동을 외주화하여 빠르게 식사를 마쳐 버리거나, 다른 '대단한 일'들을 치르기 위해서 시간 낭비라 여기기보

2 울력은 공동체 살림에 필요한 노동을 공동체 안에서 나눠서 하는 것을 말한다.

다, 요리와 식사와 그 노동의 중요성에 대해서 충분히 드러낸다. 그것들이 거의 전부가 되었지만, 그 누구도 그 시간을 아까워하기는커녕, 가장 기다리고 좋아하는 시간이 된다.

이곳에서는 바깥일과 집안일의 경계가 없다. 나서서 부족민들을 모으고, 전반적인 역할을 하는 기획단, 그리고 울력의 리더 역할을 하는 부족장들이 있지만 그들은 노동을 분배하고 촉진하는 사람들이지, 그 노동을 떠안은 사람들이 아니다. 그들은 사전에 자발적으로 모집되었으며, 자신의 역할과 노동의 강도를 설정하여 함께 잔치를 즐기는 주체로 있다. 그들의 업무와 역할을 인지할 수 있도록 스텝 회의는 전체 공간에서 공개적으로 진행한다. 스케줄에서도 워크숍과 울력은 동등한 위치를 갖는다. 워크숍 때문에 노동이 소외되지 않도록 주의를 기울인다.

있ㅅ는잔치에서 공동체 가치는 울력에서 고스란히 드러난다. 이를 위해 매번 다양한 실험이 이루어지는데, 이번에는 부족민들의 자발적인 참여를 독려하는 방식으로 수행되었다. 벽 한쪽에 붙어 있는 종이에 4개의 부문—점심 준비와 저녁 준비, 배식과 뒷정리, 공간 정리—으로 나누어진 표가 부착되었고, 부족민들은 각자가 자신이 원하는 시간대에 자유롭게 이름을 적었다. 이러한 실험은 언제나 너무 많은 규칙과 의무를 만들지는 않되, 노동이 소수에게 집중되거나 소외되는 일이 없도록 수시로 체크

하면서 진행된다. 노동을 하고 싶지 않으면 하지 않아도 된다. 하지만 노동이야말로 공동체에 기여하며 소속감을 느낄 수 있는 시간이자 함께하는 즐거움을 알아 가는 시간이기 때문에 모두 기꺼이 참여한다.

있ㅅ는 잔치에서는 운영에 필요한 자금이나 물자 또한 참여자들과 함께 마련한다. 5일 간 150명 가량이 먹을 식량을 대부분 후원을 받기에 운영팀은 고작 20만 원어치의 식재료를 구매할 뿐이다. 살림살이에 필요한 것들이 있으면 알림 시간에 전체에게 전달되고, 어디선가 튀어나오기도 했다. 그래도 구해지지 않은 것은 누군가에게 빌리거나, 주변 지역에서 얻거나, 대체품을 찾는다. 참가비를 획기적으로 줄일 수 있는 비결이다. 동시에 이러한 방식은 구매하는 데 들어가는 인력과 시간과 연료, 비용들을 계산하고 정산하는 노동도 줄인다.

최소한의 참가비와 모금된 후원금은 다음 있ㅅ는잔치를 준비하기 위한 씨앗자금으로 쓰이고, 그 외에 비용은 기획단과 부족장들이 각자 적절하다고 생각하는 활동비를 논의하여 분배하였다. 일부 공동체 운동의 경우 화폐 사용 자체를 반자본주의적이지 않은 방식이라고 여겨 금기시하기도 한다. 그러나 있ㅅ는잔치에서는 화폐를 사용하되, 물, 식자재, 생활용품과 같은 최소한의 외부 자원 구매와 기획단과 부족장들의 수고와 노동에 대한 대가를 지불하는 데에 사용된다. 우리는 그러한 숨겨진 노동들의 가치를 인정하고 가시화하는 것 또한 반자본주의적인 실천이라 여긴다.

> 이번 잔치의 약속 중 '쓰레기 배출을 최소화하며, 개인 쓰레기는 가지고 돌아간다'는 항목이 있었음에도 마무리팀 추산 (소각한 휴지, 종이 제외) 대형 종량제 일반 8봉, 플라스틱 7봉, 유리병 1봉, 스티로폼 10개가 배출되었습니다.
>
> 더불어 샤워, 설거지, 수영장 등 물 소비량 또한 상당했습니다.
>
> 물론 축제의 규모와 날씨를 고려해야겠지만, 자연과 더불어 살아가고자 하는 있ㅅ는잔치이기에 우리의 흔적을 공유하고, 함께 애도하고 싶습니다.
>
> -2023 있ㅅ는잔치 기획팀 후기 중

그동안 경험해 온 축제 혹은 잔치는 대부분 어떻게 '소비'할 것인가에 초점이 맞춰져 있었다. 꾸며진 공간에서 음식을 먹고, 음악을 즐기고, 이야기를 나누다가, 그에 대한 대가를 지불하고 떠난다. 남는 것은 엄청난 피로감과 쓰레기들. 모든 뒷감당은 그 화폐를 받은 이들이 치러야 한다. 그리고 화폐로 계산되지 않는 그 외의 모든 인간과, 비인간의 노동은 감춰진다. 있ㅅ는잔치에서는 누린 것에 대한 대가를 돈으로 지불하지 않는다. 대신 감사를 전한다. 그것은 화폐의 형태가 될 수도 있고, 노동의 형태가 될 수도 있고, 아무 형태가 되지 않아도 좋다. 비인간들의 노동 또한 존중할 수 있는 방법을 찾는다. 모든 식사는 100% 비건으로 준비하고, 참가자 수에 비인간 동물을 반영한다. 인원과 기후를 고려했을 때, 납득할 만한 정도의 폐기물 발생이었음에도 LNT 원칙[3]을 잊지 않으며 우리가 발생시킨 쓰레기와 소비된 것들을 함께 기억하고 애도했다.

녹색변태와 아덥다 퍼포먼스

〈성스러운 녹색 세계관 업데이트: 새로운 차원의 성 인지 감수성, 성 문화 인식 패치〉

성, 사랑, 관계의 문제와 그로 인한 상처가 자유와 평화라는 이름 아래 방치되고 묵인되지 않는, 건강하고 지속 가능한 대안 생태계를 위하여 공동체적 규율을 정하고 나열하기보다는 문제의 본질을 탐구하고 근원적인 해결 방안을 모색하기 위하여 피해자와 가해자의 이분법적 구도로 사건을 바라보는 대신 반복되는 문제적 행동 패턴을 파악하고, 제거하기 위하여 녹색변태가 나타났다!!!!

3 '흔적을 남기지 않다(Leave no trace)'의 줄임말로 자연을 방문할 때 아무런 흔적을 남기지 않게 하자는 캠페인이다.

있ㅅ는잔치의 시작을 알리는 의례인 오프닝 세레머니 중 네댓 명의 여성과 퀴어들이 '녹색변태 선언문'이라고 적힌 커다란 종이를 들고 일어났다. 모두의 이목을 집중시킨 그들은 위의 글들을 재치 있게 읽어 내려가며, 녹색변태 선언문을 그 자리에 있는 모두에게 업데이트했다(그들은 선언문을 듣거나 읽은 자들은 '새로운 차원의 성 인지 감수성과 성문화 인식 패치 업데이트 완료되었다'고 표현했다). 가치를 지향하는 공동체, 집단, 조직에서 성희롱과 성폭력을 겪으며 고통받아 왔던 이들이 얼마나 많았는가? 성폭력은 느슨한 연대 속에서는 느슨한 틈을 타고, 조직적인 곳에서는 조직적으로 일어났다. 여기는 조금 다를까 기대하는 곳들에서도 어김없이 같은 일들이 일어났다. 생태주의를 표방하는 곳에서도 같았다. 환대의 의미로 나누는 포옹은 누군가에겐 불편함을 유발하기도 했으며, 폴리아모리는 정제되지 않은 욕망을 합리화하는 데 쓰였다.

심각한 사건을 몇 차례 겪은 이들이 모여 녹색변태를 만들었다. 열려 있는 의식과 환대와 연결을 추구하는 집단의 특성상 더욱 쉽게 발생할 수 있는 회색지대에 대해서 언어화하는 작업과, 공론의 장을 열어 선언문에 살을 붙이는 과정을 진행했다.

> 지구별 용사들이여, 녹색 생태계에 발을 들인 것을 환영한다.
>
> 우리는 이 각박한 세상에서도 자연과 조화를 이루고, 위계와 차

별에 저항하고, 서로의 다양성을 존중하려는 느슨한 생태 공동체라고 할 수 있다. 하지만 이상적으로 보일지 모르는 이쪽 세계에서도 최근 여러 가지 오류가 발견되고 있는데, 특히 성적인 오류가 심각하다.

극단적 자본주의와 가부장제가 기본값인 사회에서 태어난 우리는 그러한 사상에 너무나 오래도록 무방비 상태로 노출된 나머지, 무엇이 해서는 안 되는 짓인지 파악할 능력을 상실했다. 누군가의 문제적 행동에서 과거의 내 모습이 엿보이기에 과연 내게 문제 제기의 자격이 있는지, 수많은 이들이 그렇게 하기에 그걸 문제라 부를 수 있는지 헷갈리기도 한다.

그럼에도 우리는 지금 여기에서 "잘못된 건 잘못되었다"고 말할 수 있는, 새로운 시대를 시작하고자 한다. 앞으로는 적어도 이쪽 세계에서 다음과 같은 행위는 더 이상 용납되지 않을 것이며, 업데이트를 마친 그대들은 속세로 나가 새로운 차원의 성인지 감수성을 널리 퍼뜨릴 의무를 자동으로 부여받게 된다. 업데이트 내용은 근 1년간 녹색계 내에 실제로 있었던 사건으로 인한 경각심을 바탕으로 구성되었다.

녹색변태 선언문[4]

4 녹색변태 선언문은 지금도 업데이트 중이며, 각 항에 대한 자세한 소개 및 전문은 녹색변

1. 몸을 맞대어야만 인류의 사랑과 우정을 감각할 수 있는 것은 아니다.

2. 안녕, 낯선 사람! 그대를 있는 그대로 존중하며 환대하고자 한다.

3. 그대, 술에 취해 정신을 잃었다고 해서 책임까지 잊으려 하는가.

4. 사람의 마음이란 게, 마음이란 게… 참 어렵다.

5. 세상에 무결한 존재는 없다. 그렇다고 무책임한 존재마저 될 것인가.

있ㅅ는잔치 3일차에 열린 공론장은 퍼포먼스의 효과와 선언에 대한 공감으로 참가자의 절반에 가까운 이들이 모였다. 두 시간 동안 소그룹으로 모여 각 선언문 문구에 대한 상세한 설명과 각자가 이해한 바를 나누고, 그에 대한 대안과 해결책을 제시하는 과정이 이어졌다. 전체 발표 자리에서 어떤 이는 개인적으로 녹색변태가 제안하는 인반사개 프로세스(잘못을 인정하고, 반성하고, 사과하고, 개선하라)를 그 자리에서 실천하기도 했다.

태 인스타그램 @greenecobeach를 통해서 읽을 수 있다.

자연주의, 생태주의는 쉽게 가부장과 결합한다. 자연을 착취하거나, 낭만화하거나, 보호하려는 움직임은 인간-자연의 권력관계의 근본적인 변화를 만들어 내기 어렵고, 동시에 교묘하게 일어나기 때문에 문제의식을 쉽사리 공유하기도 어렵다. 녹색변태의 선언은 이러한 분리주의를 거부하는 동시에 소수자를 향한 억압과 폭력을 드러내며 발화하였다. 피해자/가해자를 구분하는 대신, 우리 안의 가부장성을 인지하고 인정하는 것으로부터 시작했다. 그리고 그것을 거부하고 저항할 수 있는 주체로 살아가는 '힘 기르기'의 과정에서 서로에게 성찰과 성장의 계기를 제공하는 방식을 찾아가고자 했다. 녹색변태들은 있ㅅ는잔치를 시작으로 이 뒤에 이어지는 축제 및 게더링에서도 성스러운 녹색 세계관 패치를 업데이트하며 생태 전환 운동과 공동체 운동 전체를 아우르는 '녹색계'를 페미니즘/퀴어화하는 작업을 부단히 해 나갔다.

녹색변태의 흐름에 이은 '아덥다-안덥다 무브먼트'라는 주목할 만한 사건도 있었다. 있ㅅ는잔치는 여름, 그중에서도 가장 뜨거운 8월 초에 열린다. 무더운 날씨에 사람들은 상의를 탈의하기 시작했다. 그러나 탈의에 대한 합의와 논의가 부재한 상태에서 남성으로 패싱된 이들에게 허용되는 상의 탈의가 모두에게 동일하게 적용되지 않았던 것에 불편함과 어려움을 느끼는 사람들이 있었다. 이러한 문제 제기의 방식으로 푸드서클 알림시간에 여러 명의 여성과 퀴어들이 동시에 "아~ 덥다!"를 외치며 상의를 탈의하는 퍼포먼스이자 직접행동을 실천했다. 하루에 한 번씩 아덥다 퍼포먼스가 진행되었고, 덕분에 남성뿐만 아니라 여성과 퀴어들도 자연스레 상의를 탈의한 채 지낼 수 있는 분위기가 만들어지게 되었다. 탈의에 대한 욕구는 있지만 안전함을 느끼지 못하는 일부는 퍼포먼스를 통해 탈의에 대한 내적, 외적인 저항에 대해서 고민하는 계기가 되었다.

그런데 마지막 날에 이르러 갈등이 고조되었다. 혼인식을 앞두고 기획단으로부터 '오늘은 외부인들이 방문할 예정이니 상의 탈의를 자제해 달라'는 알림이 전달되었다. 본래의 의도는 안전한 공간을 함께 만들어가는 커뮤니티의 구성원이 아닌 이들이 방문할 예정이니 서로를 보호하려는 조치였지만 일부에게는 이것이 여성들을 향한 백래시로 받아들여졌다. 아니나 다를까 혼인식 당일, 외부인들의 방문에도 남성들은 벗은 상의를 다시 입을 생각이 없어 보였다. 이에 '안덥다 무브먼트'를 재조직해 "오늘은 외부인들이 많이 와서 하나도 안 더운데…", "아 춥다! 젖꼭지가 시렵다…" 등의 피켓을 들고 돌아다니며 모두에게 옷을 입히려고 했던 의도를 알렸다.

다음날 아덥다-안덥다 무브먼트를 조직한 이들은 기획단과 함께 "자제해 달라"는 알림이 어떤 지점에서 불편함을 유발했는지, 그것들이 어떻게 성별 위계를 기반으로 해서 전달될 수 있는지에 대해서 소통하였다. 그 후 푸드서클에서 이 과정을 전체와 공유하며, 이 사건이 남성들에게도 본인의 권력을 알아차릴 기회가 되기를, "모두가 해방되지 않으면 아무도 해방될 수 없다"는 메시지를 전달했다. 아덥다 무브먼트는 기획단의 진심 어린 사과와 그들이 직접 외친 "아, 덥다!" 퍼포먼스로 마무리되었다.

몸에 대한 해방은 불법 촬영과 N번방 사건을 경험한 한국 여성들에게 단순한 주제가 아니다. 이와 관련한 한국 여성들의 경험은 북반구의 히피와 자연주의자들의 경험과 다를 수밖에 없다. 자연 안에서 진정한 평등은 현 위치에 대한 치열한 탐구 속에서만 가능하다. 아덥다 퍼포먼스는 여성들의 몸 해방에 대한 현시점의 우리가 가지고 있는 감각을 공유하고 한계 지점을 실험해 보는 공간으로서 기능했다. 덕분에 한국의 페미니즘과 생태주의가 교차하는 지점의 한계와 복잡성을 알 수 있었다. 그리고 그것이 이보다 더 발랄하고 생생하게 드러나기 어려우리라는 것도!

커뮤니티 혼인식

이번 있ㅅ는잔치의 마지막 밤은 있ㅅ는잔치의 마고할머니라 불리는 세영과 그의 파트너 맥스의 혼인식으로 장식되었다. 그들은 여성이 남성의 가족으로 편입한다는 뜻을 담은 '결혼식'이라는 이름 대신에 서로가 서로의 가족이 된다는 의미가 담긴 '혼인식'이라는 이름을 사용했다. 여성들이 남성 파트너와 결혼함과 동시에 가부장제 시스템 속으로 편입되어 철저한 소외를 경험하는 일은 흔한 일이다. 결혼식 또한 이런 결혼제도의 연장선으로 겉으로는 신부가 중심이 되는 행사처럼 보이지만 실상은 그렇지 않다는 것 또한 우리는 잘 알고 있다. 결혼식을 다르게 해보려는 시도들은 이 시대를 살아가는 결혼 적령기의 페미니스트들에게 난감한 과제이다. 다른 의례들이 그렇듯 관습과 시선, 그리고 보유하고 있는 자원(주로 시간과 돈)과 싸워야 하는 일이기 때문이다.

첫 있ㅅ는잔치부터 지금까지 모든 있ㅅ는잔치를 함께 준비한 사람이자 지역에서 커뮤니티 부엌을 운영하고 있는 세영은, 혼인식을 가족들의 체면을 위한 것도, 그동안 냈던 축의금을 회수하기 위한 수단도, 혼인을 하는 두 사람만을 위한 것도 아닌 모두를 위한 시간으로 만들고 싶어 했다. 그래서 있ㅅ는잔치 기간 중에 혼인식을 함께하면 좋겠다고 생각하게 되었다. 그러한 의도 속에는 혼인 이후의 삶의 방식을 향한 희망도 담겨 있다. 핵가족으로 구성된 고립된 생활이 아닌 커뮤니티 구성원으로서의 가족으로 살아가고자 하기 때문이다.

통상 반년 이상, 길면 일 년 이상 걸리는 결혼식 준비 기간은 이곳에서는 삼일 남짓밖에 되지 않았다. 두어 명이 슬렁슬렁 재료를 수집하다가, 혼인식 날 아침에 돕고 싶은 사람들을 모았고, 기꺼이 시간을 내준 10여 명의 사람들이 공간을 꾸렸다. 재활용 천과 뒤뜰에서 베어 온 대나무로 만든 포탈로 배경을 꾸미고, 들꽃을 모아다가 소박하게 장식한다. 있ㅅ는잔치에 참여한 어린 사람들을 화동으로 초대하고, 음향을 세팅한다. 대부분이 당일 오전과 오후에 걸쳐 이루어진 일이다.

그들의 혼인식은 준비 과정부터 식 자체도 혈연관계를 중심으로 한 기존의 방식과 완전히 다른 형식으로 이루어졌다. 도대체 뭘 먹는지도 모르겠는 결혼식 뷔페 대신에 모두가 즐길 수 있도록 비건 빠에야가 준비되었다. 축의금을 받는 가족 친지들은 온데간데없고, 마법 모자가 돌아간다. 직접 빚은 막걸리와 수제 맥주, 그들을 축복하는 노래와 춤 공연이 선물로 도착했다. 가족과 친지들이 오긴 했지만, 그들을 위한 자리는 다른 있ㅅ부족민들과 같이 운동장 잔디밭의 돗자리였다. 당연히 양가 부모님에게 맞절의 시간도, 주례도 없었다. 사회는 인디밴드 윈디시티의 보컬 '김반장'이 맡았다. 혼인식은 무려 2부로 나뉘어 있었는데, 1부는 친구와 가족들의 축하공연과 덕담들로 채워지고, 2부는 맥스 아버지의 깜짝 디제잉으로 시작해 거대한 춤판이 벌어졌다.

이 혼인식을 만들기 위해서 세영이 겪었을 고충을 다 알지 못한다. 한국 사회에서 결혼식의 위상을 생각했을 때, 그의 수고로움과 용기가 어마어마한 것이었으리라 감히 상상해 본다. 그들의 혼인식은 단지 '아름답고 대안적인 혼인식'으로만 보기에는 아쉽다. 부서진 공동체의 잔해를 주워 담고 연대의 감각을 회복하고자 하는 시도이자, 우리에게 다른 삶을 향한 상상력을 주는 과정이었다. 이것들을 만들어 가는 것엔 세영과 맥스의 노력과 함께, 오랜 시간 느슨하게 또 촘촘하게 연결되어 강력한 개인주의의 흐름 속에서도 혈연 혹은 혼인 관계를 넘어선 새로운 형식의 가족-부족 공동체를 상상하고자 하는 있ㅅ는부족의 의식이 담겨 있다.

이 시대의 생태 마을

있ㅅ는잔치에서 이어 오고자 하는 생태적인 삶은 생태 마을(생태공동체) 운동에서 왔다. 계획공동체[5]라고도 불리는 이 운동은 60-70년대 '침묵의 봄'과 '성장의 한계' 이후 환경운동의 물결과 반문화운동 흐름 속에서 자본주의 시스템에서 벗어난 대안적인 삶을 실천하고자 하는 이들에 의해 형성되었다. 우리에게 잘

5 계획공동체(intentional community)는 일정한 신념을 공유하고 의지하면서 일정한 정주체계를 지니고 있는 공동체를 말한다. 공동재산, 공동분배, 공동소비, 공동생활을 원칙으로 하면서 초검소·초절약적인 생활, 자연친화적 생산방식을 지향한다.

알려진 대표적인 곳으로 영국의 핀드혼, 인도의 오로빌, 호주의 크리스털 워터스가 있다. 한국의 사례로는 두레마을, 생명평화마을, 오늘 공동체, 선애빌과 같은 마을들이 있다.

지역 중심으로 이루어져 왔던 한국의 생태공동체 운동은 가부장제의 잔재가 짙게 남아 있다. 땅과 집을 소유할 수 있는 기반은 그들의 젊은 시절 임금노동으로부터 온 경우가 많고, 그것들은 결혼제도의 부불 가사노동을 통해서 가능했다. 그들이 추구하는 자연 속의 삶에서는 여성의 역할들이 지워진다. 지금은 이마저도 이루어지지 않는다고 들었지만, 한때 생태 마을들이 "한국 생태마을네트워크"(이하 한생네)라는 이름으로 활발하게 활동하며 매년 잔치 겸 회의를 열기도 했다. 생태적인 삶에 뜻을 두고 있던 젊은이—특히 여성—들이 모인 넥스트젠코리아는 한생네 잔치에서 청년들을 향한 착취, 여성들의 식사 노동 전담, 청년 여성 스피커들의 목소리가 감춰지는 것을 경험하고는, 그들과 연대하기보다는 가치관과 지향을 담은 잔치를 직접 만들어가고자 했다.

마리아 미즈의 저서 『가부장제 자본주의』에서 그가 낱낱이 밝히듯, 가부장제와 자본주의의 결탁은 여성, 자연, 식민지에 대한 억압과 착취를 통해서 '원시자본'을 축적하였고, 그것이 지금의 성장 중심 사회를 구축하는 기반이 되었다.[6] 자원과 네트워크가 부족한 청년들로서는 기존의 생태마을의 계보를 따르지 않고 독자적인 길을 만들어가는 것은 쉽지 않은 선택이었다. 그럼에도 가부장체제의 근본에 대한 성찰 없이는, 그러니까 여성과 자연과 식민지에 대한 수탈과 착취를 기반으로 하는 축적과 노동 체계에 대한 변화 없이는 대안사회, 탈성장 사회는 허울뿐이라는 것을 잘 알고 있기에 이러한 방향성으로 나아가고자 한다.

그렇기에 있ㅅ는잔치가 추구하는 공동체는 생태마을운동의 계보를 따르고 있지만 그 양상은 사뭇 다르게 보인다. 계획공동체 식의 촘촘한 공동체가 아닌, 권력관계와 경계가 불분명하지만, 유대관계는 끈끈한 '느슨한 공동체'의 모습을 띠고 있기 때문이다. 한편 있ㅅ는잔치가 추구하는 공동체는 '레인보우 게더링'[7]과 같은 게더링 문화와도 다르다. 있ㅅ는잔치에서 차용하는 여러 가지 개념과 문화들은 이에 영향을 받은 것들이 많다. 그러나 궁극적인 지향에 있어서 큰 차이가 있는데, 있ㅅ는잔치에는 체

6 이에 대해서는 마리아 미즈, 『가부장제와 자본주의』, 최재인 옮김, 갈무리, 2014를 보라.
7 주로 외딴 자연의 공간에서 이루어지는 일시적인 공동체로 70년대 시작되어 지금까지 이어지고 있다. 월드 게더링과 유럽 게더링으로 크게 나뉘어 있으며, 전 세계와 유럽 전역을 돌아가며 매년 다른 곳에서 열린다. 적게는 수십 명에서, 많게는 만여 명에 달하는 사람들이 모여 미디어와 소비주의, 자본주의에서 벗어난 생활을 공유한다.

제로부터 빠져나와 자연 속의 생활을 경험하고 향유하는 것을 넘어서 인간-자연 간의 착취적 관계를 어떻게 사유할 것인지 적극적으로 고민하고 실천하려는 노력이 담겨 있기 때문이다. 그래서 있ㅅ는잔치는 시스템 밖 대안을 만들어 가면서 한편으로 시스템의 문제들을 드러낸다. 우리가 만들어 가는 대안들 속에서 한계가 있다는 것을 인정하며, 자원이 허락하는 한 온 힘을 다해서 그에 대응하는 것이다.

특정한 물리적인 거점을 중심으로 펼쳐지는 기존 공동체 운동이 가지기 쉬운 한계를 있ㅅ는잔치는 중앙과 경계가 없는 '노마드 공동체'라는 새로운 방식으로 벗어나고자 한다. 이 시대의 청년들, 특히 여성들은 물리적 기반을 소유하기 어려운 위치에 있다. 도시에서 경제적 기반과 인적 네트워크, 안정적인 주거를 마련하기 어려운 상황에서도 타인과 연결되고, 자신과 연결되어, 효능감과 삶의 의미를 감각할 수 있는 계기로서 있ㅅ는잔치의 공동체는 의미가 있다. 사회에서 벌어지는 억압과 압력으로 벗어나 온전함을 경험할 수 있는 자연에서의 체험과 그 안에서의 연대 속에서 체제에 저항하는 다른 삶을 상상하고 살아갈 힘을 얻는다. 이 공동체성에 대한 경험은 참여자들로 하여금 그간 소외되었던 시간의 아픔을 회복하여 다시 일상으로 돌아갈 수 있도록 한다. 새롭게 구축된 느슨한 연대 속에서의 일상은 그 전과 다르다. 소비와 생산의 경계가 무너진 상호 호혜적인 관계망 속에서 생활이 이어지기 때문이다.

이러한 '느슨한 공동체'가 개인주의와 책임감 탈피로 보일 수 있다. 그러나 주목하고 싶은 부분은, 그렇기보다는 시스템 안과 밖의 경계를 넘나드는 방식으로 실천된다는 것이다. 그들은 자본주의 시스템에서 제시하지 않는 방식으로 살림을 꾸려 가거나 시스템의 틈을 찾아내어 생존의 기술을 발굴한다. 이 네트워크에서는 경제적 지원이 필요할 때 서로에게 도움을 주는 일이 자주 벌어진다. 각자의 형편에 따라 필요한 교육비, 병원비, 주거비를 요청하고 받는다. 지역을 중심으로 셰어하우스나 공동 주거 공간을 만들어 가기도 한다. 서울 지역을 벗어나서 주거비용을 획기적으로 줄이는 일을 해 내고, 거기에 더해 공동살림을 꾸려가며 적은 소득으로도 풍요롭게 생활할 수 있는 방법을 찾는다. 바느질, 우드 카빙, 요리, 가구 및 주거 공간 개선을 위한 기술 등 자본의 손을 빌리지 않고 삶을 윤택하게 만들 수 있는 생활 속의 실천들을 서로에게 배우고 지식과 정보를 교환한다. 심지어는 임금 노동에 있어서도 마찬가지로 자신들의 재능과 가치관을 담은 일들을 함께 꾸리거나, 일자리 정보를 교환하며 생활을 유지할 수 있는 최소한의 방법을 찾아나간다. 그렇게 자급 공동생활로 확보된 여유는 서로에 대한 돌봄과 현장에서의 연대로 이어지기도 한다.

있ㅅ는잔치는 1년에 한번 열리는 연례 행사이기 때문에 생겨

나는 한계가 있다. 있ㅅ는잔치는 유토피아를 건설하려는 시도가 아니다. 깨끗하고 무결한 자유와 해방을 만들기 위한 노력들 대신 지금, 여기에서 땅에 발을 붙인 채 돌봄과 유기적이고 즉각적인 소통으로 전환을 만들어 간다. 이런 시도들은 예술과 노동, 사랑과 우정을 전복의 재료로 삼는다. 이들이 만들어 가는 삶은, 세르주 라트슈가 말한 '상념의 탈식민화'의 과정이다. 연대와, 연결, 가치를 추구하는 삶이 더 즐겁고, 행복하며, 풍요롭다는 것을 증명하는 과정이니까. '느슨한 공동체'의 거점 공간과 서로의 힘 기르기와 회복의 장을 만드는 이들의 유쾌하고 따뜻한 반란이 계속되기를 바라본다.

세 가지 탈성장: 담론, 운동, 그리고 삶

장윤석*

* 생태적지혜연구소 학술위원
신승철학에 빠져 연구, 활동, 수행의 세 가지 생태학 사이를 허우적거리고 있다. 『탈성장들』은 고 신승철 소장님이 생전에 함께하자고 제안했던 마지막 책이어서, 그때 건넨 손길을 늦게나마 잡고 이어달리기를 하고 있다.

탈성장을 살펴보는 방법에는 세 가지가 있다고 생각한다. 먼저 학문이나 담론으로 접근하는 것이고, 다음으로 운동이나 활동으로 접근하는 것이며, 마지막으로 지금과는 다른 일상, 대안적 삶의 형태로 접근하는 것이다. 물론 이러한 관점은 명확히 구분되지 않고 그 사이에 많은 스펙트럼을 갖는다. 탈성장 담론이나 탈성장 운동이나 탈성장하며 살기는 서로 연결되어 있을 뿐 아니라 어느 하나도 홀로 있지 않다. 이 글에서는 탈성장을 바라보는 세 가지를 다룬다.

탈성장 담론 그리기

먼저 탈성장이라는 말을 풀어가 보자. 탈성장을 수식하는 낱말을 하나만 고르자면 레디컬(radical)일 것 같다. 뿌리(root)가 그 어원인 이 말은 우리말로 '급진적'(急進的)으로 번역되지만 '근본적'(根本的)이라는 뜻도 있다. 급진적인 것과 근본적인 것은 사뭇 다르게 보이기도 하지만 닮은 점도 많다. 우리는 급진적일 때 근본적으로 되기도 하고, 근본적일 때 급진적으로 되기도 한다. 기후위기라는 급박한 상황이 근본적인 대응을 요구하고, 근본적인 전환은 대체로 급진성을 띠게 되는 것처럼 말이다. 물론 현실의 복잡하고 다사다난한 상황에서 이 둘은 함께 이야기된다. 전환의 속도가 중요한지 방향이 중요한지는 늘 뜨거운 감자가 되어왔다. 중요한 것은 어느 하나만을 택할 수 있는 게 아니라는 것이겠다. 어떤 변화든 방향과 속도 중 하나라도 바람직하지 않다면 제자리에 있는 것만 못할 테니까.

탈성장의 접두사인 '탈'(脫), 원어 degrowth의 'de'를 살펴보자면, 무엇으로부터 벗어나자는 것인지를 먼저 떠올리게 된다. 당연히 성장에서 벗어나자는 것이고, 그 성장의 제1주자는 단연 경제성장이겠다. 한국이 지난 약 반세기 동안 겪었던 경제성장의 역사를 생각해 보자. 한국은 1인당 국내총생산(GDP)이 1960년대에 1백 달러이던 것이 2020년대 현재 약 3만 달러에 달하여 거진 300배에 이르는 경제성장을 해 왔다. 십 년이면 강산이 변한다는데, 변치 않고 남아 있는 강산이 없을 정도로 수많은 토건 사업과 개발을 계속해 왔다. 온 국토가 전쟁의 상흔으로 덮였던 나라가 세계에서 열 손가락 안에 드는 경제 규모를 이루기까지, 이 질주는 기적이라 불릴 만큼 성장을 거듭해 왔다. 그러나 과연 기적뿐일까. 오늘날 우리는 국가 전체로는 물질적 풍요를 누려왔다지만, 높은 자살률, 사회적 양극화, 급속한 고령화와 노인 빈곤 등 수많은 성장의 그림자 혹은 폐기물을 직면하고 있지 않나.

한국에서 소위 '기적'이 시작되던 1970년대, 경제성장의 질주에 세 개의 물음이 던져졌다. 먼저, 일군의 과학자들이 『성장의 한계』에서 제기한, '무한한 경제성장이 유한한 지구에서 가능할 것인가?'[1] 하는 물음이다. 물도 에너지도 자원도 모두 유한한데 GDP 숫자만 무한할 수 있을까. 2030년대에 이르면 인류의 물리적 성장이 한계에 다다른다는 이 분석은 지난 50년의 역사를 통해 증명되었다. 오히려 지금은 분석이 사태의 심각성을 간과했다는 지적이 이어지는 형국이다. 다음으로, 같은 해 프랑스 철학자 앙드레 고르스(Andre Gorz)가 탈성장(décroissance)이라는 용어를 최초로 사용하며 던진 질문이다. "지구의 균형을 이루기 위해서는 물질 생산에 있어서 무성장, 나아가 탈성장이 필요조건이다. 그렇다면 지구의 균형은 자본주의 시스템과 양립할 수 있는가?" 성장 이데올로기에 종속된 현재의 자본주의 시스템을 날카롭게 비판하는 지적이었다. 세 번째는 이반 일리치(Ivan Illich)를 비롯한 일군의 학자들이 개발 사전(development dictionary)을 집필해 제기한 다음과 같은 문제이다. "경제성장은 자연과 공동체를 잡아먹으며, 지불되지 않은 비용을 자연과 공동체에다 전가하기까지 한다."[2] 경제성장이 생태적 한계뿐 아니라 사회적 한계를 초래하고 있다는 것으로, 이들은 동명의 책 제목과 같이 '경

1 이에 대해서는 도날라 H. 메도즈 외, 『성장의 한계』, 김병순 옮김, 갈라파고스, 2021을 보라.
2 이에 대해서는 볼프강 작스 외, 『반자본 발전사전』, 이희재 옮김, 아카이브, 2010을 보라.

제성장이 안 되면 우리는 풍요롭지 못할 것인가?』[3]를 묻고 있다. 이 일련의 물음에서, 우리가 자본주의라고 이르는, 필요를 벗어난 생산과 축적, 그 굴레의 무한 성장 시스템이 결국은 우리 스스로뿐 아니라 우리의 행성까지 파멸시킨다는 문제의식을 살펴볼 수 있다.

이처럼 탈성장은 경제성장의 신화로부터 벗어나는 것을 기본으로 한다. 하지만 벗어나야 할 것은 GDP뿐만이 아니다. 철학자 코르넬리우스 카스토리아디스(Cornelius Castoriadis)는 탈성장을 설명할 때 '상상계의 탈식민화'라는 개념을 강조한다.[4] 우리가 벗어나야 할 것은 기존의 경제 시스템뿐이 아니라, 그 속에서 자리 잡은, 빈곤하고 식민화된 상상력이라는 것이다. 세계관 자체를 바꾸자는 이 제안이 '철학적 전환으로서의 탈성장'이 제시되는 출발점이라 할 수 있겠다.

오늘날 탈성장의 문제의식을 지닌 이들이 제기했던 위기의 징후들은 불행하게도 명명백백한 현실이 되어 있다. 기후위기가

3 더글러스 러미스, 『경제성장이 안 되면 우리는 풍요롭지 못할 것인가』, 김종철 외 옮김, 녹색평론사, 2011.

4 세르주 라투슈 외, 『탈성장 개념어 사전』 강이현 옮김, 그물코, 2018. "성장과 개발이 일종의 믿음이라면, 그래서 한 국가 경제에서 '진보'를 비롯한 모든 기초 범주가 가지는 상상의 의미가 이 믿음을 넘어설 수 없다면 그 상상계가 바뀌어야 함을 의미한다. 따라서 탈성장 사회에 도달하는 것은 부분적으로 우리의 상상계를 탈식민화하는 것을 뜻한다. 즉 세계의 변화가 우리에게 선고를 내리기 전에 우리가 세계를 바꾸는 것이다."

대표적으로, 2018년 IPCC(기후변화에 관한 정부 간 협의체)의 「1.5도씨 특별보고서」를 필두로 수많은 자료들이 드러낸 실체의 심각성과 긴급성은 이루 말할 수 없을 정도다.[5] 그 외에 성층권 오존층, 대기 중 에어로졸 농도, 해양 산성도, 질소와 인 같은 화학물질의 생물-지질학적 순환, 담수 사용량, 토지 사용 형태, 생물다양성 등 지구 위험 한계(planetary boundaries)도 위기에 처해 있다.[6] 이 '대혼란의 시대'[7]에 탈성장 담론은 마냥 이상적이고 낭만적인 담론으로 취급을 받던 지위에서, 검토해야만 하는 급진적이고 근본적인 대안 담론의 지위로 올라 논의되고 있다. IPCC와 IPBES(생물다양성과학기구)에서도 각각 기후위기와 생물다양성 손실에 맞설 때, 탈성장 정책을 고려해야 한다고 인정한다. 2020년에 코로나 팬데믹이 닥치자 탈성장 공개서한(Degrowth: New Roots for the Economy)이 발표되어 수많은 연서명이 이어지기도 했다.[8] 최근 전 세계 기후 관련 연구자 798명을 대상으로 한 연구

5 김현우, 「탈성장, 1.5 °C 시나리오 실현을 위한 유력한 선택지로 고려되어야」, 《생태적지혜연구소미디어》, 2022. Keyßer, L.T., Lenzen, M. 1.5°C degrowth scenarios suggest the need for new mitigation pathways. Nat Commun 12, 2676(2021). 일군의 생태경제학들이 2018년 IPCC 특별보고서에서 검토한 여러 사회경제 시나리오가 GDP 성장을 전제하고 있다 비판하면서, 탈성장의 관점에서 저에너지수요 시나리오(LED)를 작성했고, 이 시나리오는 온실가스 배출량을 포함해 생태발자국 등의 처리량을 엄청나게 감소시킬 것을 제안하고 있다.

6 요한 록스트룀·오웬 가프니, 『브레이킹 바운더리스』, 전병옥 옮김, 사이언스북스, 2023.

7 아미타브 고시, 『대혼란의 시대』, 김홍옥 옮김, 에코리브르, 2021.

8 The open letter working group, "More than 1,000 experts call for Degrowth as post-

의 설문조사에서 탈성장(28.1%)이 비성장(agrowth, 44.8%) 다음으로 선택되어 녹색성장(27.1%)을 넘어서기도 했다.[9] 한편으로, 2020년 생태경제학자인 요르고스 칼리스(Giorgos Kallis)와 제이슨 히켈(Jason Hickel)을 필두로 바르셀로나 자치대학에 탈성장 대학 프로그램이 설치되기도 했다. 이 커리큘럼은 탈성장에 대해 생태경제학과 정치생태학, 남반구의 관점과 탈식민주의에 기반한 페미니즘과 돌봄 경제학과 인류학을 축으로 구성되고, 성황리에 계속 이어지고 있다. 지구와 그 속에 묻어든 사회와 경제가 위기에 처할수록, 탈성장 담론은 점차 힘을 얻어 가고 있다.

탈성장 운동하기

탈성장은 여느 담론 이상으로 짙은 운동성을 지니고 있는데, 탄생부터 의도적으로 고안된 전복적인 구호라는 점을 살펴야 한다. 철학자 세르주 라투슈(Serge Latouche)는 "긍정적인 프로젝트에 부정적인 어휘를 쓰는 것은 성장만 추구하는 미래상에서 벗

COVID-19 path", 2020. 공개서한의 요지는 다음과 같다. "(1) 경제체제의 중심에 생명을 위치시켜야 한다. (2) 모두를 위한 좋은 삶을 위해 어떠한 노동이 얼마나 필요한지를 근본적으로 재평가해야 한다. (3) 핵심적인 재화와 서비스의 제공을 중심으로 사회를 조직해야 한다. (4) 사회를 민주화해야 한다. (5) 정치경제 체제를 연대의 원칙에 기초하여 구축해야 한다."

9 King, L. C., Savin, I. & Drews, S., "Shades of green growth scepticism among climate policy researchers", *Nature Sustainability*, No. 6, 2023.

어나려는 우리의 목표를 나타낸다. 우리는 '탈성장'이라는 단어를 통해 성장을 자연스레 '개선'과 연결하는 고리를 깨뜨리고자 한다."고 탈성장 개념의 목표를 설명한다.[10]

탈성장의 강한 운동성은 탈성장의 정치적 적합성에 대한 의문으로 이어지기도 한다. 일례로 세계의 수많은 녹색당들에서 정치적 의제를 논할 때 탈성장은 거의 매번 등장하지만 여러 이유로 반려되거나 부분적으로만 반영된다. 그 이유로는 두 가지가 있는 것 같다. 하나는 탈성장이라는 말이 어감이 세고 과격하다, 뜻이 급진적이다, 무언가에 반대하는 것이 주는 인상이 효과적인지 모르겠다는 평가다. 정치적으로 대개의 시민에게 반감을 살 수 있다는 우려로 이어진다. 다른 하나는 세고 급진적인 것 다 좋은데 무얼 말하는지 모르겠다는, 어떤 가치지향성이 분명하지 않을뿐더러 무언가에 반(反)하는 것이 무얼 담지하는지 모르겠다는 평가다. 이는 정치적으로 대개의 시민들에게 메시지가 난해하다는 우려로 이어진다.[11]

이 이야기는 탈성장이 담론을 넘어 운동이 되려면, 실제 변화를 위한 구체적인 전략과 대안을 갖출 필요가 있음을 보여준다.

---

10 세르주 라투슈 외, 『탈성장 개념어 사전』, 강이현 옮김, 그물코, 2018.

11 '한국 녹색당'은 강령에 탈성장이 기재되어 있고, 2016년 제20대 총선에서 "성장 중독 탈출, 행복이 우선이다"를 구호로 내세웠다.

최근 오스트리아 비엔나 탈성장 그룹의 주도로 시작된 '탈성장과 전략' 운동과 같이 이런 우려를 넘어서려는 시도가 나타나고 있다. 이들은 탈성장 담론을 '추상에서 구체로', 사회 운동이자 정치 전략으로 실체를 부여하자고 제안한다. 그렇게 탈성장은 노동 시간 단축, 공공교통 무상화 및 녹색화, 주거권 보장과 녹색화 등 구체적인 부문에서의 정책을 제안할 수 있게 된다. 지표를 GDP에서 생태적 한계와 사회적 기초를 명시한 도넛 지표로 전환한 암스테르담, 도로를 광장과 녹지와 공원으로 바꾸는 슈퍼블록 정책을 펴 나가는 바르셀로나 같은 전환도시의 사례들이 나날이 태어나고 있다.

탈성장 운동의 특이점은 다양성이라고 본다. 라투슈 말을 다시 빌리면, "탈성장을 하나의 정의로 설명하기 불가능한 것은 탈성장은 다양한 사고방식, 상상, 행동 방식이 합쳐진 틀이기 때문이고, 우리는 이러한 다양성이 바로 탈성장의 강점이라고 본다."[12] 탈성장 담론이 강한 토착성을 띠는 이유도 여기에 있다. 이는 언어들에서 드러나는데, 탈성장에 관한 개념어에는 아프리카의 우분투와 남미의 부엔비비르 등 어떤 지역의 토착적인 생태적 지혜를 응축한 말들이 많다. 탈성장은 보편적이고 획일적

12 세르주 라투슈 외, 『탈성장 개념어 사전』, 강이현 옮김, 그물코, 2018.

인 서구 철학에 대비하여, 아시아, 아프리카, 남아메리카, 오세아니아 등 남반구(Global South) 지역의 토착적인 철학에 연결되어 있다.

우리의 탈성장 언어와 운동에도 뿌리가 있을 것이다. 우리는 언제 처음 전 지구적 세계화와 경제성장의 흐름에 반대를 표하고 이와는 다른 길을 그려 나갔을까. 1989년 무위당 장일순과 김지하 시인을 주축으로 작성된 〈한살림선언〉과 생활협동조합 창립 운동이 먼저 떠오른다. 이어서 2000년대 초에는 지리산에 댐을 건설하려는 시도에 맞서 '지리산살리기국민행동'이 만들어졌고, '귀농운동본부'와 '생명평화결사'가 만들어졌다. 근 몇십 년 사이에도 온 강산을 파괴하는 생태학살(Ecocide)이 끊이질 않았는데, 새만금 공사, 4대강 사업, 제주의 강정해군기지 건설, 밀양의 송전탑 건설, 성주의 사드 배치 등에 맞서 녹색 운동이 있어 왔다. 나는 이것이 한국의 탈성장 운동의 시원이라고 생각한다. 그 가운데에서 '기후정의', '생명평화', '녹색전환' 등 다양한 말이 한국의 기후 생태 녹색 주체들로부터 발화되어 왔다. 이것이 한국의 탈성장 운동의 구호라고 할 수 있을 것이다. 아마 세계 각지에서 비슷한 맥락과 목표 하에 저마다의 다른 말들을 쓰고 있지만, 그 의미는 다 함께 탈성장으로 귀결되지 않을까? 이와 같은 토착적 다양성은 전 지구적 다층 위기 앞에서 탈성장 운동 다발이 가지는 가능성을 보여준다.

탈성장하며 살기

탈성장 담론과 운동에 이어서, 탈성장의 삶은 무엇일까. 탈성장은 무언가로부터 벗어나는 것을 제안하지만, 기존에 쓰던 시간과 자원을 다른 곳으로 돌리자는 제안이기도 하다. '작은 것이 아름답다'(E. F. 슈마허),[13] '적을수록 풍요롭다'(제이슨 히켈),[14] '덜 소비하고 더 존재하라'(여성환경연대),[15] '전환은 빠르게, 삶은 느리게'(생태적지혜연구소)[16] 같은 구호들은 탈성장의 지향점이 마냥 파괴가 아닌 다른 삶의 생성에 있다는 것을 잘 보여준다.

하지만 주변의 탈성장 연구자와 활동가들을 살펴보면, 하나같이 우리의 삶이 탈성장적인지 잘 모르겠다고 한다. 아니, 일상의 속도가 대기업 임원이나 월가의 자본주의자 못지않게 빠르게 흘러간다. 근 몇 년 사이 기후위기가 가속화되는 만큼 그에 연동된 우리의 일상도 빨라졌지 싶다. 아주 가끔 뭔가 잘못되었다 혹은 어느새 말려들었다는 경각심이 인다. 이런 장면을 생각한다. 톱니바퀴를 멈추기 위해 손을 밀어 넣었는데, 톱날의 속도는 조금 줄었을지언정 갈려나간 손은 너덜너덜해져 있는 장면. 그런 우

13 E. F. 슈마허, 『작은 것이 아름답다』, 이상호 옮김, 문예출판사, 2022.
14 제이슨 히켈, 『적을수록 풍요롭다: 지구를 구하는 탈성장』, 김현우·민정희 옮김, 창비, 2021.
15 강남순 외, 여성환경연대 기획, 『덜 소비하고 더 존재하라: 에코페미니스트의 행복혁명』, 시금치, 2016.
16 권희중·신승철, 『기후 전환 사회』, 모시는사람들, 2022.

리의 죽음이 아름다울 수 있을까.

탈성장의 철학을 가로지르는 말은 살림과 속도가 아닐까 한다. 거대한 갈퀴를 장착한 굴삭기를 멈추고 숲을 살리자는 말과, 과속하여 질주하는 기관차를 멈추라는 말이 '탈성장' 안에 담겨 있다. 그리고 이 이야기는 외딴섬 같은 '사회'에만 적용되는 것은 아니다. 유해한 구조에서 무해한 개인이 있을 수는 없다. 성장에 중독된 것은 사회만이 아니다. 내가 그렇고 너가 그렇고 우리 모두가 그렇다. 내 삶의 속도를 늦추는 것이 진정 탈성장의 한 걸음을 살아가는 길이다. 성장주의를 멈추기 위해서라는 명분으로 밤새워서 일하지 않고, 자신의 관계가 어디에 어떤 모습으로 놓여있는지 계속 살피는 일일 수 있다. 과로하고 소비하는 데 쓰는 것들을 생명을 살리고 관계의 풍요를 가꾸는데 돌리려는 흐름이다. 나는 탈성장의 시작을 생각할 때 1970년대 이반 일리치와 그 동료들이 모여서 만든 멕시코 쿠에르바카나의 CIDOC(문화교류문헌자료센터)가 자주 생각이 난다. 다른 세상을 꿈꾸고 상상하는 이들의 삶이 얽혀서, 결국에는 탈성장이라는 담론과 운동이 나타났다. 탈성장을 공부하고 말하는 것도, 탈성장 운동을 만들어 가는 것도 중요하지만, 탈성장의 삶을 함께 살아가는 것이 보다 중하지 않을까. 나에게 탈성장을 글과 손으로, 그리고 삶과 마음으로 전수해 주신 고 신승철 생태적지혜연구소 소장의 말로 글을 맺는다.

"기후위기를 설명할 때 마음으로부터 시작해야 하는 이유가 있다. 현실의 변화가 없는 무의미한 선언이 아니라 보이지 않는 관계와 배치의 변화를 통해서 마음의 성좌를 바꿔나갈 때 현실의 변화는 느린 거북이처럼 따라올 것이기 때문이다. 탈성장 전환사회는 우리의 가난한 마음, 연결의 마음, 연대의 마음에서 시작된다. 이웃과 친구와 가족과 더불어 가난해질 때, 우리는 온갖 가식과 허위를 벗고 마음의 깊이와 높이, 넓이를 만들어낼 수 있다. 그래야 우리의 마음이 기후위기 상황에 입체적이고 탄력적으로 대응할 수 있다. 그 속에서 희망의 이야기를 다시 나누어볼 수 있는 여지도 생겨날 것이다. 희망은 모든 것이 산산이 흩어져 버린 판도라의 상자 속에서 작은 목소리지만 여전히 울림이 되는 마음으로 남아 있기 때문이다."[17]

17 신승철, 「기후위기와 마음의 생태학」, 『바람과 물 1호: 기후와 마음』, 여해와함께, 2022.

토마스 베리와 우리의 탈성장 이야기

송지용*

* 춤추는 사상가
춤명상 댄스만달라를 안내하고 의미 깊은 곳에서 퍼포먼스를 한다. 동학을 사상적으로 공부하고 현대적으로 적용하기 위해 원광대학교 대학원에 들어가 석박사통합과정을 수료했다. 전환적 세계관과 세계감을 안내하고 스스로 체화해 공동체에서 역할하며 살고 싶다.

탈성장은 새로운 세계관의 '이야기'로부터 시작된다

오늘날 인류는 경제성장에 눈이 멀었다. 우리가 살고 있는 지구의 온도가 올라가고있다. 파국이 가까워지는 것을 아직도 외면하는 듯하다. 그러나 한편에서는 성찰과 함께 탈성장(degrowth) 논의가 대두되고 있다. 탈성장은 성장과 이윤에 의해 주도되는 경제와 달리 생명을 만들고, 생태적 지속 가능성 및 사회정의에 중점을 두는 개념이다. 경제성장만을 추구하는 대신, 자원의 소비를 줄이고 생태계를 보호하며 지속 가능성을 추구한다.[1] 대다수 사람에게 실질적 힘을 발휘할 수 있는 탈성장의 철학은 전환적 세계관에 기반한 '이야기'로 전달되어야 한다. 그래야 쉽게 이해하고 마음을 움직여 변화를 만들 수 있을 것이다.

이 글에서는 철학 속 '세계관'(world view)과 '이야기'에 초점을 맞추어 풀어가고자 한다. '세계관'은 우리가 세상을 인식하는 방식이다. 개인과 사회에 대한 인식 그리고 행동에 영향을 미친다.

1 Nathan Barlow, Livia Regen, Noémie Cadiou Et Al, *Degrowth and Strategy: how to bring about social-ecological transformation*, Mayflybooks/Ephemera, 2022. 해당 자료는 〈탈성장과 대안연구소〉가 번역해 『탈성장과 전략』이라는 파일 이름으로 공유되고 있다.

이러한 세계관은 '이야기'로 전달될 때 더욱 강력한 힘을 가진다. 심지어 영화나 문화의 영역에서는 마블 세계관, BTS 세계관처럼 이야기 자체가 세계관이 되기도 한다. 이야기는 생각과 마음을 통해 사람을 변화시키며 삶과 역사를 만들어 간다.[2] 오늘날 우리에게는 인간 중심적 세계관을 넘어, 지구적이고 우주적인 전환적 세계관과 이야기가 필요하다. 지구적 위기를 극복하기 위해 '우주 이야기'(The Universe Story)를 제안했던 토마스 베리의 이야기를 살펴보고 우리의 탈성장 이야기를 상상하고 써 보고자 한다.

토마스 베리의 우주 이야기와 지구 경제

이러한 '이야기'의 힘을 알고 이야기를 통해 지구적 변화를 이루려고 한 사람이 토마스 베리(Thomas Berry)이다. 그는 가톨릭 사제이자 문화역사학자였다. 또한 자신을 '지구학자'로 정의할 만큼 생태적 문제에 관심을 기울이며 평생을 바쳤다.

토마스 베리는 '우주 이야기'[3]를 통해 우리가 생태적이고 이상적인 시대인 '생태대'(ecozoic era)[4]로 나아갈 수 있다고 주장했다.

2 EBS 다큐프라임 '이야기의 힘' 제작팀, 『이야기의 힘』, 황금물고기, 2011, 24쪽.

3 토마스 베리, 브라이언 스윔, 『우주이야기: 태초의 찬란한 불꽃으로부터 생태대까지』, 맹영선 옮김, 대화문화아카데미, 2010.

4 생태대는 지금 우리가 살고 있는 신생대를 지나 우리가 만들어야 할 생태문명의 시기를

우주 이야기는 우주의 생성과 진화 그리고 인간의 출현과 같은 역사를 과학적면서도 종교적인 이야기로 제시하였다. 인간 중심적인 세계관에서 벗어나 우주적 시각으로 인류와 지구를 보자는 것이다. 그리고 지금 인류가 우주 역사 속에서 어디에 있고, 진화를 거듭하며 어떻게 여기까지 왔는지를 담고 있다. 또 인류가 맡은 역할을 '위대한 과업'으로 제시하고 있다. 이는 지구와 깊이 친교하며 생태대를 만드는 것이다. 이 이야기를 통해 사람들은 지구와 우주의 신성함뿐 아니라 우주 역사를 통해 나타난 자신의 신성함을 느낄 수 있다. 또한 지구공동체의 일원으로 지구와 친교하며 상호증진적 관계를 만들 수 있다. 토마스 베리는 인간이 지구의 지배자나 분리된 존재가 아니라 지구공동체의 한 일원이 되어 지구를 치유할 수 있다고 말하고 싶었던 것이다.[5]

토마스 베리의 우주 이야기는 탈성장적 관점을 취하고 있다. 이러한 관점은 토마스 베리가 이야기한 '지구 경제' 개념에서 살펴볼 수 있다. 토마스 베리는 현대 경제가 '성장' 중심적이라면서 급작스럽게 지구의 한계에 다다르는 사태를 우려하였다. 그는 '성장' 개념과 비슷한 의미로 '진보' 개념에 대해 비판하였는데 주로 무제한적, 산업적 진보라는 수식어와 함께 쓰였다. 토마스 베

뜻한다.

5 토마스 베리, 맹영선 옮김, 『지구의 꿈』, 대화문화아카데미, 2013, 317쪽.

리에게 이러한 진보는 인간이 자연 위에 군림할 수 있다는 착각에 빠져 자연을 착취하고 파괴하는 인간중심적 세계관을 단적으로 보여주는 개념인 것이다.[6]

토마스 베리는 이러한 문제를 해결하기 위해서 경제에 대해 새로운 인식을 해야 한다고 주장한다. 그것은 자연 세계의 안녕 안에 인간의 안녕을 통합시키는 것이다. 지구의 역사는 종들 상호 간의 역사이며 인간-지구의 역사이기 때문이다. 그래서 고안한 것이 '우주 이야기'이다. 토마스 베리의 우주 이야기로부터 '지구 경제'라는 개념이 나올 수 있었고 이 외에도 지구법, 지구 인문학 같은 다른 접근이 가능해졌다.

우리의 탈성장 이야기 상상하기

토마스 베리와 같이 우리는 이 시대의 탈성장 이야기를 상상해 볼 수 있다. 각자의 탈성장 이야기는 각자의 세계관을 형성한다. 그 세계관에 따른 삶과 활동들이 모여 다시 새로운 이야기를 써 내려갈 것이다. 우리의 탈성장 이야기를 써 보자. 아래 몇 가지 이야기를 상상해 본다.

6 같은 책, 15쪽, 105쪽.

<상상 이야기 1>

토마스 베리는 인류를 청소년기에서 청년기로 접어드는 시기로 비유하였다. 나는 한발 더 나아가 인류가 이제 청소년기, 청년기를 지나 장년기에 접어드는 것으로 상상해 본다. 오늘날 인류는 청년기의 성장마저 끝나고 이제 물리적 성장을 기대하기보다는 정신적 성숙을 추구해야한다고 생각하기 때문이다.

산업 중심 성장 사회의 인류는 사춘기 청소년과 청년으로 비유할 수 있을 것이다. 이 시기에는 몸이 급격하게 성장하고 심리적으로 어머니로부터 분리하고 싶어진다. 타인과 자신에게 파괴적인 반항도 하고 방황도 한다. 산업 중심 성장 사회에서 우리 모습도 이와 다르지 않다. 급격한 경제성장과 과잉생산을 하였고 지구 어머니로 비유할 수 있는 자연과 인간을 분리했다. 나아가 착취하고 파괴했다. 이는 오늘날 모든 생물종에 대한 위협을 넘어 인간마저 위협하고 있다. 그러나 우리는 여전히 파괴적 성장을 계속하고 길을 찾지 못해 방황하고 있다.

이제 우리는 방황하는 청소년 시기를 마칠 때가 되었다. 물리적으로나 경제적으로 성장하는 청년기도 끝나간다. 이제 물질적 경제성장은 충분하다. 더 이상의 성장은 지구와 우리에게 위협이 되고 있다. 우리는 새로운 시기를 맞이했다. 이제 우리는 장년의 시기에 접어든 것이다. 다시 어머니 지구와 공생적 관계를 맺자. 분리하고 반항했던 어머니 지구와 다른 관계를 맺을 때다. 돌아온 탕자와 같이 다시 연결되어 어머니에게 효도하고 공경하며 모시는 삶을 살아야 할 것이다.

<상상 이야기 2>

지구를 몸으로 비유한다면 우리는 어떤 존재로 역할을 할 수 있을까. 자본주의 사회에서 인간은 계속해서 성장하려는 암세포로 비유할 수 있다. 우리를 죽음으로 이끄는 암세포는 역설적으로 끊임없이 성장하는 세포이다. 지구라는 몸이 망가지기 전에 우리는 다른 존재로 다른 역할을 해야 한다. 암세포가 아닌 다른 역할을 수행할 수 있다면, 지구와 인류를 더 건강하고 지속가능한 방향으로 이끌 수 있을 것이다. 인류가 지구에서 인체의 신경망과 같이 존재하고 역할을 할 수 있지 않을까? 우리 몸의 신경망은 뉴런이라는 세포로 구성되어 있으며, 뇌와 신체의 각 부위를 연결하고 정보를 전달하며 조절하는 역할을 한다. 인류는 신경망과 같이 지구의 동식물과 물, 흙, 공기 나아가 로봇, 인공지능 등을 공생의 관계로 연결하고 조율하여 건강하고 성숙한 지구가 되는 데 역할을 할 수 있다.

<우리들의 이야기, 해남 대동굿>

우리는 새로운 우주 이야기를 상상할 수 있을 뿐 아니라 써 내려갈 수도 있다. 토마스 베리의 말처럼 우리는 우주의 역사를 품

은 존재이고 우주 역사의 결과이기 때문이다. 그래서 앞으로 우리가 만들어 갈 역사 또한 우주의 역사이다. 삶을 새롭게 함으로써 새로운 우주 이야기를 창조해 나갈 수 있다. 우리의 삶터, 시간 속에서 새로운 존재로 역할을 한다면 나의 이야기가 새로운 우주의 이야기가 될 수 있다. 여기 새로운 이야기를 만들어 가는 '우리들의 이야기'를 소개한다.

토마스 베리는 "문명을 바꾸는 사람들은 샤먼의 인격을 가진 사람들이다"라고 했다.[7] 얼마 전 이런 토마스 베리의 말을 깊이 체감하는 사건이 있었다. 2023년 11월 해남에서 열린 현대적 대동굿이다. 많은 주체가 각자의 흐름으로 대동굿이라는 '장'을 열고 각자의 이야기를 써 내려갔다. 밴드 양반들이 만든 음악 레이블 풍류회에서는 '흐름'이라는 이름으로 굿을 열었고, 건강한 음식을 만드는 금양식방과 토종 씨앗 음식을 만드는 가배울은 '작은 가배'라는 이름으로 열었다. 그리고 해남 에루화헌과 이웃들이 만든 새들의 노래마을에서는 '조우; 해남 새들의 노래마을 대동굿'이라는 이름으로 열었다. 하나의 대동굿에서 각각의 작은 굿을 열었다. 그렇게 따로 또 같이 각자의 이야기를 써 내려갔다. 이들뿐 아니라 대동굿에 참가한 모두가 각자의 이야기를 써

7 유니온 신학대학의 정현경 교수님이 2023년 해남 대동굿에서 들려준 이야기이다.

내려갔다. 그만큼 대동굿에 대한 후기도 다양했다. 여기에서는 나의 이야기를 포함한 범선, 무정의 이야기를 짧게 소개한다.

범선은 밴드 양반들의 리더로 풍류회를 만들어 '흐름'이라는 페스티벌을 여러 차례 기획했다. 이번 해남 대동굿을 여는 데에도 주도적인 역할을 하며 현대적 굿의 형식으로 '흐름'을 기획하는 데 크게 기여했다. 아래는 범선이 '흐름'을 마치고 한겨레 신문에 쓴 칼럼 중 일부이다.

> 한반도, 나아가 지구촌 생명 공동체의 해원상생을 위한 굿을 하고 싶었다. 기후생태 위기의 시대, 지구촌이 한마을이고 뭇 생명이 한식구 아닌가? … (중략) … 나는 한국 샤머니즘의 새로운 장이 열리는 것을 보았다. 이미 서양 사상계는 계몽주의 해체를 마치고 만물을 신령스럽게 보는 샤머니즘에 주목하고 있다. 인간 중심주의를 넘어서 모든 생명과 기계, 비인간 존재를 주체로 상정한다. 한반도의 뿌리 깊은 토속 신앙, 민중 신학에 문명 전환의 씨앗이 있다. 신명을 살리고 생명을 살리는 굿판을 벌이자. 음식과 음악을 나누고 춤과 노래로 하나 되자. 하늘과 땅을 잇는 지구촌 단골무당이 많아질수록 우리는 지속 가능한 신문명에 가까워질 것이다.[8]

8 전범선, 「무당과 밴드가 만나 열어젖힌 대동굿 한판」, 〈한겨레신문〉, 2023/11/13일 기사.

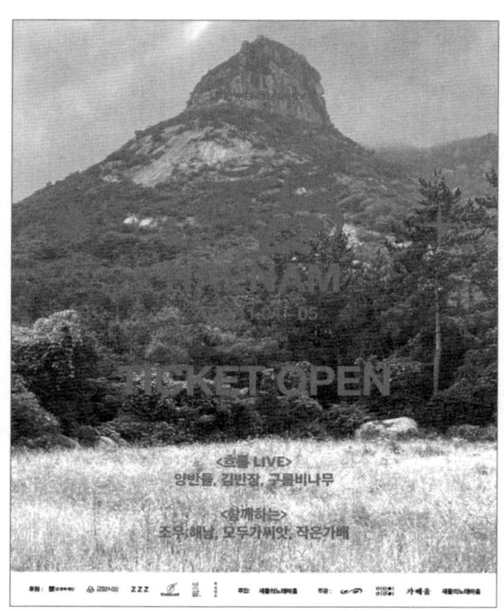

대동굿 흐름 포스터

범선은 대동굿에서 문명 전환의 씨앗을 보았고 굿으로 지속 가능한 신문명을 만들어 가고자 했다. 범선에게 굿은 지구촌 생명 공동체를 위한 굿이자 생명과 기계 비인간 존재를 주체로 모셔와 드러나게 하는 생명 살림의 굿이었다. 범선이 한국 샤머니즘의 새로운 장이 열리는 것을 보았다고 한 것은 해남의 박수무당 박필수가 인간이 아닌 모든 존재들도 굿의 주체로 모시고, 모든 사람이 직접 무당이 되어 춤추고 노래하라고 한 것과도 무관하지 않을 것이다.

범선과 밴드 양반들

이런 내용은 술과 글을 맛있게 빚어내는 무정양조 대표 무정의 대동굿 후기에서도 찾을 수 있었다.

> 굿은 무당이 중심처럼 보이나 그렇지 않다고 박필수[9]는 말했다. 스스로는 재작년에 15년을 함께하고 떠난 개 별이도, 어릴 적 헤어진 소도, 집 단장한다고 파낸 두세 그루의 나무들도, 낳

9 박필수는 해남의 박수무당이다.

아주신 어른들, 호통치다 돌아가신 어른들, 그리운 이들 다 불러와서 같이 놀고 싶은 자리라고 했다. 여기 있고 없는 그 모두가 주인공이라던 그를 보며, 그러한 마음이 이 자리가 끝나고 떠나는 우리를 이끌어서 더 나은 생애로 번질 것이라 생각하기도 했다.[10]

무정도 그의 말과 의례를 통해 인간 중심주의를 넘어 우리 주변의 존재들과 더 나은 관계를 맺을 수 있으리라 느끼고 있었다.

나의 굿 '이야기'도 되돌아본다. 처음 굿의 '장' 안으로 들어가 춤추고 느낀 것이 있다. 우선 '나'의 존재론에 대한 것이다. "우리는 온전한 '둘'이기에 '하나'구나" 하는 느낌이 들었다. 굿판에서는 잘난 사람과 못난 사람, 좋은 것과 나쁜 것에 대한 경계가 희미해지거나 뒤섞였다. 내 안에 다양한 마음들, 나와 너, 이 세계와 저 세계라는 '둘'이 판단 없이 존중되며 온전히 존재한다. 그렇게 서로 다른 '둘'을 존중할 때 비로소 그 둘은 '하나'가 된다. 그동안 나는 어떻게 하면 자연과 분리되고, 몸과 분리되고, 하늘(영성)과 분리된 인간이 다시 그것들과 하나 될 수 있을까에 관심이 있었다. 그런데 그 실마리를 굿에서 찾은 것 같다. 하나 되기

---

10 고무정, 「11번째 작은 가배 - 새들의 노래마을 대동굿」, https://blog.naver.com/gabaewul/223280466127

해남의 박수무당 박필수

이전에 온전히 둘로 존재할 수 있다면 그리고 그런 상대를 존중할 수 있다면 너와 나는 온전함 안에서 하나 될 수 있다. 굿 안에서 우리는 자신과 타인의 모습을 판단하는 대신 함께 춤추고 노래하며 하나로 어우러졌다. 자연, 몸, 하늘(영성)도 인간이 착취하고 가치 없는 것으로 보는 것이 아니라 온전히 바라보고 인정해 줄 때 비로소 하나 될 수 있는 것이다.

대동굿에서 경험한 굿의 세계관은 전환적이었다. 시간은 '지금·여기'이고, 굿의 공간은 '다중 우주'이자 연결된 '하나의 우주'였다. 굿의 경제는 '선물 경제'였으며 굿의 주체는 '인간만이 아니라 신성한 온 생명들'이었다. 굿은 지금·여기서 이승과 저승,

산 자와 죽은 자가 만나는 '장'이자 서로 다른 것들이 어우러지며 새로운 차원으로 가는 웜홀 같은 통로이다. 이것은 한국적 샤머니즘의 세계관을 보여주는 것이다.

박필수는 굿이 대부분 신화와 이야기로 되어 있다는 것을 강조했다. 이 신화적 이야기가 굿의 세계관을 담고 있고 굿에 참가한 존재들은 그것을 춤추고 노래하며 체화하는 시간을 가진다. 박필수는 우리 모두 온 생명 속 신을 보고 모시라고 이야기한다. 굿은 만물을 대하는 태도이며, 마음을 믿는 것이라고 했다. 신이 있다는 마음을 믿는 것이고 신을 모시는 태도를 믿는 것이지, 신을 믿는 것이 아니라고 했다. 바다와 산을 용왕과 산신으로 의인화하지 않고 온전히 느끼면 어느 순간 우리가 산이고 바다가 된다고 하였다. 그 역할을 무당에게 맡기지 말고 그 아름다움을 직접 춤추고 노래하는 무당이 되라고 이야기한다. 박필수의 말처럼 우리가 지구를 대하는 태도와 마음으로부터 탈성장은 시작된다. 그것이 삶이 되고 문화가 되고 문명이 되며 새로운 우주의 역사가 되어갈 것이다.

범선은 해남에서의 대동굿은 남북 통일을 위한 통일 굿이라고 했다. 경부고속도로가 경제와 성장주의의 길을 상징한다면 우리 대동굿은 축제와 탈성장의 길이라는 것이다. 두륜산, 지리산, 설악산(금강산), 백두산을 파헤치고 파괴하는 대신 춤추고 노래는 축제의 살림 길을 만들자고 했다.

통일이란 둘이 똑같은 하나가 되는 것이 아니라 온전한 둘이, 둘이면 하나일 수 있는 상태가 되는 것이 아닐까? 둘이며 하나인 것이야말로 우리 참모습이 아닌가 생각한다. 남북통일뿐이겠는가. 나와 나, 나와 너, 남과 여, 좌와 우, 동과 서, 성과 속, 선과 악, 삶과 죽음, 빛과 어둠, 음악과 춤, 사람과 동물, 아이와 어른, 경제와 영성, 전통과 현대, 힙스터와 히피, 모두 굿을 하며 아울러 넘어설 수 있었다. 우리 함께 지구 샤먼이 되자.

이처럼 우리의 존재와 역할을 다양하게 상상해 보고 만들어갈 수 있다. 이런 이야기들은 지구에서 우리가 어떤 존재이고 무엇을 해야 할지 알게 한다. 그럼으로써 지구와 다르게 관계 맺고 다르게 행동하게 할 것이다.

탈성장을 위한 **살림의 철학**

이희연*

* 교육-정치-평화를 연결할 수 있는 철학을 고민하는 연구자
철학을 바탕으로 평화와 정치생태를 연구하고, 죽음-죽임과 삶-살림을 고민한다. 이를 통해 세상에 울림을 줄 이론이 나오기를 바란다.

KTX를 타고 서울과 곡성을 오가며 수많은 불빛을 지나친다. 아파트 창문에서, 마천루의 빌딩에서, 도로의 가로등에서 수백, 수천 개의 불이 퍼져 나오는 것을 보며 우리는 어두운 밤마저 환하게 빛으로 물들이고 있다고 생각한다. 빛을 만들기 위해 빛의 속도로 달리는 우리는 어디에 도달하고 싶은 걸까. 그렇게 달려온 인류는 어떻게 되고 있는가. 빛은 달리고 달리다 결국 쪼개진다. 분열하고, 폭발한다. 인류의 끝은 어떠한 모습일까. 빛을 따라가는 길에서 인류의 미래를 그려본다.

최근 김지하 공부 세미나에서 '흰 그늘'을 이야기했다.[1] 나에게 그 단어는 어떤 이미지로 오는지 생각하다 모든 빛이 한 번에 폭발해서 온 세상이 분열하고 팽창할 때 흰빛 아래 서 있는 나를 상상했다. 내가 흰 배경에 그늘이 되었다. 순간, 분열하는 세상에서 존재 자체를 살릴 수 있는 건 나 자신밖에 없다고 느꼈다. 결국 내가 되어야 나를 살릴 수 있는 것인가. 모든 게 흔들리고 폭발하는 시기에 내가 나로서 서지 않으면 존재가 무너지겠다는

1 이재복, 「그늘이 우주를 바꾼다 - 김지하(金芝河) 〈생명과 평화의 길〉 이사장과의 대담」, 『본질과 현상』 5, 2006, 106-134쪽.

느낌이 들었다.

성장을 위해 모두가 달려가다가 다른 이와 부딪혀 폭발하고, 스스로 속도를 이기지 못해 분열해 끝내 소멸하고 마는 상황, 지금이 그 시기다. 그 끝에 거대한 불꽃이 되거나 혹은 흰 빛에 싸여 사라진다는 것을 무의식적으로 알면서도, 우리는 환상에 휩싸여 자신을 잃어버리고 있다.[2] 스스로 사라지는 길을 내닫고 있다. 과연 나는, 너는, 우리는 아름다움을 지키며 살아낼 수 있을까. 탈성장을 통해 인류는 죽임을 넘어 살림을 할 수 있을까.

죽임의 시대

인류의 시간은 '만연한 죽음'을 벗어난 적이 없다. 지금도 우리는 '죽음이 팽배한 시대'에 살고 있다. 그러나 죽음으로 드러나는 현상 중 많은 부분은 사실 죽음이 아닌 '죽임'이라는 데 문제가 있다. "죽음은 하나의 자연적 부패 현상이지만 죽임은 인위적 행위다."[3] 계급 사회 이후 사회·문화·구조적 조건으로 인해 발생한 폭력과 죽임은 끝내 전쟁이라는 극단적 상황을 불러왔다. 전쟁은 오늘날까지 집단의 정체성을 지킨다는 명목으로 더 열악하고

---

2 주요섭, 「김지하의 사회사상 연구 : 니클라스 루만의 사회학적 체계이론을 경유하여」, 전북대학교 일반대학원 박사학위논문, 2023.

3 윤노빈, 『신생철학』, 학민사, 2010. 277쪽.

불평등한 공간에서 끊임없이 일어나고 있다.[4] 즉, 계급 사회가 끝나고도 인간은 서로에 대한 폭력을 멈추지 않았다. 제국의 시대를 지나 자본의 시대가 왔지만, 인류는 여전히 죽임의 시대를 살았다. 경쟁하고, 서로를 짓밟고, 다른 존재를 파괴함으로써 인간은 자신의 생존을 넘어선 권력과 힘을 얻었다.

그만큼 인간의 역사는 피로 물들어 있다. 민주주의는 피를 먹고 자란다는 말이 있다. 아니다, 인류가 피를 먹고 자라 왔다. 그것이 어떤 역사였든지 말이다. 생존을 위해서든 권력을 위해서든 이념을 위해서든 인류는 다른 존재의 죽임을 만들었다. 죽음은 인간이 모르게 오지만, 죽임은 모르게 만드는 상태다.[5] 긴 시간 안에서 인간이 마주한 죽음은 죽임이었다. 인간은 인간을 죽이고, 다른 생명을 죽이고, 존재를 파괴했다.

반복적인 패턴은 궤도를 만든다. 인류는 반복해서 서로 죽임으로써 죽음의 궤도를 그려 왔다. 죽임으로써 성장했다. 성장을 하기 위한 여러 방법 중 죽임이라는 선택지를 택했다. 물론 모든 인류가 죽임을 택한 것은 아니다. 협력과 공생 등 다른 방향으로 간 사람들이 있지만, 그들의 선택은 성장이라는 이름을 둘러싼

---

4 Lederach, J. P., *Building Peace: Sustainable reconciliation in divided societies*, United States Inst of Peace Pr, 1998.

5 윤노빈, 『신생철학』, 학민사, 2003.

죽임을 넘어서지 못했다. 한번 치우친 궤도는 죽임을 가속화했다. 전쟁은 계속되었고, 폭력은 일상 속으로 번져 갔다. 차별, 혐오, 보호, 안보 등의 이름으로, 성장을 위한 폭력이 지속되었다.

역사상 전쟁으로 많은 사람이 죽었지만, 지금은 전쟁이 아니라도 일상에서 서로를 죽이고, 자신을 죽인다. 그런 죽임의 이면에는 '성장' 이데올로기가 자리 잡고 있다. 경제성장을 위해 막다른 골목에 몰린 국가는 전쟁을 일으켜 위기를 외부화한다. 갈등을 부추겨 체제와 기득권의 위험을 미봉하고, 목숨을 담보로 수익을 얻는다.[6] 개인은 자신을 성장시키기 위해 상대를 죽이고 밟는 일에 거리낌이 없고, 미래의 나를 위해서 지금의 나를 죽이는데 익숙하다.

이러한 상황들에 저마다의 대안이 이야기된다. 나는 지금까지 인간이 지나온 시간을 보아, 죽임을 멈추고 다음 시대의 기반이 되는 것이 결국 새로운 인식과 문화의 탄생, 살림의 철학이 아닐까 한다. 우리가 성장의 궤도를 벗어나, 죽임을 만드는 일을 그만두고 살림의 철학을 일상에서 할 때 비로소 우리는 그다음을 볼 수 있지 않을까.

---

6 롭 닉슨, 『느린 폭력과 빈자의 환경주의』, 김홍옥 옮김, 에코리브르, 2020.

신인류의 철학

교단을 떠난 지 오랜만에, 한 학기 동안 초등학교에 다시 근무하게 되었다. 코로나 시기, 온라인으로 아이들을 만나며 이보다 더 큰 변화가 있을까 했는데, 요즘 교육계를 보면 또 다른 변화의 바람이 부는 것 같아 교사와 연구자, 그 사이 어딘가의 마음으로 학교에 다시 들어갔다.

다시 간 학교는 많은 것이 그대로이면서도 달랐다. 무엇보다 아이들이 달랐다. 수업 시간에 집중하지 못하는 아이들이 늘었고, 관계의 개념도 다른 듯 보였다. 숏츠와 틱톡에 빠져 수업 시간에도 머릿속에 춤을 떠올리며 손을 휘젓는 아이들이 늘어난 반면, 무기력한 눈동자와 처진 어깨를 한 아이들도 많아졌다. 특이하다고 생각했던 건 아이들이 노래 하나를 다 듣지 못하는 것을 보았을 때인데, 아이들이 틀어 놓는 랜덤플레이댄스 메들리는 20곡을 연달아 들려주는데, 10분이 채 걸리지 않았다. 30초 하이라이트로 이루어진 노래를 듣다 보니 그 속도에 정신이 없었다.

아이들의 듣는 생활처럼 말하는 생활도 속도가 극과 극이었다. 아이들의 말에는 늘 "안 하면 안 돼요?"가 붙었고, "저 포기할래요"는 미사여구로 쓰였다. 옆으로 퍼져서 느리고 무기력한 태도로 "왜 해야 해요?"라고 묻는 아이들 맞은편엔, 의자에 앉아 있지 못하는 '프로 자리 이탈러'들도 있었다. 잠시라도 눈을 떼는 순간 엄청난 속도로 다른 친구 자리에 가 있는 아이들은 그러한 행동을 무한 반복했다. 영화에 나올 법한 욕설들이 수업 시간 교실에 난무했고, 아이들은 무엇이 이상한지 알지 못했다. 무엇보다 심해진 건 아이들의 피해의식이었다. 아이들은 "왜 저한테만 그래요", "쟤한테는 왜 안 그래요", "쟤도 했는데요."를 달고 살았고, 자신의 모습을 바라보지 못했다.

누군가 "아이는 그럴 수 있다"고 말할 수도 있다. 하지만, 내가 보아 왔던 아이들의 감각은 훨씬 더 섬세했다. 날 것의 감각은 인지하지 못하는 것도 알아차리게 한다. 아이는 머리로 몰라도 몸으로 눈치 챈다. 그런데 최근 들어 아이들에게서 그 감각이 사라짐을 느낀다. 아이들이 어떤 상황에서 무엇이 이상한지 느끼지 못한다. 감각 신경을 잃어버렸다는 말로밖에 설명할 수 없는 사태가 비일비재하다. 반면에 끊임없이 타인과 비교하고 손해 보는 것이 있는지 없는지를 따지려 온갖 예민함을 곤두세운다. 악을 쓰며 자신의 이득을 합리적으로 포장하려 우기기에 바쁘다.

하지만 이는 아이들의 잘못이 아니다. 어른의 행동을 아이는 보고 따라 할 뿐이다. 그 아이 자주 보고 겪는 어른이 그랬을 것이다. 자신이 손해 볼까 전전긍긍하며 작은 것 하나하나를 따지고, 악을 쓰고, 애쓰며 하나라도 더 이익을 보려 했을 것이다. 누군가를 해칠지언정 자신의 안전함을 지키며 그것이 자존심을 지키는 것이라 배우며 자랐을 것이다. 사랑도, 우정도, 어떤 마음이든 이리저리 재며 누가 더 갖는지 눈을 굴리느라 바빴을 것이다. 왜 이 세상은 나한테만 그래 하며 일상의 아름다움보다는 불만을 말하는 데 익숙해져 왔을 것이다. 그러한 부정 에너지가 자신을 갉아먹고 파괴한다는 것을 인지하지 못했을 것이다. 아이는 그 모습을 보고 자연스럽게 배우며 자랐을 뿐이다.

이러한 아이들을 보며 신인류 담론을 다시금 곱씹어 본다. 인류세를 공부하며 신인류에 대한 성찰과 새로운 철학에 대해 논의하는 것을 자주 보았다. 하지만 이론과 현실은 괴리가 크다. 학교에서 폭력이 난무하는 상황, 그것을 아무렇지 않게 대하는 아이들을 볼 때, 다정함, 환대, 돌봄, 사랑 등을 논할 때와 달리 나는 한없이 절망으로 떨어진다. 자기 성찰의 감각을 잃어 가는 아이들을 보며, 과연 우리는 죽임을 벗어날 수 있을까 의심하게 된다.

『묘(猫)한 철학』 프롤로그에서 신승철은 "네 마리의 고양이들과 매일을 부대끼다 보면 왠지 고고한 인문학의 세계에서 돌연 현실의 세계로 내려온 기분이었다"[7]고 했다. 나에겐 아이들이 그렇다. 저녁에 공부하며 논문을 쓰고, 아침에 학교로 출근을 한

7 신승철, 『묘한 철학』, 흐름출판, 2021.

다. 내가 맡은 8개 반, 200명 정도의 아이들과 정신없이 부대끼다 보면, 전공하는 고고한 '평화학'의 세계에서 여지없이 현실의 세계로 돌아온다. 사실 평화학은 그렇게 고고하거나 고상한 학문이 아니다. 분쟁과 갈등 등 전 세계에서 일어나는 폭력과 차별을 마주하기 때문에, 공부하다 보면 아프고 너덜너덜해지는 순간이 더 많다. 그럼에도 불구하고 학문은 학문이라, 텍스트로 써내려간 이론들과 논문을 보다가 현실로 돌아오면, 저녁에 내가 본 논리 정연한 글들이 허탈하게 느껴지는 경우가 많다.

하지만 고민을 멈출 수 없기에 허무함에 매몰되기보다 한 번 더 들여다보기를 택한다. 왜 우리는 폭력과 죽임을 반복하는가. 이 궤도에서 우리를 벗어나게 하지 못하는 작용은 무엇인가. 우리는 어떻게 감각을 잃어 가는가. 인류세에서 신인류의 철학은 무엇을 말해야 하는가? 나는 그 씨앗을 사랑에서 찾는다. 결국은 사랑이라는 말처럼, 끝내 무언가를 살릴 수 있는 건 사랑이다. 하지만 슬픈 현실은 사랑을 잃어버린 아이들이 너무나 많다는 것이다.

살림의 시대

복잡하고 바쁜 현대 사회에서 뿌리마저 잘라 버리고 부유하며, 죽임의 시대에서 살아남기 위해 애쓴 어른들은 사랑할 힘도, 여력도 없다. 그 영향으로 부모가 있든 없든 죽임의 시대를 관통한 어른들에게 사랑받지 못한 아이들은 늘 경계하고, 험한 말을 쓰고, 타인에게 해를 입히는 것으로 자신을 증명하고 지키려 한다. 사랑해 본 적도, 사랑받아 본 적도 없다. 어떻게 사랑을 줘야 하는지 표현하는 법을 모르고, 어떻게 사랑을 받는지 교감하는 법도 모른다. 그렇기에 열광적으로 미디어를 쫓지만, 그럴수록 무력감과 외로움도 증폭된다.

깊이가 없는 외연적 성장은 부작용을 낳는다. 특히나 '더 크게, 더 높게'를 외치는 성장은 인간의 조건을 거스르게 한다. 인간은 땅에 두 발을 딛고 사는 동물이다. 그러나 나날이 가속화하는 성장은 인간에게 땅을 등지고 하늘로 날아가라 한다. 하지만 자신이라는 존재, 생존의 조건을 떠나면 살아있는 것은 언제가 되었든 몰락하고 사멸할 수밖에 없다. 하늘은 땅과 함께일 때 존재하듯, 인간은 하늘을 바라봄과 동시에 땅에 뿌리 내릴 때 숨 쉴 수 있다.[8]

탈성장은 땅에 뿌리내리면서 죽임의 궤도를 벗어나려는 몸부림이다. 살림을 위한 죽임이라는 헛된 명분을 걷어내고, 살림 자체를 이야기하려는 목소리다. 경제적 성장이 아닌 각자의 색으로 깊어지고 넓어지려는 움직임이다. 이를 위해 우리에게는 점-

8 시노하라 마사타케, 『인류세의 철학』, 조성환·이우진·야규 마코토·허남진 옮김, 도서출판 모시는사람들, 2022.

선-면의 사회가 아닌 에너지-파동의 사회로 관점의 전환이 필요하다.[9] 이는 한국적 맥락에서 보아 동학이 추구했던 방향성과 비슷하다.[10] 다만 그것이 지금의 시대에 적용되려면 현재의 조건에 맞게 재해석하는 시도가 필요하다. 나는 탈성장이 그러한 시도 중 하나라 본다.

살림은 사랑에서 나온다. 누군가를 살리는 마음이나 일상을 살뜰히 챙기는 행동은 대부분 사랑의 정동[11]에 기인한다. 아이들이 자신을 모진 말로 둘둘 감싸고 타인을 공격하는 모습을 볼 때, 나는 학문이 얼마나 현실을 담을 수 있는지 계속 질문한다. 기후위기, 국제적 분쟁 상황, 기술의 발달 등 시대의 변화를 겪으며 많은 이론과 분석이 쏟아진다. 이론은 현실을 자각하기 위한 도구로 쓰일 수 있어야 한다. 무언가를 계몽하고 조종하려는 시도로는 더 이상 현실을 바꿀 수 없다.

인류학자 샹바오[12]는 급진적인 중국 청년들한테서 '현재에 집중해서 살지 못하고 부유하는 태도'로 인한 '초조함'을 느꼈다고

9 제인 베넷, 『생동하는 물질』, 문성재 옮김, 현실문화, 2020.

10 주요섭, 「김지하의 사회사상 연구: 니클라스 루만의 사회학적 체계이론을 경유하여」, 전북대학교 일반대학원 박사학위논문, 2023.

11 "정동은 의식화된 앎 아래나 옆에 있거나, 또는 아예 그것과는 전반적으로 다른 내장의(visceral) 힘들, 즉 정서(emotion) 너머에 있기를 고집하는 생명력(vital forces)에 우리가 부여하는 이름이다." 멜리사 그레그·그레고리 시그워스 외, 『정동이론』, 최성희·김지영·박혜정 옮김, 갈무리, 2015.

12 중국 인류학자. 현재 독일 막스-플랑크 사회인류학연구소 소장(2020년~현재)이다.

했다.[13] 나는 한국의 아이들에게서 이와 같은 초조함과 불안을 느낀다. 아이들은 자신의 일상보다 유튜브와 숏츠 안의 이슈에 집중하며 현실을 부유하고 있다. 아이만이 아니다. 어른들도 마찬가지다. 자기 주변에 대한 세심한 관찰 없이 화면으로 송출되는 이미지를 소비한다. 반사적인 비난을 하며 현실의 불안을 누군가를 죽임으로써 없애려 한다. 이는 죽임의 바이러스에 감염된 '좀비'와 같은 습관이다. 무언가를 죽임으로써 생존하고 성장하려는 패턴에 우리는 어느덧 갇혀 있다.

기후위기는 계속 악화되어 이제 탈성장이 불가피한 미래의 선택지가 되는 일을 피할 수는 없을 것이다. 그만큼 반대의 논의도 활발해질 것이다. 팽팽한 줄다리기 사이에서 새로운 방향으로 나아가기 위해 탈성장은 단순히 물질적, 경제적 의미에 국한되지 않고 철학적 담론과 함께 가야 한다. 인류가 미래에도 살아남을 수 있으려면 좀 더 근본적인 차원에서 어떻게 해야 하는지 논의해야 한다. 이는 인류의 존재 양식과 삶의 방식에 관한 이야기다. 우리가 지금까지의 인간의 사유와 역사를 넘어갈 수 있을지 없을지에 대한 성찰이기도 하다. 따라서 지금이 새로운 인류가 발현할 기회이자 대전환의 시기라는, 아주 중요하고 거대한 철

13 샹바오, 『주변의 상실: 방법으로서의 자기』, 김유익·김명준·우자한 옮김, 글항아리, 2022.

학적 축의 전환이 일어나는 시점이라 본다.

분열하는 사회 안에서 빛으로 사라지지 않는 길은 자기 자신을 찾는 것에서 시작한다. 즉, 나를 살리는 것이 먼저다. 우리는 자기중심주의와 이기주의로 점철된 사회를 살고 있음에도 역설적으로 '자신'을 찾지 못하고 있다. 김지하가 이야기한 흰 그늘에서 '흰'은 디스토피아 후 모든 것이 빛으로 사라진, 핵이 터지고 살아 있는 것은 아무것도 없어진 세상일 수 있다. 한편으로는 인간이 빛의 속도로 살며 태양을 향해 질주하다 그 빛에 분열되는 세상일 수도 있다. 어떤 쪽이든 빛으로만 가득한 세상에서 인간은 살 수 없다. 존재를 살리는 방법은 '내가 되는 법' 밖에 없다. 타인을 보듬되 그와 다른 나를 사랑하며, 스스로 나의 그늘을 찾고 그마저 품어 세상에 나를 세울 때 우리는 비로소 탈성장으로 운행하는 궤도에 들어서 살림의 시대를 살아갈 수 있을 것이다.

탈성장은 **몸의 정치**로부터

이도연*

* 건강돌봄 연구활동가
건강과 질병에 대한 공동체 돌봄을 고민하면서 공부하고 있다. 관련 주제로 보건학 박사 학위논문을 쓰는 중이다. 건강보건의 생태적 전환을 그리며 바르셀로나자치대학교에서 탈성장 온라인 석사과정을 다니고 있다.

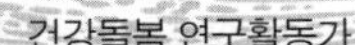

성장 중심 사회에 대한 몸들의 저항

2021년 1월 1일, 낙태죄가 폐지되었다. 2023년 9월, 멕시코 대법원은 낙태죄 처벌이 위헌이라고 판결하였다.[1] 국내에서 낙태죄 폐지 이후에도 유산 유도제 도입 등 낙태를 실질적으로 보장하는 방안에 대한 요구는 계속 이어지고 있다. 2022년에 시작된 전국장애인철폐연대의 지하철 시위를 계기로 장애인의 이동권에 대한 관심이 뜨거워지고 있다. 2023년에도 지하철 시위는 이어졌고, 정부의 발달장애인 동료 지원가 예산 삭감 등 복지 예산 삭감에 따른 저항도 거셌다.[2] 장애에 대한 연구도 늘어나고 있다. 2024년 현재 장애인의 권리에 대한 관심은 그 어느 때보다도 뜨겁다. 도서 분류에서 질병서사 장르가 새로 생긴 데 이어, 질병서사 분야의 도서 출판은 2024년 현재까지도 꾸준히 늘어나고 있는 추세이다. 질병을 단지 치료의 대상으로 보는 의학적 시각을 넘어, 질병을 가진 이들의 삶을 풀어내는 이야기들이 나오고

---

1 〈연합뉴스〉, 「美와 달리 멕시코 대법은 "낙태죄는 위헌" … 낙태 합법화 길 열려」, 2023/09/07일 자 기사.

2 〈비마이너〉, 「내년도 동료지원가 예산 전액 삭감, 발달장애인 활동가 25명 폭력 연행」, 2023/09/18일 자 기사.

있는 것이다. 이러한 상황은 경제성장을 목표로 달려가던 시간 동안 억압되어 왔던 몸의 목소리가 터져 나오고 있음을 확인하게 해준다.

근래 들어 정부는 헬스케어 산업을 신성장 동력으로 삼고, 한국 사회의 고령화와 더불어 몸은 지금까지보다 더욱더 급속도로 상품이 되고 국가의 관리 대상이 되어 가고 있다. 돌봄에서 IoT 기기 도입에 대한 논의는 급속도로 진행되고 있는데,[3] 예를들어 노인의 건강을 돌본다는 명목으로 여러 지방자치단체에서는 노인 돌봄에 IoT 기기를 적극 도입하고 있다.[4] 가정에 건강 돌봄을 명목으로 IoT 기기가 도입되고 데이터를 기반으로 건강관리 서비스를 제공하는 것은, 일견 복지서비스의 확대처럼 보이지만 개인의 사생활과 개인정보 보호에는 그만큼 취약해진다는 의미이기도 하다. 몸은 자본과 개인의 자유 사이의 각축장이 되어 가고 있는 것이다.

앞으로 몸들의 목소리는 더 커질 것이다. 자본이 몸을 더욱 상품화하고 몸에 직접적으로 개입할수록 이에 대한 저항은 거세질

3 〈실버아이뉴스〉, 「"노인 돌봄, IoT·빅데이터·AI 등 지능정보기술로 공급자 중심의 한계 극복"」, 2021/11/18일 자 기사.

4 이에 대해서는 〈KBS뉴스〉, 「홀몸노인 '디지털 돌봄'…IoT로 고독사 예방」, 2023/04/03일 자 기사와 〈강원도민일보〉, 「'AI가 어르신 돌봐요' 철원 어르신 디지털 소통 조력자 'AI-IOT 건강관리' 인기」, 2023/02/22일 자 기사를 보라.

수밖에 없다. 장애인의 탈시설화, 질병 자조모임의 증가, 병원을 벗어난 지역사회 돌봄의 요구 확대와 돌봄의 사회화 요구는 모두 그 징조들이다. 여러 형태의 자조모임이 장애, 자살 유가족, 희귀난치성 질환, 치매를 비롯해 다양한 사회적 상황과 정체성을 바탕으로 형성·운영되고 있으며, 정확히 추산하기 어려울 정도로 그 수는 나날이 증가하고 있다. 또한 그러한 자조모임은 정보가 교환되고 사회적 지지가 이루어지는 장이 되기도 한다. 연령대를 불문하고, 사람들이 모여서 건강 관련 이야기를 나누면 건강기능식품에 대한 이야기가 많이 오가는데, 이는 한편으로는 몸의 상업화를 반영하는 현상이지만, 다른 한편으로는 스스로 몸을 돌볼 수 있는 수단을 찾고자 하는 욕구를 반영하는 것이기도 하다. 더욱이, 최근 들어 일과 삶의 균형을 추구하고, 노동 시간의 자율성을 추구하는 방향으로 노동 패턴이 변화하고 있다. 이런 변화는 그간 과로를 요구했던 성장 중심 사회에 대한 반대급부로 나타나는 현상이다. 일을 위해 몸을 희생하지 않겠다는 의사가 관철되고 있는 것이다.

몸을 억압하는 성장 중심 사회

성장 중심 사회는 몸을 억압하는 사회다. 미셸 푸코는 『감시와 처벌』[5]에서 규율 권력이 어떻게 몸을 통제하는지를 보여준다. 그에 따르면 근대화와 더불어 신체는 관리와 통제의 대상이 되었다. 즉 근대인들의 몸은 규율의 준수와 상벌제도, 감시체계를 연계한 특정한 방식으로 '훈육'되었는데, 이는 근대 산업사회에서 몸이 철저하게 산업을 위한 도구로 이용되는 과정이기도 하다. 그리고 포드주의의 확산과 함께 대량생산과 분업 시스템이 발달하면서 몸은 더욱 철저히 도구화되었다.

근대 산업사회의 발달과 성역할 분업의 강화, '여성의 가정주부화',[6] 인구 통제를 위해 여성의 몸을 도구화하는 과정 등은 서로 긴밀히 연결되어 있다. 근대 국민국가는 인구를 통제하기 위해 때로는 여성의 몸을 출생을 위한 도구로 사용하고, 또 다른 때에는 출산을 억제하기 위해 여성의 몸에 개입한다. 낙태의 범죄화는 그런 인구 통제의 과정 속에서 이루어져 왔다.[7] 근대 국민국가의 인구 통제의 논리는 산업 사회의 발달과 긴밀하게 연결되어 있음은 주지의 사실이다. 근대 국민국가에 있어 인구는 곧 노동력이면서 동시에 비용 지출의 대상이기도 하다.

5 미셸 푸코, 『감시와 처벌』, 오생근 옮김, 나남출판, 2016.

6 마리아 미즈, 『가부장제와 자본주의』, 최재인 옮김, 갈무리, 2014.

7 이에 대해서는 전윤정, 「성·재생산권으로써 낙태권리를 위하여-낙태제도 변동의 쟁점과 방향」, 『페미니즘연구』 20(1), 2020, 3-36쪽과 김은주, 「인구관리의 생명 권력과 여성의 신체: 정상으로서 '생명'과 낙태죄를 중심으로」, 『한국여성학』 36(4), 2020, 71-94쪽을 보라.

한국에서 낙태죄는 1953년 제정된 형법 조항을 근거로 하여 2020년까지 유지되었다. 2009년 무렵에는 저출생의 원인으로 낙태를 지목하면서 낙태의 '범죄성'이 더욱 도드라지기도 했다.[8] 한국에서 인구 담론은 노동력 수급, 복지비용 증가, 소득분배 악화 등 철저하게 경제적인 관점으로 다루어지고 있다.[9] 여성들의 재생산 권리 보장을 위한 목소리는 경제성장을 위해 몸을 억압하는 사회에 대한 저항이기도 하다.

또한 성장 중심 사회에서 생산성이 중요해지면서 장애를 가진 몸과 질병을 가진 몸은 혐오의 대상이 되었다. 오랫동안 장애는 치료 대상이자 극복해야 할 결함으로 여겨져 왔다. 장애의 의료적 모델과 사회적 모델 사이의 오랜 논쟁은 이를 반영한다.[10] 장애를 치료 대상으로 간주하는 의료적 모델은 장애에 대한 혐오를 그대로 반영한다. '장애를 장애로 만드는 것은 사회'라고 하는 사회학적 관점은 장애를 가진 몸이 사회적 삶을 살 수 있도록 사회가 변해야 한다고 말한다. 경제성장을 위해 생산성을 중시하는 사회에서는 늘 몸의 효율성을 따질 수밖에 없으며, 따라서 사

8 전윤정, 위의 글, 3-36쪽.

9 강동수, 『인구변화의 구조적 위험과 대응전략』, 경제·인문사회연구회, 2022.

10 이에 대해서는 L. Terzi, "The Social Model of Disability: A Philosophical Critique", *Journal of Applied Philosophy*, No. 21(2), 2004, pp. 141-157과 Cole, P., "The Body Politic: Theorising Disability and Impairment", *Journal of Applied Philosophy*, No. 24, 2007, pp. 169-176을 보라.

회적 지원을 통해 장애인의 자립 생활이 가능하도록 하는 과정에는 성장 중심 사회에 대한 문제 제기가 필수적이다.

장애에 대한 의료적 모델과 사회적 모델 사이의 논쟁은 질병을 가진 몸에 대해서도 고스란히 이어진다. 아서 프랭크는 『몸의 증언』[11]을 통해서 질병이 의미하는 '중단'과 의학이 제시하는 '복원 서사'를 대비시킨다. 아픈 몸이 새것처럼 복원될 수 있을 것이라고 이야기하는 복원 서사는, 끊임없이 성장할 수 있을 것이라고 하는 성장주의와 닮아 있다. 프랭크는 같은 책에서 질병 속 혼돈의 서사와 자아의 재형성 과정으로서 탐구의 서사를 제시한다. 질병을 겪은 후의 삶은 아프기 이전의 삶으로 돌아가는 것이 아니라, 또 다른 삶이라고 이야기하는 것이다. 질병은 오랫동안 치료의 대상으로만 여겨져 왔고, 질병을 가지고 사는 삶에 대해서는 이야기된 바가 없었다. 조한진희의 『아파도 미안하지 않습니다』[12]를 필두로 한 최근의 질병 서사 서적의 확대 흐름은 이런 기존 관점이 더 이상 유효하지 않다는 것을 잘 드러낸다. 질병 서사를 이야기하는 사람들은 질병에 대한 지배적인 관점인 의학적 설명을 넘어 사회적 설명을 만들어내고 있다. 의학은 질병이 완전히 치료될 수 있을 것이라는 환상을 심어주고, 또 달성 불가

11 아서 프랭크, 『몸의 증언』, 최은경 옮김, 갈무리, 2013.
12 조한진희(반다), 『아파도 미안하지 않습니다』, 동녘, 2019.

능한 완전한 건강을 향해 발전하면서 많은 자본을 필요로 하고, 그 과정은 또 다른 이윤 창출과 산업의 발전으로 이어진다. 따라서 시민연극 〈아파도 미안하지 않습니다〉에서 이야기하는 것처럼 '완전한 치유로부터의 자유'를 이야기하는 질병 서사 흐름의 확대는 아픈 몸을 생산성 없는 것으로 여겼던 기존 성장 중심 사회에 대한 저항의 의미를 가진다.

탈성장과 몸의 정치

이처럼 성장주의는 몸을 억압해 왔고, 몸의 해방을 위한 요구는 그 자체로 성장 중심 사회에 대한 문제 제기이기도 하다. 탈성장은 몸의 정치로부터 시작할 수 있다. 탈성장은 단지 경제적 지표를 전환하는 차원의 논의가 아니라 방향의 전환을 이야기하는 논의이고, 따라서 삶의 방식과 몸이 달라질 수밖에 없다. 성장 중심 사회에서는 생산성이 높은 몸이 가치 있는 몸으로 여겨졌고, 또 생산성이 높은 몸으로 만들어 가는 데 중점을 두었다. 탈성장 사회에서는 그간 생산성이 낮다고 간주되었던 몸들이 각자의 몸에 맞는 방식으로 살아갈 수 있도록 사회 구조와 시스템을 만드는 여유를 가지게 될 것이다.

웬디 하코트(Wendy Harcourt)를 비롯한 페미니스트 정치생태학자들은 몸의 정치가 탈성장에서 중요한 역할을 한다고 제시한다.[13] 기존 성장 중심 패러다임은 '정상성'을 중심으로 성차별적이고, 인종차별적이고, 가부장적이고, 식민주의적으로 몸들을 차별해 왔다는 것이다. 노동 구조에서도 남성의 몸을 건강한 몸이라고 두면서, 다양한 몸을 배제해 왔다. 우리나라에서는 몸의 정상성에 대한 비판이 주로 여성과 남성, 여성과 국가, 장애와 비장애, 아픔과 건강 사이에서 나오고 있으나, 성장 중심 사회가 정상성에서 벗어난 몸들을 차별하고 배제해 왔다는 점은 다르지 않다. 더욱이 한국과 타 국가 간 관계, 국내에서의 지역 간 관계, 정상성에 해당하는 몸과 그렇지 않은 몸 사이에도 식민주의와 인종차별주의가 내재해 있다.

한편, 몸의 정치에는 성장 중심 사회가 차별하고 배제해 왔던 몸들의 저항만 있는 것은 아니다. 페미니스트 정치생태학자들은 몸으로부터 변혁의 가능성이 생긴다고도 하였다.[14] 성장 중심 패러다임에서 배제된 몸들로부터 성장 중심 사회를 넘어설 수 있는 가능성이 생긴다는 것이다.

몸은 권력의 작동이 집중되는 장이다. 성장 중심 사회는 성장에 맞는 몸을 만들어 간다. 생산성을 위해 돌봄의 시간을 보장하

---

13 W. Harcourt., A. Agostino., R. elmhirst., Marlene Gomez., P. Kotsila, *Contours of Feminist Political Ecology*, Palgrave Macmillan, 2023.

14 W. Harcourt et, ibid.

지 않는, 돌봄의 시간을 아까워하는 몸, 돌볼 수 없는 몸을 만들어 간다. 성장 중심 패러다임과 이를 벗어난 패러다임, 자본주의와 자유가 가장 첨예하게 각축장을 벌이는 공간은 바로 몸이다. 그렇기에 권력에 대한 저항 또한 몸으로부터 시작할 수 있다. 정상성에 맞지 않는 몸으로 간주되었던 여성, 장애를 가진 몸, 아픈 몸들이 가진 몸의 다양성이 존중되는 사회는 성장 중심 사회와 공존할 수 없다. 따라서 몸의 다양성을 기준으로 노동 시간과 돌봄 시간을 재배치하고, 건물, 교통, 도로 등 인프라가 구축되는 방식을 바꾸고, 일상적 사회적 관계의 규범을 바꾸는 것에서부터 탈성장 사회로의 전환이 시작될 수 있다.

탈핵, 여전히 가지 않은 길

김우창*

* 탈핵기록자, 서울대학교 환경대학원 박사
밀양 765kV 송전탑 반대대책위 활동을 하면서, 그동안 고민해 보지 못했던 에너지를 생산하고 소비하는 과정에서 발생하는 비민주적이고 불평등한 문제에 관심이 생겼다. 에너지정책, 밀양 송전탑, 핵발전소 인근 주민 피해와 운동 등에 관심이 있다. 현재 8개월의 현장 연구를 마치고 '월성 핵발전소 인접 마을 주민의 삶과 운동'을 다룬 박사논문을 작성했다.

가지 않은 길

애머리 로빈스는 성장과 개발이 지속 가능한 것처럼 보이고 그렇게 믿어 왔던 시기에 「에너지 전략: 가지 않은 길(Energy strategy: the road not taken)」(1976)이라는 논문을 발표한다. 전 세계를 충격에 빠뜨린 오일쇼크에 직면하여, 화석연료에 의존하는 것이 아닌 다른 방식의 에너지 전략을 고민하지 않을 수 없었기 때문이다.

메시지는 분명했다. '지속 불가능하고 비민주적인 경성 에너지를 연성 에너지로 전환할 것'. 화석연료와 핵에너지에 기반을 둔 중앙집중적인 대규모 에너지로 유지되는 '경성 에너지 경로'(hard energy path)를 에너지 효율화를 통해 수요를 줄이고 지역 분산적인 재생에너지를 확대하는 '연성 에너지 경로'(soft energy path)로 전환해야 한다는 것이다. 이때 그가 강조했던 것은 "전환이란 화석연료와 핵에너지에서 재생에너지로 '에너지원'만을 바꾸는 변화가 아닌, 에너지를 둘러싼 사회·경제·정치 시스템의 전환까지를 의미한다"는 점이었다.

나아가 에너지 지리학자 가빈 브릿지는 대부분의 에너지 전환 연구들은 보통 에너지 생산과 소비 그리고 전환의 당위성에 집중한 반면, 에너지를 생산하는 시설(발전소)이 입지한 공간에 대해서는 큰 관심을 기울이지 않았다고 지적했다. 전환(transition)은 경성 에너지에서 연성 에너지로의 변화처럼 '방향을 제시'하는 것도 중요하지만, '의존을 해체'하는 것이 더욱 중요하고 어려운 과정이기 때문이다. 그는 에너지를 생산하고 소비하며 송전하는 것을 넘어 사람, 사회구조, 기술 시스템 사이의 상호관계에서 만들어지는 '물질성'(materiality)을 이해할 필요가 있다고 말했다. 이것은 에너지 시스템의 공간적 착근성(spatial embeddedness of energy system)이 전환 과정에서 중요하게 다뤄져야 한다는 것을 의미한다. 화력발전소나 핵발전소와 같이 에너지를 생산하는 발전시설(infrastructure)이 지역사회 및 주민과 맺어 온 역사, 관계, 구체적인 삶의 문제들은 에너지 전환을 추동하는 힘만이 아니라, 전환을 늦추고 방해하는 요인으로도 작용하기 때문이다.

문재인 전 정부에서 진행했던 신고리 5·6호기 공론화 과정에서 한국수력원자력 노동조합과 함께 핵발전소가 입지한 지역주민 일부는 '핵발전소 건설 중단 반대'를 외치며 탈핵을 강력하게 반대하였다. 그들이 탈핵 혹은 에너지 전환에 대해 비판했던 것은 어쩌면 핵발전소와 오랜 시간 맺어 온 경제·사회적 의존관계의 해체에 대한 두려움에서 기인했을 것이다. 탈석탄에서는 미흡하나마 석탄화력발전소가 사라진 이후 그것에 의존하며 살아온 지역사회, 일자리 문제 등을 다루는 '정의로운 전환'이 논의되고 있다. 그러나 탈핵만큼은 '핵발전소를 멈추어야 한다'는 주장만 제기할 뿐, 지역사회와 주민에 대한 논의는 어디에도 없다. 월성 핵발전소 최인접 지역에 사는 한 주민은 "핵발전소를 지을 때도 정부 마음대로였는데, 없앨 때도 우리 의견은 묻지도 않는다"라며 씁쓸하게 말했다. 이처럼 핵발전소나 화력발전소가 건설되고 가동되는 과정이 누군가에게는 현대 사회를 뒷받침하는 에너지원을 생산하는 발전시설에 불과하지만, 지역사회와 주민들에게는 지난 40-50년간 지역에서 함께 살아 온 의미 있는 존재로 인식될 것이다. 특히 핵발전소와 같이 지역사회의 격렬한 반대와 비판으로 건설조차 어려운 경우에는 반대 의견을 상쇄하거나 설득하기 위한 전략들이 지속적으로 제시되었다. 원전지원금, 지역자원시설세를 비롯한 각종 혜택과 지원이나 일자리까지, 시간이 흐를수록 지역주민들은 경제·사회적으로 핵발전소에 의존하게 되었다.

그렇다면 우리는 다시 물어야 한다. 에너지 전환이란 무엇인가. 여전히 우리 사회에서 논의되지 않고 있는 이슈들도 있는데, 바로 전환의 당사자인 핵발전소와 함께 살아온 주민과 지역사회에 대한 이해이다.

사람과 지역이 빠진 탈핵정책

국내에서 에너지전환은 2011년 3월 11일 동일본 대지진과 쓰나미로 발생했던 후쿠시마 핵발전 사고 이후 논의되기 시작하였다. 국내 에너지원별 발전량 중 핵발전은 약 30% 이상을 차지하며 석탄 화력에 이어 대표적인 기저 전력으로 활용되고 있다. 그러나 후쿠시마 사고에 이어 부품 비리 사건(2012년) 등이 연이어 불거지면서 핵발전에 대한 '안전 신화'는 조금씩 흔들리게 되었다. 윤순진은 후쿠시마 사고 전후로 핵발전소에 대한 반대를 의미하는 '반핵'에서 핵발전소 비중을 낮추고 대안을 제시하여 핵발전(시스템)으로부터 벗어나는 '탈핵'으로 바뀌면서, 핵발전에 대한 비판의 방향이나 내용도 달라졌다고 강조하였다. 이러한 변화에 맞춰 서울시 역시 낮은 전력 자급률과 전력 수요의 급증, 후쿠시마 사고로 인한 불안감에 대처하기 위해 2012년 원전 하나 줄이기 정책을 발표하였다. 이것은 에너지를 '소비'만 했던 대도시 서울에서 미니태양광을 보급함으로써 재생에너지를 '생산'하는 도시로의 전환을 추진하는 발상의 전환이었다.

이후 본격적으로 탈핵이 정부의 주요 정책으로 자리 잡았던 것은 2017년 출범했던 문재인 전 정부에서였고, 대한민국 역사상 처음으로 '탈핵'과 '에너지 전환'을 국정과제로 삼았다. 이러한 거대한 전환 역시 2011년 후쿠시마 사고를 통해 핵발전을 인간이 안전하게 관리하는 데 한계가 있다는 위험에 대한 자각에서 시작되었다. 또한 지금까지 대한민국의 에너지 정책은 로빈스가 말한 '경성 에너지 경로'의 형태로, 전기 수요가 많은 서울과 수도권을 위해 핵발전이나 화력발전과 같은 대규모·대용량 발전시설과 여기에서 생산한 전기를 송전하기 위한 대규모 송전탑을 주로 지방에 설치하여 환경 불평등과 환경 부정의를 초래했다는 반성에서 출발한다.

문재인 전 정부의 에너지 전환 중 가장 대표적이며 상징적인 것은 바로 탈핵과 탈석탄 정책이다. 탈핵은 2011년 후쿠시마 사고와 2016년 국내 5.8 지진 등으로 핵발전의 안전을 담보할 수 없기에 좀 더 안전하고 민주적인 연성 에너지로의 전환을 추구하는 것이다. 탈석탄은 기후변화 문제에 대응하기 위해 탈탄소 정책의 일환으로 제시되었다. 그렇다면 구체적으로 탈핵이란 무엇인가? 국내에서 합의된 탈핵의 정의나 개념은 아직은 없다.

다만 문재인 정부에서 제시한 탈핵 관련 정책과 방향을 암묵적으로 동의한 개념이라고 할 수 있다면, 현 시점에서 탈핵은 1) 신규 핵발전소 건설 금지, 2) 오래된 핵발전소 수명 연장 금지 3) 재생에너지 확대로 정의할 수 있다. 문재인 전 정부의 탈핵 정책은 한계도 많지만, 핵발전소 불가피론에서 벗어나 정부 최초로 핵발전소 감축 계획을 선언했다는 측면에서 긍정적이라고 평가받는다.

그럼에도 문재인 전 정부의 탈핵은 여전히 핵발전에서 재생에너지로 '에너지원의 변화'만을 강조했다. 이것은 애머리 로빈스가 지적했던 에너지를 둘러싼 사회·경제 시스템의 전환이 아니라 에너지원의 소극적 변화를 의미한다. 또한 가빈 브릿지가 강조한바, 핵발전이 지역사회 및 주민들과 맺고 있는 다양한 관계, 구조, 역사 등 유무형의 의존과 종속을 해체하는 대안 없이, 여전히 당위적인 방향만 제시한 반쪽짜리 전환에 불과하다.

월성 핵발전소 최인접 지역인 나아리의 한 주민은 "사람과 지역이 빠진 탈핵 정책"이라고 비판했다. 후쿠시마와 체르노빌과 같은 사고가 일어나지 않아도 매일 액체와 기체 상태로 배출되는 방사성 물질로 건강을 위협받으며 재산권 및 거주 이전의 자유가 제한되는 등 주민들은 다양한 문제를 일상적으로 겪고 있기 때문이다. 이처럼 방사성 물질의 비가시화와 더불어, 주민들의 목소리조차 공론화되지 않는 등 이중의 비가시화(double invisibility)가 지난 50여 년 동안 핵발전소 인근 지역 주민들의 일상 속에서 진행되고 있었다.

우리가 말하는 것과 말하지 않는 것들

현재(2024년 2월) 국내에는 총 28기의 핵발전소 중 18기가 가동 중이다. 고리(신고리)에 9기, 울진(한울)에 8기, 영광(한빛)에 6기, 월성(신월성)에 5기의 핵발전소가 밀집해 있다. 70년대 중반 이후 시작된 핵발전소 건설과 상업 운전은 올해로 50여 년이 되었고 관련 연구도 많이 수행되었다. 선행연구들은 크게 건설 과정이나 이후에 발생한 갈등을 다룬 연구, 핵발전소 정책이나 제도의 형성 과정을 분석한 연구, 그리고 핵발전소 인근 마을과 주민에 관한 연구로 나눌 수 있다. 그중 핵발전소 최인접 지역 주민 연구는 지역 주민들을 더 많은 핵발전 관련 시설을 짓기 위해 '주민 수용성'을 높여야 하는 존재로 묘사하거나, 핵발전소 건설을 저지하는 사람들을 '탈핵 전사' 혹은 풀뿌리 민주주의를 실현할 '이상화된 존재'로 부각하는 등 찬핵과 탈핵의 이념적 입장에 따라 부분적으로만 재현해 낸다. 최근에는 지역사회와 주민들이 스스로 핵발전소를 추가 유치하는 사례가 등장하면서 연구자들은 이것을 '위험과 편익을 거래 및 교환'하는 행위로 치부하거나, 지역 주민을 '개발주의와 발전주의의 욕망'을 가진 사람들로 표현하였다. 이처럼 핵발전소 건설에 반대하거나 찬성하는 주민의 대응이나 행위를 이분법적으로 그리거나 경제환원론으로 분석할 뿐, 에너지를 저렴하고 편안하게 사용하는 다수가 그들에게 떠넘긴 외부화된 욕망에 대해서는 좀처럼 언급하지 않는다.

핵발전소와 밀양 송전탑 등을 사진과 글로 기록하는 장영식 작가는 "새로운 탈핵운동과 정책은 참회와 고백에서 시작해야 한다"고 강조했다. 문재인 정권에서 탈핵 정책을 실행한 방식은 핵발전을 지지하고 찬성하는 사람들을 '핵마피아'로 단죄하며 '함께 살아가야 하는 존재'가 아닌 '없애 버려야 하는 집단'으로 접근했기 때문이다. 나아가 탈핵을 왜 해야 하는지, 핵발전소와 우리의 삶이 어떻게 연결되는지, 에너지를 생산하고 사용하는 과정에서 누가 어떤 피해를 받아왔는지를 고민할 여유 없이, 마치 '전쟁' 치르듯 탈핵을 밀어붙였다고 비판했다. 후쿠시마와 체르노빌을 언급하며 핵발전의 위험과 불확실성을 이유로 탈핵을 주장한다면, 한수원의 말처럼 '안전하게 가동하고 운영 중인' 핵발전에 대해서는 반대할 명분이 사라지는가? 핵발전소와 같은 경성 에너지 체제가 위협하고 훼손하는 민주주의와 환경정의를 언급하는 것도 중요하지만, 구체적으로 핵발전소 주변에서 살아가는 주민들이 지난 40년 이상 어떤 피해를 받으며 살아왔는지에 대해 먼저 이해할 필요가 있다. 주민들이 핵발전소와 맺어 온 다양한 관계와 의존의 사슬을 해체할 방법을 고민하지 않은 채, 추상적인 도덕과 윤리 혹은 사고와 위험 가능성만으로 탈핵을 주장하는 것은 한계가 있기 때문이다.

더욱이 우리가 말하지 않는 불편한 진실이 더 있다. 서울과 대도시를 비롯한 전국 곳곳을 환하게 밝히는 전기를 생산하기 위해 대규모의 발전소를 서울이 아닌 지역에 설치하는 것을 다카하시 데쓰야는 '희생의 시스템'이라고 불렀다. 이러한 구조는 에너지를 생산하는 과정에서 희생당하는 사람과 편안하고 저렴하게 전기를 사용하는 사람의 권력관계에서 만들어진다. 이는 보통 '소중한 희생'으로 미화되거나 '외부화', '외부효과'라는 경제학 용어로 치환되어 지역 사회와 지역 주민의 변화와 피해조차도 비용으로 처리되곤 하였다. 그러나 필드 베리 등은 경제학은 현실 세계에서 관찰되는 구체적 내용이 아닌 단순한 모형을 중심으로 계산된다는 한계를 언급하며, 외부비용은 그 문제를 야기한 기업이나 주체에게는 '외부' 비용일 수 있지만, 사회 전체로 확대할 경우에는 결국 내부비용이 된다고 강조했다. 서영표 역시, 환경경제학이 외부비용을 내재화하려는 시도는 의미 있지만, 무상으로 수탈하고 피해를 지역에 떠넘겨 왔던 관성을 이윤 추구의 회로 속으로 내부화하는 타협책이라고 비판했다.

이처럼 외부화 혹은 외부에 전가된 문제에 대한 논의가 주로 경제학적인 계산으로 시도될 뿐, 인문·사회학적인 고민으로는 좀처럼 확장되지 않는다. "외부란 존재하는가? 외부가 도대체 어디인가? 숫자가 아니라, 내부 안에 만들어진 상상의 외부에서는 도대체 어떤 변화와 피해, 영향이 발생했는가?"를 물어야 하지 않을까. '내부 안의 외부'에 떠넘기고 '우리 안의 타자'에게 전가해 왔던 부담과 피해, 이러한 외부화와 타자화로 가능한 것처럼 보였던 '지속 가능한 발전과 성장에 대한 욕망'까지. 장영식 작가는 "전기를 사용하는 우리들이 먼저 이러한 참회와 고백을 해야 한다"고 강조했다.[1]

1 장영식, 『밀양아리랑: 765kV 송전탑 건설 반대투쟁』, 눈빛, 2014.

오래된 미래로서의 탈핵 그리고 탈성장

찬성과 반대, '탈핵 전사'와 '욕망에 사로잡힌 주민' 말고도, 핵발전과 에너지전환을 둘러싸고 우리가 말하지 않은 중요한 이슈들이 많다. 그러나 핵발전소를 지으려는 정부와 공사를 반대하려는 주민 사이의 가시적이고 스펙터클한 갈등이 보이지 않아서일까? 전기는 더 많이 소비하고 필수적인 삶의 요소가 되었지만, 탈핵운동은 과거에 비해 많이 위축되었고 사람들의 관심에서도 멀어지고 있다. 탈핵은 오래되고 낡은 이야기일 뿐인가? 아니다. 제대로 말하지 않은 것들, 앞으로 말해야 할 것이 더 많은 오래된 미래로 봐야 한다. 후쿠시마 오염수 방류 문제가 '어떤 종류의 생선을 언제까지 먹을 수 있는가'의 이슈로 수렴되고, 일부 정치인들이 수산시장에 가서 '먹방쇼'로 희화화하는 대신, 핵발전을 둘러싸고 좀 더 근본적인 질문을 던져야 할 때이다. 다카하시 데쓰야의 지적처럼, 도시에서 사는 우리의 삶은 '전기' 없이는 살아갈 수 없으며 내부 속 외부와 우리 안의 타자에게 떠넘긴 희생으로 현대 사회의 삶은 유지된다.

'서울'과 핵발전소가 위치한 '지역' 사이의 보이지 않는 고리, 외부화되고 정당화된 피해와 희생을 밀양은 '전기는 눈물을 타고 흐른다', '우리 모두가 밀양이다'라는 구호로 드러내었다. 형용모순에 가깝지만 우리가 여전히 '지속 가능한 성장과 발전'을 주장할 수 있는 것은 생산-소비-폐기 과정에서 발생하는 폐기물을 비롯한 다양한 문제들이 외부화되어 가려지기 때문이다. 체계적으로 외부와 타자에 문제와 비용을 넘겨 왔기 때문에, 도시에서 소비자로 살아가는 나와 우리들에게 성장과 번영은 지속 가능한 것처럼 보인다. 이렇게 지속 가능한 성장의 이름으로 외부화되고 타자화되었던 현대 사회의 모순과 불편한 진실은 누군가의 희생과 피해로 전기가 '눈물'을 타고 흐르며, 핵발전소나 송전탑과 같이 에너지를 만들고 이동하는 과정은 그 지역만의 문제가 아니라 우리 모두의 삶과 연결되어 있는 문제이다. 더는 '외부화'할 수 없고, '타자화'할 수 없는 문제로 인식되어야 할 것이다.

핵발전소와 반백년을 함께 살아온 지역과 주민들의 피해와 영향을 더 많이 묻고 말해야 한다. 그래야만 전기를 사용하고 소비만하는 우리와 핵발전소와 함께 살아가는 그들 사이의 보이지 않는 연결고리가 더욱 선명해질 것이다. 상상 속 외부가 아닌 우리 안의 어딘가에 전가한 발전 방식이 지속 가능한 것이 아니라, 누군가의 희생과 피해로 유지되고 있다고 말해야 한다. 이처럼 탈핵은 단순히 에너지원만을 바꾸는 것이 아니라 그동안 논의되지 않았던 '영향받고 희생을 요구받아 왔던 사람과 지역'을 이야기해야 한다. 희생과 피해로 유지되었던 개발과 성장 방식이 실은 지속 가능한 것이 아니기에, 이제는 우리가 살아오던 방식을 의심하고 고민해야 할 때이다.

탈성장에 대한 논의는 '성장'을 반대하는 것처럼 느껴지기에 마치 탈핵을 주장할 때마다 들어야 했던 "그래서 전기 쓰지 말자는 거냐? 그래서 원시시대로 돌아가자는 거냐?"라는 내용의 힐난을 반복해서 들을 것이다. 그러나 지금 우리가 살아가는 방식, 전기를 생산하고 소비하는 방식, 발전하고 성장하는 방식이 '지속 가능'하지 않고, 누군가의 희생과 피해로 유지된다는 것을 알았다면, 탈핵을 주장하는 것과 탈성장을 논의하는 것이 결국에는 별개가 아닌 서로 연결되어 있는 '전환'의 한 과정임을 이해할 수 있을 것이다.

추천의 글

이렇게 많은 탈성장 벗들 · 김현우

탈성장의 상상은 현실이 된다 · 박숙현

매력적인 탈성장의 삶과 사회를 사는 길 · 유정길

이렇게 많은 탈성장 벗들

김현우 _탈성장과 대안 연구소 소장

"내가 해 봐서 아는데…."

이건 현실에서 굉장히 큰 힘을 갖는 논리다. '해 봐서 안다'는 데 토를 달기 어렵다. 불행하게도 한국에서는 전임 대통령 중 한 사람이 많이 쓴 화법이기도 하다. '내가 청계천 사업을 해 봐서 아는데, 4대강 사업도 가능하다'거나, '내가 기업을 운영해 봐서 아는데 규제는 이렇게 풀어야 한다'거나 하는 논리로, 우리의 자연과 삶을 그만큼 망가뜨렸다.

그런데 탈성장을 모색하는 우리에게도 그런 논리는 중요하다. 탈성장이 물레를 돌리는 간디 같은 성인이나 이반 일리치 같은 비범한 깊이의 사고와 실천을 겸비한 분들만 할 수 있는 것이라면 탈성장을 주변 사람들에게 알리고 전파하는 장벽은 너무 높기 때문이다. 또는, 한국의 너무도 일방적이고 폭력적인 성장주의에 넌덜머리를 내는 이들이더라도 탈성장이 감히 스스로 상상하고 시도할 수 없는 책 속의 이론이나 이상이라면 우리는 우울과 회의에서 벗어나기 어려울 것이기 때문이다. 이제 막 탈성장에 다가가려고 하는 적지 않은 이들에게 그 길이 고립과 괴로움이 아니라 새로운 많은 만남과 가슴 뛰는 경험이라는 것이 전해진다면 탈성장은 우리 곁으로 성큼 다가올 수 있을 것이다.

이 책은 그런 글들의 모자이크이고 퀼트다. '내가 탈성장을 제법 많이 생각도 해 보고 시도도 해 봐서 좀 아는데…'의 강력한 힘이다. 그리고 그런 생각과 시도는 깜짝 놀랄 만큼 다양하고 예상을 넘어서기도 하며, 서로 다소간은 긴장도 가지면서 어떤 것이 유일하게 올바르다고 강변하지도 않는다. 무엇보다, 자신과 타인 그리고 다른 종과 대지의 목소리를 들으려 하고 기다리고 어루만지려는 노력들이다.

지난해(2023)에 크로아티아 자그레브에서 열린 제9차 세계 탈성장 대회를 '비행수치'를 무릅쓰고 가 보았을 때 인상적이고 부러웠던 것 중 하나는 탈성장을 추상적 이론이 아니라 소도시 식품 공유 프로그램과 대학의 정규 강의, 노동조합의 활동 기획, 지방의회의 도시 정책 등 그야말로 당장의 다채로운 사례로 다루고 있는 점이었다. 그리고 탈성장이 새로이 발명되어야 하는 것이 아니라 우리가 익히 알고 있던 사고와 활동들을 재발견하고 재해석하고 재연결함으로써 더욱 풍부한 논리와 현실이 되도록 해야 한다는 생각이 들었다. 이 책의 글들을 읽고 나서 자그레브 대회에서의 부러움은 제법 줄어들었다. 한국에서도 이렇게 많은 '탈성장들'이 있구나 하는 안도감과 함께 더욱 많은 재발견과 재연결이 가능하겠다는 의욕이 생겼기 때문이다.

탈성장을 연구하고 토론하면서 직면하는 고민 중 하나는 한국에서 압축 성장의 시대를 살아왔던 기성세대와, 성장의 기회는 커녕 기후위기 속에서 삶을 힘들게 버텨야 할 이른바 엠지(MZ) 세대와의 접속 문제다. 그런데 이 문제 역시 이 책에서 제법 뚜렷한 실마리를 찾을 수 있다. 다양한 세대의 경험과 시선들이 교차하며 탈성장이 논리와 담론, 정동과 느낌으로 그리고 직간접적인 만남과 확인으로 이어질 수 있음을 알 수 있기 때문이다.

물론 한국에서 탈성장의 미래가 마냥 낙관적인 것은 아니다. 탈성장에 대한 공감이 확산될수록 이러저러한 오해와 공격도 늘어날 것이다. 그리고 탈성장의 길을 찾고 걸어가는 이들도, 그것이 삶과 죽음의 여러 모서리와 빈틈을 애써 더듬어 가는 것인 탓에 고통과 아픔을 수반하는 것도 당연하다는 것을 이 책의 글들은 보여준다.

그럼에도 낙관하자. 이 책은 우리가 배울 수 있고 더 배워야 할 게 많으며, 다 배우기 전에도 할 수 있는 게 많다는 것을 깨우쳐주기 때문이다. 가수 김민기가 〈길〉에서 노래했듯, 누가 '이 길뿐'이라고 말하더라도 길은 여러 갈래이며, 한없이 머나먼 길이어도 다시 걸어갈 길이고, 죽기 전에라도 죽은 후에라도 다시 만날 길이다. 이렇게 많은 탈성장 벗들이 그 길동무들이고 더욱 많은 벗들을 만날 길이다.

탈성장의 상상은 현실이 된다

박숙현 _지속가능시스템연구소 소장

지구 온난화를 넘어 지구 가열화/열대화(boiling)라는 말이 낯설지 않은 시대가 되었다. 과학자들이 이구동성으로 말하는 인류 지속가능성의 최후 방어선인 1.5도씨(℃) 증가선을 지켜낼 수 있는 시간이 얼마 남지 않았다는 것을 우리들은 직감한다. 지구 곳곳에서 벌어지는 산불과 폭염, 가뭄과 폭우, 그리고 폭설과 혹한, 점점 더 강력해지고 잦아지는 엘니뇨와 라니냐를 마주하며 그런 생각을 피하기는 쉽지 않기 때문이다. 기후변화협약이 수립된 이후, 과학에 기반한 시나리오부터 탄소중립의 지침까지 국제사회는 인류가 나아가야 할 방향을 제시하고 있지만, 이를 이행해야 하는 기후정치와 기후행동은 느리기만 하다. 그렇게 어물쩍하는 사이 지구인들 개개인이 감당해야 할 기후재난의 규모는 커져만 간다.

개인의 삶을 더 행복하게 해준다며 물질문명이 세상의 중심이 되었다. 인류의 염원을 받아 안고, 의학기술은 인간의 평균수명을 늘리는 데 집중해 왔다. 자연재해에 대응해야 한다는 이유로 수많은 예산이 공학기술에 투입되었다. 하지만 그 결과, 오늘날 인류는 우리가 만들어 놓은 물질문명과 기술 중심의 산업 발전으로 전체 인류의 지속가능성은 오히려 급속도로 단축되고 있다. 시스템을 분석할 때 이러한 현상을 종종 마주하게 된다. 개개인의 이익을 최대화할 때, 전체의 이익은 오히려 훼손되는 현상이다. 그렇다고 전체주의나 공리주의가 답이라고 단순화할 수 있는 문제는 아니다. 개인의 선택과 그들의 행복 추구 권리가 존중받아야 한다. 그러나 그 권리는 자연이 제공하는 범위, 즉 지구의 안정적인 변화를 유지하는 생태적 한계선 내에 머물러야 한다. 이미 9대 행성적 한계선(planetary boundaries, 지구위험한계선)[1]의 상당 부분이 훼손되었고, 한계선을 넘어선 영역에서는 회복이 어렵다는 주장이 자연스럽게 받아들여지고 있다. 우리가 생각했던 개인의 행복 추구와 기술의 발전, 시장을 통한 인류 문명의 지속 가능한 발전이 허울 좋은 소리였음을 깨닫는다.

뒤늦게 인류 문명의 체질 개선을 외치며 기후변화협약이 시행된 지 수십 년이 흘렀다. 그러나 지구 전체의 시스템은 인류가 산업혁명을 겪으며 설정해 둔 초기 경로를 따라 성실히 움직이

1 우리말로 '지구 위험 한계선' 본래 용어를 직역하면 '행성 경계'(planetary boundaries)다. 인류가 생존할 수 있는 지구 시스템의 한계선(경계)을 나타내는 지표이다. 스웨덴 스톡홀름복원력센터가 주도해 개발한 지표는 기후변화, 생물다양성, 해양 산성화, 민물, 인과 질소 순환, 토지 이용(산림 파괴), 새로운 화학물질, 성층권 오존, 에어로졸(미세먼지) 등 아홉 가지 요소를 대상으로 한다.

고 있을 뿐이다. 초기 경로에 탑재된 산업자본주의는 화석연료를 에너지원으로 하며 가속이 붙었다. 탄소중립이라는 완화정책을 근래에 탑재하긴 했지만, 전체 시스템이 현재의 경로를 이탈해서 새로운 길로 가기엔 그 힘이 턱없이 부족하다. 지금의 자본주의 체제에서 화석에너지를 재생에너지로 바꾸기만 하면 여전히 성장의 시간을 누릴 수 있으리라는 꿈을 꾸는 사람들이 많아서일까. 탈동조화라는 이름에 걸맞게 탄소중립의 정책들은 국가와 기업을 넘어 지방이나 기관, 개인의 틈으로 내려와 자리를 잡는 모양새다. 복합적인 원인에서 시작된 문제인데, 그 해법은 온실가스 배출원 하나에 집중된 상태이다 보니 문제 해결의 기미가 보이질 않는다.

2012년 『녹색평론』에서 탈성장의 소식을 접한 지 10년하고도 2년이 더 흘렀다. 우리나라에서는 세르주 라투슈의 『탈성장사회』가 번역되어 나오면서, 최근까지 『탈성장 개념어 사전』, 『디그로쓰』 등 탈성장에 관한 번역서가 다수 소개되었다. 탈성장에 대한 번역서를 중심으로 학습을 진행해 오던 생태적지혜연구소협동조합 조합원들은 2023년 『탈성장을 상상하라』를 직접 출간하며, 우리가 지금의 경제성장 문제를 해결하기 위해 무엇을 해야 하는지 논의 끝에 탈성장의 사회상을 제시하려 하였다. 영화 속의 미래가 현실로 나타나듯, 우리의 탈성장에 대한 상상력은 현실이 되고 있다. 『탈성장들: 하며 살고 있습니다』는 이미 탈성장의 모습이라고 간주되는 다양한 개인과 단체, 지역사회의 경험과 현상을 소개하며 상상의 구체적 내용을 곁들인다. 어떤 필자는 탈성장의 징후로서 자신의 일상 속에서의 기후위기에 대응하는 자연스러운 변화를 들려주고, 어떤 필자들은 문화와 커뮤니티의 활동 속에서 탈성장의 징후를 발견하기도 한다. 사회상을 사유하던 개인들의 이야기가 구체적인 경험으로 그려지다 보니 탈성장에 대한 막연한 두려움이 아침 안개처럼 걷히는 느낌이다.

탈성장에 대한 기대와 비판이 공존한다. 기대는 현 기후위기 문제에 대한 인식과 지속 가능한 미래 대안 논의에 기반한다면, 비판은 체제의 전복과 같은 우려와 급진성에 기반한다. 탈성장이 지금의 체제를 대체할 수 있는가 하는 의문 역시 비판의 일부이다. 지금의 경제 체제를 구성하는 자본주의는 견고한 성곽으로 둘러싸였다기보다 형체를 달리하며 유연성을 발휘하는 슬라임(slime) 같은 모습이다. 그래서인지 이를 전적으로 대체하는 탈성장의 체제를 상상하기는 어렵다. 오히려 탈성장 패러다임은 국가와 시장을 토대로 하는 자본주의 체제의 대체 운용 수단이 아니라 기존 경제 패러다임을 넘어선 거대한 전환의 중심이 되는 지역과 공동체 삶의 철학이자 사회를 재구성하려는 전환 운동이며, 생태적 한계와 인간 가치 추구의 타협점이자 절망을 희망으로 바꿔 줄 아름다운 해법이 될 수 있는 것은 아닐까.

매력적인 탈성장의 삶과 사회를 사는 길

유정길 _불교환경연대 녹색불교연구소 소장

기후위기는 시그널이다

이미 심각한 상태를 넘어선 기후문제는 오늘날 우리에게 닥친 생태위기 중에 시급하다고 생각하는 많은 위기 중에 맨 앞에 있는 것이다. 뒤를 이어 생물종다양성의 위기, 자원고갈, 쓰레기 폐기물, 해양생태계, 토양오염 등의 위기 등, 수많은 위기가 이어져 있다. 이 모든 위기는 하나의 원인(탄소⇒기후)에서 비롯된 다양한 현상들이다. 그런데 '기후문제'나 '탄소문제'만 해결되면 마치 정상으로 돌아갈 것처럼 생각하는 것을 '탄소환원주의', '기후환원주의'라고 비판한다. 문제의 근원이 더 깊은 곳에 있다는 뜻이다.

모두가 알다시피 기후위기는 산업사회 이후 수백 년 동안 계속되고 누적되어 온 우리의 잘못된 삶의 공업(共業)들이 오늘날 약한 틈, 약한 부위를 뚫고 종양처럼 발현된 것이다. 의학적으로 모든 병이나 통증은 치료를 종용하는 일종의 시그널이다. 그 병의 증세와 증상은 근본 원인을 깨닫게 하고, 치료 방법을 알려주는 메시지인 것이다.

그동안 기후문제로 대표되는 질병을 통해 지구(자연, 생명)는 우리에게 지속적으로 다양한 메시지를 보내왔다. 기상이변으로, 산불로, 홍수로, 코로나 등의 감염병으로 메시지를 전해주고 있다. 한마디로 '이렇게 살면 안 된다'는 것이다. 인간의 삶과 인류 문명의 패러다임을 바꿔야 한다는 메시지이다.

우리는 당장 고통을 느끼는 통증에 대한 '증상 치료'와 더불어 더 깊은 원인이 되는 '근본 치료'를 동시에 해야 한다. 증상 치료만 집중하는 '대증요법'은 당장의 고통은 해결될지 모르지만 원인이 제거되지 않았기 때문에 조만간 또 다른 질병을 유발하게 한다. 또한 해결할 시기를 놓쳐 이후 손을 쓸 수 없이 더욱 악화되어 어렵게 만들게 된다.

기후위기, 생물종다양성의 위기가 '증상'이라면, 그 원인이 되는 근본 원인 중에 하나는 '성장주의'이다. 그래서 이 성장주의에서 벗어나는 '탈성장'이 중요한 해법 중에 하나이다. 그러나 그것만으로 모두가 해소되지 않는다. 경제적으로 탈성장을 지향한다고 해도 동물과 식물, 나아가 무생물이라고 칭해지는 비인간 생명을 도구로, 먹이로, 이용대상으로 생각하는 '인간중심주의'가 해결되지 않으면 안 된다. 그래서 인간이 지구상에 유일한 중심이라는 생각으로 익충이니 해충이니, 잡초니 하는 분별이 사라지지 않는 한 근본을 해결할 수 없다.

또한 오늘날 자연의 개조에 대한 결정권은 지금 살아가는 현 세대의 합의와 결정만으로 이뤄진다. '지속 가능한 발전' 담론에서 항상 이야기하는, "자원은 미래세대의 것이며 우리는 단지 그들의 것을 빌려서 쓰는 것"이라는 말은 그냥 미사여구로만 사용되고 있을 뿐이다. 오늘의 현세대 중심의 의사결정과 민주주의는 미래세대와 비인간 생명의 권리까지 고려한 시스템으로 바뀌어야 한다.

그리고 내가 소비하고 폐기하며 누려 온 안락함과 청결함을 위해 배출한 오염과 고통을 주변부 농촌, 가난한 나라, 바다의 많은 작은 생명 등, 외부에 위험을 떠넘기며 살아온 삶이 바뀌지 않으면 안 된다. 또한 서로 연결되어 있고 관계 맺고 있다는 것을 깨닫지 못하고, 너와 나를 구분하고 자연과 인간을 구분하며, 나와 타자를 경계 짓는 분리적 사고가 극복되지 않으면 안 된다.

그러한 분리를 토대로 자연을 약육강식, 생존경쟁, 적자생존의 정글로 규정하고 그것을 다시 사회에 적응하여 경쟁과 대립을 자연 질서로 인식하고 경계와 구분을 만들어 왔으며, 그 구분을 전쟁과 죽임의 전선으로 만든 자연관도 같이 변하지 않으면 안 된다. 이러한 인식의 연장으로 강자와 약자, 부자와 빈자의 사이에 위계가 만들어지고, 지배와 피지배를 구조화하며 인간이 자연을, 남성이 여성을, 백인이 유색인을, 부자가 빈자를 억압하고 차별하는 인식이 바뀌지 않으면 안 된다.

더 나아가 소유의 문제로도 연결된다. 자연에는 본래 경계가 없다. 국가와 국가의 국경은 지도에만 존재할 뿐 실재하지 않는다. 내 땅이라는 것도 지적도에만 있고, 사람들의 집단적인 관념에만 존재할 뿐, 실제 자연계에 존재하지 않는다. 전쟁이나 변란이 발생하거나 연고자가 사라지면 그 경계가 의미 없이 사라진다. 내 아이, 내 부인이 내 것이 아니듯이, 즉 그들 각자가 자주적인 주체이듯이, 우리는 '소유'라는 허상의 관념에 포섭되어 탐욕이 장착되고 성장주의로 확장해 가는 과정에서 온갖 분쟁과 전쟁을 야기해 왔다. 그래서 소유를 공유로, 공공재로 넓혀 나가는 일, 그래서 궁극에 소유가 사라진 무소유의 사회를 꿈꾸는 것이다.

사회와 개인이 연결되어 있다면 결국 오늘의 사회를 만들고 유지하는 자신도 포함된다. 과거 사회운동은 시스템 변화, 구조의 변화 등 외부 변화만을 추구하며 손가락은 밖을 향해 '밖이 문제고, 네가 바꿔야 한다'고 생각하고 웅변했지만, 연결된 사회 속에서 자신도 그 사회를 유지해 온 책임을 깨닫고 자신을 탈성장화하는 것이 구조의 탈성장과 더불어 필요하다는 것을 깨닫는다. 그래서 정신, 영성, 깨달음 등의 전환이 중요하다. 그를 위한 다양한 수행과 명상, 마음수련 등이 의미가 있는 것이다.

탈성장의 삶이 매력적으로

탈성장이라는 말은 미래의 비전과 희망의 깃발을 세워 "여기로 갑시다"라고 가슴 설레는 대안을 말하는 용어는 아니다. 오히려 지금의 삶을 꾸짖고 단호한 단절과 '폐절'을 강제하는 불편함을 주는 용어이다. 탈성장을 말하면 거대한 주류의 현실 앞에 무력감을 주기도 한다. 그런 의미에서 탈성장이란 용어가 강력한 전환을 알리는 방편의 전술적 용어로는 유용하고 적절할지 모르지만 장기적 전략적 용어로 채택하기엔 주저되기도 한다.

이 책에는 위에 표현한 모든 전환의 내용들을 살아가는 다양한 '탈성장 행동'의 삶과 실험을 소개하고 있다. 이런 삶은 이미 오래전부터 수많은 눈 밝은 사람들에 의해 살아온 삶이었다. 그저 우리가 어리석어 제대로 주목하지 않았거나 드러내지 못했을 뿐이다. 아무튼 이 글에 나와 있는 수많은 탈성장의 삶은 고맙고 신기하고 소중한 실천들이다. 행동 중에 이제 막 시작해서 아직 점검이 끝나지 않은 실천도 있고, 새롭고 획기적인 시도로 주목되는 것도 있으며, 이미 완숙한 삶으로 정착되어 몸에 베인 삶의 모습도 있다. 탈성장은 위로 성공하는 삶이 아니라 옆으로 성공하는 삶이다. 수직사회가 아니라 수평사회를 만드는 삶이다. 커지는 게 아니라 작아지는 삶이다. 높아지는 삶이 아니라 낮아지는 삶이다. 빠른 게 아니라 우공이산의 느린 삶이다. 중앙이 아니라 지역과 변방으로 가는 삶이다. 드러내는 삶이 아니라 숨어드는 삶이다. 사람, 동물, 무생물 모두 소중함을 깨닫고 모시고 섬기는 삶이다.

이 책은 그렇게 살고 살려는 사람들의 기록이다. 귀농하여 농사를 짓고 공동체를 만들고, 비인간 생명과 함께하고, 동물들을 살피고, 채식을 하며, 돈에 포섭된 삶에서 존재론적 삶을 사는 수많은 아름다운 시도들이 소개되고 있다. 사람들끼리 손을 잡고, 비인간 생명들과 손을 잡고 미래세대와 손을 잡고 도도하고 거룩한 사회적 힘을 만드는 것이다. 또한 현재의 삶에서 조금 방향을 틀어 시도하는 가벼운 전환부터, 스스로 예술의 삶을 선언하고 최소의 소비로 살되 돈의 쓰임을 매일 점검하고 스스로 봉사 형벌을 주며, 비인간 존재에 대해 극진한 관계를 만드는 과격한(?) 시도까지 다양한 탈성장이 시도되고 있다. 설령 우리가 기후위기 대응에 실패해도 이러한 삶을 진정으로 회복한다면 그것으로 위기의 메시지에 제대로 대응한 것이라고 생각한다.

과거의 운동은 상대와 나를 분리하고 분노와 적개심을 동력으로 하다 보니 대상을 파괴하는 과정에서 자신도 파괴되는 경우가 있었다. 그러나 탈성장의 삶은 괴로움의 삶이 아니라 행복하고 즐거운 진솔한 자신의 삶으로 드러나길 바란다. 스스로 즐겁고 행복해야 오래할 수 있다. 자신이 당당하고 행복해야 주변 사람들이 따라 하고 함께하며 확장성이 있다. 우리는 실제 삶과 행동으로 그것이 자신과 생명에게 행복하고 좋은 일임을 증명해야 한다. 이 책을 시작으로 돈과 자본에 포섭되지 않고 자립하며 지역의 공동체를 만들며 서로 협력하며 살아가는 더 많은 행복한 탈성장의 실험, 모델들을 소개하는 책들이 많이 나와 주길 바란다.

탈성장들 : 하며 살고 있습니다

등록 1994.7.1 제1-1071
1쇄 발행 2024년 8월 31일

기 획 생태적지혜연구소협동조합 · 모시는사람들돌봄연구소
위원: 김은제 이승준 장윤석
지은이 강효선 김영준 김우창 김은제 김이중 김정모 김차랑 문윤형
박이윤정 배선우 배희정 백솔빈 송지용 유다님 이도연 이연우
이준용 이희연 장윤석 전형민 조명아 팔리태(이지은 · 한인정)
한승욱 황선영
펴낸이 박길수
편집장 소경희
편 집 조영준
관 리 위현정
디자인 박이윤정 조영준
펴낸곳 도서출판 모시는사람들
03147 서울시 종로구 삼일대로 457(경운동 수운회관) 1306호
전 화 02-735-7173 / 팩스 02-730-7173

인 쇄 피오디북(031-955-8100)
배 본 문화유통북스(031-937-6100)
홈페이지 http://www.mosinsaram.com/

값은 뒤표지에 있습니다.
ISBN 979-11-6629-202-6 03300